现代商贸研究丛书

丛书主编：郑勇军
副 主 编：肖 亮 陈宇峰

教育部省部共建人文社科重点研究基地
浙江工商大学现代商贸研究中心资助

关于扩大消费的若干问题研究

荆林波 主编

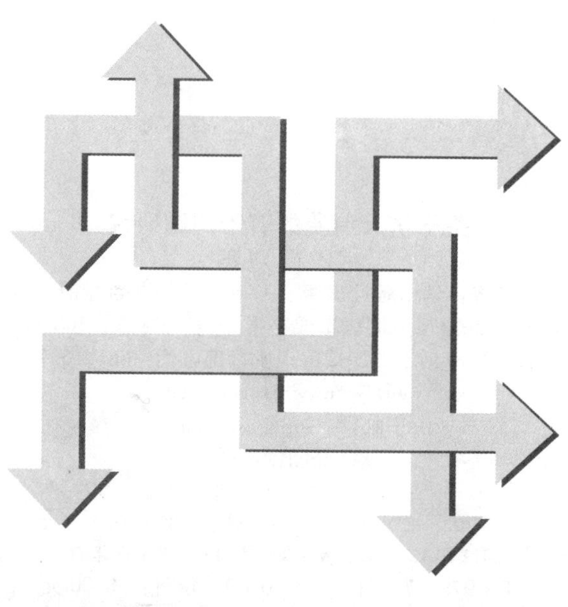

经济科学出版社
ECONOMIC SCIENCE PRESS

图书在版编目（CIP）数据

关于扩大消费的若干问题研究/荆林波主编. —北京：经济科学出版社，2012. 12
ISBN 978 - 7 - 5141 - 2740 - 9

Ⅰ. ①关… Ⅱ. ①荆… Ⅲ. ①消费水平 - 研究 - 中国 Ⅳ. ①F126. 1

中国版本图书馆 CIP 数据核字（2012）第 286838 号

责任编辑：柳 敏 于海汛
责任校对：徐领柱
版式设计：齐 杰
责任印制：李 鹏

关于扩大消费的若干问题研究
荆林波 主编
经济科学出版社出版、发行 新华书店经销
社址：北京市海淀区阜成路甲 28 号 邮编：100142
总编部电话：88191217 发行部电话：88191537
网址：www. esp. com. cn
电子邮件：esp@ esp. com. cn
汉德鼎印刷厂印刷
三河华玉装订厂装订
710 × 1000 16 开 19 印张 320000 字
2012 年 12 月第 1 版 2012 年 12 月第 1 次印刷
ISBN 978 - 7 - 5141 - 2740 - 9 定价：38. 00 元
（图书出现印装问题，本社负责调换。电话：88191502）

总　　序

随着经济全球化和信息化的快速推进，全球市场环境发生了深刻的变化。产能的全球性过剩和市场竞争日趋激烈，世界经济出现了“制造商品相对容易，销售商品相对较难”的买方市场现象。这标志着世界经济发展开始进入销售网络为王时代，世界产业控制权从制造环境向流通环境转移，商品增加值在产业链上的分布格局正在发生重大变化，即制造环节创造的增加值持续下降，而处在制造环节两端——商品流通和研发环节所创造的增加值却不断地增加。流通业作为国民经济支柱产业和先导产业，已成为一国或一个地区产业竞争力的核心组成部分。在全球化和信息化推动下的新一轮流通革命，引领着经济社会的创新，推动着财富的增长，正在广泛而深刻地改变着世界经济的面貌。

世界经济如此，作为第二大经济体和全球经济增长火车头的中国更是如此。正处在经济发展方式转变和产业升级转型的关键时期和艰难时期的中国迫切需要一场流通革命。

在20世纪90年代中后期，中国已从卖方市场时代进入买方市场时代。正如一江春水向东流一样，卖方时代一去不复返。买方市场时代的到来正在重塑服务业与制造业的关系，以制造环节为核心的经济体系趋向分崩瓦解，一种以服务业为核心的新经济体系正在孕育和成长。在这一经济转型的初期，作为服务业主力军的流通产业注定被委以重任，对中国经济发展特别是经济发展方式转变、产业升级转型以及内需主导型经济增长发挥关键性的作用。

中国经济的国际竞争优势巩固需要一场流通革命。随着中国经济发展进入工业化中期、沿海发达地区进入工业化中后期，制造业服务化将是大势所趋，未来产业国际竞争的主战场不在制造环节，而是在流通环节和研发设计。谁占领了流通中心和研发中心的地位，谁就拥有产业控制权和产业链中的高附加值环节的地位。改革开放以来，我国制造业发展取得了举世瞩目的成就，在国际竞争中表现出拥有较强的价格竞争优势和规模优势，但流通现代化和国际化明显滞后于制造业，物流成本和商务成本过高已严重制约我国产品价格的国际竞争优势。随着我国土地、工资和环保等成本上升，制造成本呈现出刚性甚至持续上升的趋势已大势所趋。如何通过提高流通效率和降低流通成本，继续维持我国产品国际竞争的价格优势，将会成为我国提升国家竞争优势的重大的战略选择。

中国发展方式转变和产业升级需要一场流通革命。中国经济能否冲出“拉美式的中等收入陷阱”继续高歌前行，能否走出低端制造泥潭踏上可持续发展的康庄大道，能否激活内需摆脱过度依赖投资和出口的困局，关键取决于能够通过一场流通革命建立一套高效、具有国际竞争力的现代流通体系，把品牌和销售网络紧紧地掌控在中国人手中，让中国产品在国内外市场中交易成本更低，渠道更畅，附加值更高。

中国社会和谐稳定需要一场流通革命。流通不仅能够吸纳大量的就业人口，还事关生活必需品供应稳定、质量安全等重大民生问题。目前，最令老百姓忍无可忍的莫过于食品安全问题。中国市场之所以乱象丛生，与中国流通体系的组织化程度低、业态层次低，经营管理低效和竞争秩序混乱不无关系。中国迫切需要一场流通革命重塑流通体系。

令人遗憾的是，尽管流通业作为国民经济支柱产业和先导产业的地位将会越来越突出，但中国学术界和政府界却依然以老思维看待流通，几千年来忽视流通，轻视流通的“老传统”依然弥漫在中国的各个角落。改革开放以来我国形成了重工业轻流通、重外贸轻内贸的现象没有得到明显改观。

中国需要一场流通革命，理论界需要走在这场革命的前列。这就是我们组织出版这套丛书的缘由。

浙江工商大学现代商贸研究中心（以下简称“中心”）正式成立于2004年9月，同年11月获准成为教育部人文社会科学重点研究基地，是我国高校中唯一的研究商贸流通的人文社科重点研究基地。成立7年以来，中心紧紧围绕将中心建设成为国内一流的现代商贸科研基地、学术交流基地、信息资料基地、人才培养基地、咨询服务基地这一总体目标，开展了一系列卓有成效的工作。目前，中心设有“五所一中心”即：流通理论与政策研究所、流通现代化研究所、电子商务与现代物流研究所、国际贸易研究所、区域金融与现代商贸业研究所和鲍莫尔创新研究中心。中心拥有校内专兼职研究员55人，其中50人具有高级技术职称。

成立7年以来，中心在流通产业运行机理与规制政策、专业市场制度与流通现代化、商贸统计与价格指数、零售企业电子商务平台建设与信息化管理等研究方向上取得了丰硕的科研成果，走在了全国前列。在最近一次教育部组织的基地评估中，中心评估成绩位列全国16个省部共建人文社会科学重点研究基地第一名。

我们衷心希望由浙江工商大学现代商贸研究中心组织出版的现代商贸研究丛书，能够起到交流流通研究信息，创新流通理论的作用，为我国通通理论发展尽一份绵薄之力。

郑勇军

浙江工商大学现代商贸研究中心主任

2011年12月6日

前　言

本书是中国社会科学院重点课题——《"十二五"期间扩大消费若干重大问题及政策研究》的最后成果，我们认为，中国的消费率低并且存在着低估的问题，而一个国家的消费政策包含着宏观消费政策、微观消费政策。其中宏观消费政策包括财税政策、货币政策、价格政策；微观消费政策包括消费引导、消费教育、消费信用、消费者权益保护等。

一、近年我国促进消费相关政策及落实情况

（一）扩大居民家电、汽车、住房等领域消费

2007 年到 2011 年，国家促进消费的政策重点在于扩大居民在家电、汽车、住房等热点领域的消费，这些政策措施对释放消费潜力、拉动消费、促进消费结构升级发挥了显著作用。具体政策包括：

1. 家电、汽车、摩托车下乡政策。

从 2007 年 12 月开始，山东、河南、四川 3 省进行了财政补贴家电下乡产品试点工作，对 3 省农民购买彩电、电冰箱、手机 3 类产品，比照出口退税率，给予销售价格 13% 的财政补贴，以达到激活农民购买能力、拉动农村消费，帮助农民改善生活质量，同时促进家电行业健康发展的目标。从 2009 年 2 月 1 日起，家电下乡在原来 14 个省市的基础上，开始向全国推广，产品也从过去的 4 个增加到 8 个，除了之前推出的"彩电、冰箱、手机、洗衣机"之外，又新增了摩托车、电脑、热水器和空调。2010 年 3 月 29 日，财政部和商务部日前印发了《新增家电下乡补贴品种实施方案》。试点的三省一市执行到 2011 年 11 月底，其他省、自治区、直辖市、计划单列市执行到 2012 年 11 月底。

2009 年 3 月，财政部会同国家发展改革委、工业和信息化部、公安部、商务部、工商总局和质检总局，发布了《汽车摩托车下乡实施方

案》，对农民新购汽车、摩托车给予财政补贴，汽车下乡政策的实施时间为2009年3月1日至2009年12月31日，摩托车下乡政策的实施时间为2009年2月1日至2013年1月31日。

家电下乡政策2007年实施以来，已经收到了良好的效果，家电下乡政策明显带动了农村地区家电销售的增长，为拉动农村消费需求、改善农民生活水平发挥了积极作用。2011年，全国家电下乡产品销售1.03亿台，实现销售额2641亿元，同比分别增长34.5%和53.1%。截至2011年末，全国累计销售家电下乡产品2.18亿台，实现销售额5059亿元，发放补贴592.2亿元①。农村市场目前正进入消费环境加快改善、需求结构快速升级的黄金时期，广大农民的消费潜力正在逐步释放。

2. 汽车、家电以旧换新政策。

在全面实施家电下乡和汽车、摩托车下乡的同时，2009年5月份，国家又出台了汽车、家电以旧换新的政策，主要对汽车、电视机、电冰箱、洗衣机、空调、电脑等产品以旧换新给予一定补贴。按照国务院决策，中央财政2009年安排了70亿元资金，用于2009年6月1至2010年5月31日鼓励汽车家电以旧换新。河北、山西、辽宁、吉林、黑龙江、安徽、福建、江西、河南、湖北、湖南、重庆、四川、贵州、陕西、甘肃、青海等省（市）从2010年6月1日起开始实施家电以旧换新政策。自2010年6月1日起，结合各地区旧家电拆解处理能力等条件，家电以旧换新政策逐步推广到全国范围内实施，截止时间为2011年12月31日。

这些政策将有助于释放城镇中等收入水平消费者的消费需求，引导购买高能效的节能产品，促进相关产品消费增长。众多家电企业也受益于此项政策。商务部最新统计数据显示，2011年全国家电以旧换新共销售五大类新家电9248万台，拉动直接消费3420多亿元②，有效引导了城镇居民消费能力的释放。2009年至2011年，中央财政累计向各地预拨家电以旧换新补贴资金约300亿元。据家电及有关资源利用协会估算，服务于家电以旧换新的从业人员达40多万人，其中约70%以上是农民工和城市下

① 中国经济网，http：//finance.ce.cn/rolling/201201/13/t20120113_16704415.shtml，2012年1月13日

② 中国经济网，hhttp：//finance.ce.cn/rolling/201201/09/t20120109_16701526.shtml，2012年1月9日

岗人员，有效扩大了就业。

3. 节能产品惠民工程。

“节能产品惠民工程”是国家发改委、工信部、财政部联合发布的旨在推进节能减排的战略，指通过财政补贴方式对能效等级1级或2级以上的十大类高效节能产品进行推广应用，包括已经实施的高效照明产品、节能与新能源汽车，实现扩内需、保增长与调结构的有机结合。为节约推广成本，提高推广效率，方便消费者，有利加强监管，这一工程采取间接补贴方式，对高效节能产品生产企业给予补助，由生产企业按承诺推广价格减去财政补助后的价格销售高效节能产品给消费者和用户，最终受益人是消费者和用户。

国务院总理温家宝2012年5月16日主持召开国务院常务会议，讨论通过《国家基本公共服务体系“十二五”规划》，研究确定促进节能家电等产品消费的政策措施。决定安排财政补贴265亿元，启动推广符合节能标准的空调、平板电视、电冰箱、洗衣机和热水器，推广期限暂定一年；安排22亿元支持推广节能灯和LED灯；安排60亿元支持推广1.6升及以下排量节能汽车；安排16亿元支持推广高效电机。

2009年启动的“节能产品惠民工程”，在扩大消费需求的同时，推动了产业升级，也为消费者带来实惠。采取财政补贴政策推广高效节能产品，每年可拉动需求4000亿—5000亿元。消费者和用户节省高效节能产品购买费用700多亿元，产品寿命周期内节省电（油）费1300多亿元①。

这项政策和汽车下乡、家电下乡政策一起构成了扩大汽车和家电消费的政策体系，通过财政补贴这项政策工具促进消费，可以有效地发挥财政政策的乘数效应，进一步扩大消费需求，促进节能减排，发展循环经济。

4. 车辆购置税优惠政策。

车辆购置税优惠政策有效带动了汽车生产和销售。为稳定和扩大汽车消费需求，推动汽车产业健康发展，国家出台了车辆购置税减征政策，即对车辆2009年1月1日至12月31日购置的1.6升及以下排量乘用车，减按5%的税率征收车辆购置税。该政策后延长至2011年底，并调整为减按7.5%征收车辆购置税。这一积极的汽车消费政策极大地促进了汽车销售，并带动汽车生产回升和增长，推动汽车产业平稳发展。

① 发改委，http://www.sdpc.gov.cn/xwfb/t20090521_280643.htm，2009年5月21日

5. 住房购置优惠政策。

为刺激居民的住房消费，国家对居民首次购买普通自住和改善性住房，实施降低贷款利率和首付款比例、减免住房交易环节税费等优惠政策，鼓励合理的住房消费。

（二）提高居民消费能力

继续加大强农惠农政策力度，大幅增加粮食直补等四项涉农补贴的资金规模，大幅提高主要粮食品种最低收购价格，适时增加主要农产品收储，积极支持返乡农民工自主创业，加大对农村劳动力培训力度，千方百计促进农民增收。

严格实施最低工资制度，引导企业特别是国有企业努力做到不裁员、不减薪、不欠薪，完善工资支付保障机制，推进事业单位绩效工资制度改革。

努力提高城镇中低收入者收入，上调企业退休人员基本养老金平均水平，并提高城乡低保补助水平及部分优抚对象抚恤和生活补助标准。

加大社会救助和扶贫攻坚力度，稳步增加城乡居民特别是低收入群众收入。增加涉农补贴，合理提高主要粮食品种最低收购价，促进农民持续增收。

减低居民税负，提高居民收入。2011 年 9 月 1 日开始，国家将个人所得税工薪所得减除费用标准由 2000 元/月提高到 3500 元/月并调整税率结构，此举降低了中低收入者的税负。统计显示，受此影响我国个人所得税月均减少 138 亿元，改革实施 4 个月共减轻居民负担 550 亿元①。

（三）促进流通业发展

流通业直接联系生产与消费，对消费有长效而根本的推动作用。降低流通成本对稳定物价、促进消费至关重要。2010 年以来，我国对国内贸易的重视程度逐渐加大，相关政策密集出台。

为进一步发挥网络购物在拉动内需、扩大消费中的积极作用，商务部 2010 年 6 月 24 日发布了关于促进网络购物健康发展的指导意见。主要目标是完善服务与管理体制，健全法律与标准体系，改善交易环境，培育市场主体，拓宽网络购物领域，规范交易行为，推进网络购物发展，满足消

---

① 财政部，http：//www.mof.gov.cn/zhengwuxinxi/caizhengxinwen/201203/t20120306_633204.html，2012 年 3 月 6 日

费者需要，力争到“十二五”期末网络购物交易额达到我国社会消费品零售总额的5%，部分电子商务发展起步较早的地区达到10%左右。

2011年12月19日，中国政府网公布《国务院办公厅关于加强鲜活农产品流通体系建设的意见》。商务部发布多个文件规范扶持国内贸易的发展，其中包括《商贸物流发展专项规划》，还有关于药品、农产品、生产资料、汽车等领域的流通业指导意见，以及关于促进电子商务、融资租赁业、典当业等行业的发展指导意见；此外，商务部还发布了加快肉类蔬菜流通追溯体系建设、加强商务领域信用建设的指导意见，并联合发改委等四部门联合开展清理整顿大型零售企业向供应商违规收费工作。

2011年10月25日，商务部、财政部和中国人民银行联合下发《关于“十二五”时期做好扩大消费工作的意见》。商务部明确表示商贸领域扩大消费重点是构建现代商贸流通体系。财政部门将加大支持力度，强化财政资金的引导作用，银行业金融机构将加大对商贸流通企业的信贷支持力度。

二、促进我国消费的政策建议

刺激家电、房产和汽车消费的优惠措施对过去的短期消费增长起到了显著的促进作用，推动经济增长模式的转变，继续扩大消费需要长期的政策支持，提高居民消费能力是促进消费长期增长的关键。扩大消费政策主要包括消费能力、消费环境、消费政策这三个层次，具体包括优化消费环境，便利消费；培育新的消费热点，引导消费；积极发展消费信贷，创造消费；促进消费升级，提升消费；而最根本在于：切实提高居民收入，保障消费。

1. 优化消费环境，便利消费。

进一步改善消费环境，让消费者便利消费。继续完善城乡流通体系，推动发展现代流通方式，加强商业网点和电子商务建设，减少消费者受时间和空间的制约。进一步改善农村和落后地区的基础设施建设，进一步完善农村流通网络。要发展现代流通方式，促进产销直接对接，降低流通成本，促进实惠消费。进一步清理限制消费的行政性措施，保障消费者自由选择消费的权力。2011年，商务部等部委已经出台一系列着力于降低流通成本的政策，包括取消农产品流通环节增值税、整顿零售商违规收费、降低物流环节成本等等。

2. 培育新的消费热点，引导消费。

家电下乡、节能补贴、以旧换新等政策对提振消费、拉动内需发挥了重要作用，但上述消费刺激政策陆续到期。因此，后续还需要出台相关的刺激性政策保持消费的稳定，对此，建议根据我国经济结构调整的需要，并结合社会零售品销售情况，考虑新的替代品如环保产品、绿色低碳产品，利用财政、税收、补偿、金融等机制引导公众扩大低碳消费需求，培育新的消费热点。商务部目前正积极支持地方进行家具以旧换新的试点。

3. 发展消费信贷，创造消费。

合理发展消费信贷，促进潜在消费能力释放。消费信贷能够优化居民的跨期消费选择，促进潜在消费能力提前释放。鼓励商业银行和其他金融机构在有效控制风险的前提下，结合已经出台的促进消费的政策，开发多样化的消费信贷产品。探索加快发展居民一般用途个人消费贷款，采取降低准入门槛和实行利率优惠等措施。

4. 促进消费升级，提升消费。

消费的持续稳定增长还需要消费结构的升级转换。我国正处于消费结构快速升级的阶段。前期促进消费政策的重点都放在实体商品上，下一步可以考虑扩大到服务领域，养老、家政、物业、医疗保健、休闲、文化、旅游、健身等服务消费在我国还有很大的增长空间。制约居民服务消费的瓶颈主要有两点，一是服务供给不足，第二是服务价格过高。要改革完善现有管理方式，大力发展服务业，扩大市场准入和服务供给，加强市场监管，积极引导消费者扩大服务消费，并相应在休假安排等制度方面予以配合。

5. 提高居民收入，保障消费。

收入是消费的前提。扩大消费，短期靠政策创新，长期还需要推进收入分配改革，完善社会保障制度。“十八大”报告提出“两个倍增”，所谓两个倍增是指“转变经济发展方式，在发展平衡性、协调性、可持续性明显增强的基础上，实现国内生产总值倍增和城乡居民人均收入比2010年翻一番”。

我们认为，在经历了30多年的改革开放之后，中国经济将进入一个新的经济转型阶段，在这个经济转型时期，必须处理好“做大蛋糕”与“分好蛋糕”的关系，而第一个倍增——国内生产总值倍增是“做大蛋糕”，第二个倍增则侧重于“分好蛋糕”，即处理好效率与公平的关系，由过去的重视“效率”到更多地兼顾“公平”，旗帜鲜明地提出关注“做大蛋糕”之后如何在国家、企业乃至城乡居民之间的“分蛋糕”的核心问题。人力资源和社会保障部劳动工资研究所发布的《2011 中国薪酬报告》显示，2011 年我国公共财政收入增长 24.8%，增幅是农村居民人均纯收入名义的 1.39 倍，是城镇居民人均可支配收入的 1.76 倍，而同期企业收入增长幅度为 20% 左右，也远高于居民收入。总之，近年来我国居民收入增长远远低于企业收入和财政收入的增长，使得居民收入占国民收入相对比重不升反降。

新中国成立后，社会主义的分配制度是“各尽所能、按劳分配”，“公平”是当时的首要法则。改革开放以来，针对当时绝对平均主义的“大锅饭”，邓小平旗帜鲜明地提出：“贫穷不是社会主义”、“打破平均主义，允许和鼓励一部分人先富起来，先富带动后富”。我们开始过多地重视经济的发展速度，在某些地方存在着较为严重的 GDP 为纲，长期把“效率”放在首要位置，长而久之，“公平”失效，收入分配不公平现象将会越来越严重。中国的贫富悬殊有多大呢？

我们可以看看定量测定收入分配差异程度最有代表的指标——基尼系数。按照联合国有关组织规定：基尼系数若低于 0.2 表示收入绝对平均；0.2～0.3 表示比较平均；0.3～0.4 表示相对合理；0.4～0.5 表示收入差距较大；0.5 以上表示收入差距悬殊。国家统计局在 2000 年公布了中国的基尼系数 0.412 之后，说明我国已经进入收入差距较大的国家行列。之后的十多年，国家统计局一直没有公开新的基尼系数数据，只是在《中国全面建设小康社会进程统计监测报告（2011）》中明确指出：“2010 年的基尼系数略高于 2000 年的 0.412，实现程度为 79.8%。”

为此，不同的学术机构试图探求我们的基尼系数水平。比如，中国发展研究基金会发布的《转折期的中国收入分配》指出，中国居民总体收入基尼系数从 2001 年的 0.45 左右上升到 2007 年的 0.48，因为 2007 年之后，没有代表性的全国收入调查数据，现在无法测算新的基尼系数。而如今，我国的基尼系数已经远高于 0.5，已跨入收入差距悬殊国家的行列，财富分配非常不均，极易出现社会动荡。

“两个倍增”意味着必须处理好城乡收入的关系。我们可以先看看我国城乡居民的收入比。早在 2005 年，国际劳工组织的数据显示，绝大多数国家的城乡人均收入比都小于 1.6，只有三个国家超过了 2，我国在

1978 年先进行了农村土地承包制改革，较大提高了农民的收入，我国的城乡收入比一度曾经下降到 2 以内，但是，随着 1984 年城市的经济体制改革的展开，城乡收入比再次被拉大，目前我国城乡居民收入比达到 3.3 倍甚至更高。因此，要解决好作为全党工作重中之重的“三农”问题，必须通过城乡发展一体化，大力统筹城乡发展力度，增强农村发展活力，逐步缩小城乡差距，促进城乡共同繁荣。

“两个倍增”意味着必须处理好各阶层的关系：提低、扩中与控高——提高低收入人群的收入，扩大中产阶层的队伍，控制高收入人群的收入。世界银行曾经发布了一份数据报告，最高收入的 20% 人口的平均收入和最低收入 20% 人口的平均收入，这两个数字的比在日本只有 3.4 倍，俄罗斯是 4.5 倍，印度是 4.9 倍，美国是 8.4 倍，而我国却突破了 10 倍，为 10.7 背。如果对比收入最高 10% 人群和收入最低 10% 人群的收入差距，北京师范大学收入分配与贫困研究中心认为我国的收入差距水平已经从 1988 年的 7.3 倍上升到 2007 年的 23 倍。同时，我国的先富起来的一部分人已经进入全球最富的阶层，以瑞信研究院发布的 2012 年度《全球财富报告》显示，亚太区到 2012 年年中已取代欧洲成为全球最富裕的地区，目前我国已有 4700 名超高净值人士（个人资产净值超过 5000 万美元），仅次于美国。根据预计，我国将在 2017 年超越日本成为全球排行第二的富有国家。而再看看我国的贫困人口状况，2008 年以前中国政府设定两个扶贫标准，即低收入标准和绝对贫困标准。1986 年的绝对贫困标准为 206 元，2007 年为 785 元；2000 年的低收入标准为 865 元，2007 年底为 1067 元。2008 年，低收入标准和绝对贫困标准合二为一，统一使用 1067 元作为国家扶贫标准。2009 年，中国国家扶贫标准上调至 1196 元，2010 年随 CPI 上涨而再上调至 1274 元，2011 年进一步大幅上调国家扶贫标准线升到农民人均纯收入 2300 元（以 2010 年不变价格计算）。按照最新的标准线统计，全国贫困人口数量和覆盖面由 2010 年的 2688 万人扩大至 1.28 亿人，占农村总人口的 13.4%，占全国总人口（除港澳台地区外）的近 1/10。这些都从不同侧面说明我们的两极分化已经非常严重。所以，必须采取有效措施，缩小不同阶层收入分配的差距，持续扩大中等收入群体，大幅减少扶贫对象，尤其是“要推动实现更高质量的就业”，要改进最低工资制度，要建立企业职工工资正常增长机制。

“两个倍增”意味着必须处理好收入差距与财富差距的关系。要实现

“两个倍增”目标，我们不仅仅要进行初次分配的收入分配调节，而且要对二次分配的财富分配进行调节。一般而言，贫富差距包括收入差距和财富差距两个方面，收入差距是一种即时性差距，是对社会成员之间年收入的比较；财富差距则是一种累积性差距，是社会成员之间物质资产和金融资产的对比。当前，中国财富分配失衡的程度要远远大于收入分配的失衡。中国财富向富人的集中度正以年均12.3%的加速度增长，是全球平均增速的两倍。所以，必须提高劳动报酬比重，扭转初次分配失衡；打破垄断，缩小行业间分配差距①；要强化税收对贫富差距的调节机制。而更为重要的是要通过财政支出的扩大提高社会整体的福利水平。政府和社会要提供更完善的社会保障体系，通过各种公共产品的服务，弥补贫富差距所带来的负面效应。

“两个倍增”意味着我们将协调投资与消费的关系，即由投资主导型经济转向消费主导型经济。传统的经济增长方式是先建设后消费，传统的经济发展模式是先储蓄后投资，传统的经济发展动力是依靠政府投资拉动经济，政府为了扩大投资规模竭泽而渔。长期以来，我们的消费率持续下降，转变经济发展方式意味着必须从过多地依赖投资转向依靠消费，过多地依靠外需转向依靠内需。这个转型对于探索中国发展新道路、产业结构调整、扩大国内消费等都具有重要的现实意义。

总之，要促进消费，实现“两个倍增”，就必须关注收入分配，实现发展成果由人民共享，必须深化收入分配制度改革，努力实现“两个同步”——居民收入增长和经济发展同步、劳动报酬增长和劳动生产率提高同步，要提高“两个比重”——提高居民收入在国民收入分配中的比重、提高劳动报酬在初次分配中的比重。正确处理效率和公平的关系，就要坚持落实效率优先、兼顾公平的原则，在初次分配和再分配都要兼顾效率与公平，再分配更加注重公平，既要发挥市场的调节作用，创造公平的竞争环境，实现机会均等，也要重视政府对收入分配的调节作用。如果过去30年，我国的经济发展享受了改革开放带来的全球化红利、市场化红利和劳动力与环境要素的低成本红利，那么，未来我国的经济将依靠进一步的改革，尤其是分配制度改革让更多的人享受改革的红利。为此，必须

① 有关研究表明：行业之间职工工资差距也很明显，最高的与最低的相差15倍左右；上市国企高管与一线职工的收入差距在18倍左右，国有企业高管与社会平均工资相差128倍。

加快国民收入分配格局调整，进一步减轻居民税收负担，培育壮大中等收入阶层，增强其消费能力和消费意愿，使之成为消费稳定增长的主力。加快完善社会保障体系，继续提高社会保障支出的比重，稳定并改善居民的消费预期。继续通过各种方式加快完善社会保障体系建设，扩大基本养老、基本医疗、失业、工伤等社会保险覆盖面，解除消费者的后顾之忧，稳定消费预期，提高消费者信心。

三、本书作者及其感谢

本课题负责人是荆林波研究员，课题组顾问成员：宋则研究员、王诚庆研究员、冯雷研究员、于立新研究员、张群群研究员。

荆林波负责整个课题的设计与实施，先后在学术期刊与内参上撰写了多篇成果，并且对全书书稿进行了整体设计。本书集中展示的是财经院年轻队伍的研究，执行主编王雪峰博士和刘波博士分别对课题组后期和前期的成果进行了有效整理，书稿各章作者：第一章和第二章：王雪峰博士；第三章袁平红博士后、王雪峰；第四章刘波博士、张莹博士后；第五章徐健副教授、博士后；第六章徐振宇副教授、博士后；第七章张雄辉博士后；专题一：依邵华流通研究室主任、聂新伟博士生；专题二：盛逖副研究员；专题三：张学江博士；专题四：金准博士。张颖熙博士参与了服务消费的研究，甄宇鹏经济师参与了国际对比研究，李立威博士生参与了消费政策的研究，彭磊副研究员、赵京桥助理研究员参与了汽车消费、餐饮消费等研究。重庆邮电大学的荆文君硕士生、澳大利亚悉尼大学商学院王子豪、中国人民大学的李梦媛、首都师范大学的李丁一、吉林大学的珠海学院的王语嫣等参加了相关子课题的调研以及香港的培训项目。

课题组感谢中国社会科学院科研局、经济学部的指导，感谢中国社会科学院财经战略研究院领导与同事的鼎力支持，感谢浙江工商大学张仁寿校长、郑勇军主任的指导，感谢同行学者的帮助——尤其是评审阶段的宝贵意见，他们是：郭冬乐、王晋卿、刘海飞、柳思维、马龙龙、王晓东、庞毅、洪涛、陈立平等等；感谢商务部、发改委、科技部、工信部有关司局的协作，感谢经济科学出版社吕萍总编辑和于海汛编辑、齐杰、李鹏等的热情帮助。

课题组感谢教育部省部共建人文社会科学重点研究基地浙江工商大学现代商贸研究中心“中国生产性服务业发展报告”项目以及“未来二十

年中国流通产业发展战略——若干重大问题及政策研究”（10JJD790023）项目、国家社科重点项目“健全现代文化市场体系研究”（12AZD019）与中国社会科学院创新工程“中国中长期贸易战略研究”项目的资助！

感谢的人实在太多，这里肯定有遗漏，敬请原谅，但是，最不能遗漏的是我们的家人。我们课题组所有成员之所以有今天，每个人的背后都有一个强大的家庭作为后盾。这里我要说说我的家人之恩：我的父亲母亲哥哥姐姐长期为我操心，特别是：我的岳母操持过度而早逝，成为我心中永远的遗憾，而今，我的岳父仍然一如既往地支持我们，我心中无以报答，只有更加努力。我的爱人无时无刻地提醒我、鞭策我，我的小儿子润润则带给我无限的快乐。我无比享受与家人在一起的一分一秒！

我庆幸自己生活在一个伟大变革的时代，而更加珍惜这个时代给予我的无限恩赐，我坚信我们的研究之路会越走越宽，中国的未来经济学大师必然出自于关注中国消费理论与现实的学者，让我们拭目以待！

主编荆林波

2012 年岁末

第一章　我国消费现状、特点及存在的问题

消费在微观上是个人通过消耗消费品满足生存、发展和享受需要的经济行为。人的生命以消费开始，以停止消费而结束，消费是人生的必然过程，在这个意义上，消费是个人生命和生活的起点，也是其生命和生活的终点。在宏观上，消费是人类通过消耗消费品满足生活和生产需要的经济行为，是经济正常运转的基础。人类为了生存和发展的需求需要不断地从事生产，而生产的目的是为了满足消费需求、改善生产和生活条件，消费是社会存在和发展的必然要求。在这个意义上，消费是人类进行社会存续的关键和社会再生产的起点和终点。在人类社会生活中，消费一旦出现问题，不但会对个人的生活造成影响，而且也会对国家和社会的稳定发展造成冲击，极端情况下将会导致社会大变革或革命的爆发。因此，消费无论是对微观意义上的个人还是宏观意义上的社会和国家的存在和发展都具有决定性的意义。

第一节　我国消费现状

消费的本质对个人来讲是生活问题，对国家来讲则是民生问题。纵观我国历史，从夏商周到明清四千年来，一幕幕政权兴盛衰亡的悲喜剧不断重演，揭示出消费在政权更迭中的重要性。旧王朝因消费引致的民生问题而覆灭被新政权替代；新政权建立初期一般都会汲取旧政权民不聊生引致革命爆发的教训，倍加关注民生问题，实行休养生息、改善民生政策；但是，随着时间的流逝，历史教训逐渐被遗忘，当权者忽视民生的现象重现，于是，民众消费恶化，生活困难，朝代更替再次上演。新中国成立

后，第一代领导人深刻总结了我国历史政权更迭的规律，提出走出“历史怪圈”的任务和要求，因此，新中国成立以来，党和政府对与消费密切相关的民生一直是高度关注。60 多年来，在党和政府的高度重视下，经过人民大众的不断努力，我国的消费总体得到很大的提升，民众生活得到不断的改善，消费水平也持续提高。

一、我国经济增长现状

新中国成立初期，在国际国内的大环境下，我国被迫实行了“先生产、后生活”的赶超发展战略。赶超战略为我国社会主义经济体系建设奠定了强大的基础，但是，长期执行“重生产、轻生活”的赶超战略再加上自然灾害和其他不利因素的冲击，致使人民的生活受到很大的影响。20 世纪 70 年代末，党中央在审时度势的基础上，为了改善民生，果断决策确立了改革开放的政策方针。1978 年以来，在改革开放和“贫穷不是社会主义”思想的引领下，贯彻了“集中精力搞建设，一心一意谋发展”和“发展是第一要务”的执政精神，推动了我国经济实现了快速增长，30 多年间年均经济增速达到 10.2%。在我国经济快速发展过程中出现了三个高速增长期，其中，1982 ~ 1988 年年均增长 11.47%；1991 年到亚洲金融危机爆发前年均增长 11.30%；加入 WTO 后到美国“次贷危机”引发的国际金融危机爆发前，年均增长 11.54%。1978 ~ 2010 年期间我国经济增长速度如图 1 – 1 所示。

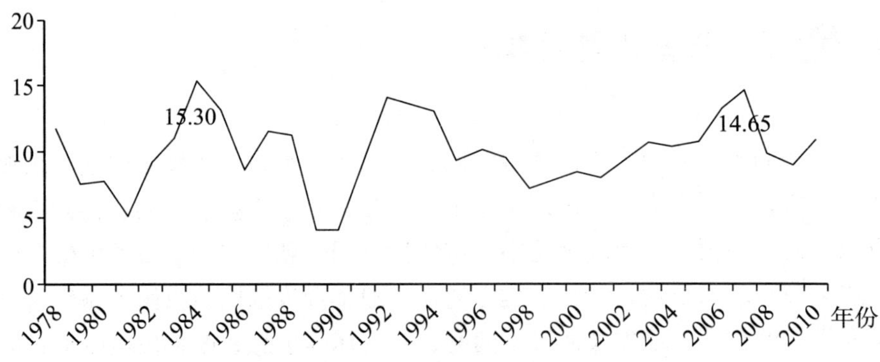

图 1 – 1　1978 ~ 2010 年我国经济增长速度

资料来源：《中国统计年鉴（2011）》，中国统计出版社 2011 年版。

经过30多年的高速增长，我国国民总收入绝对值已经由1978年的3 645.22亿元增加到2010年的403 259.96亿元①，提高了110.63倍；以1978年的不变价格计算也提高了20.69倍。人均国内生产总值的绝对值由1978年的381.23元增加到了2010年的29 991.82元，提高了78.67倍；以1978年的不变价格计算也提高了14.72倍。从经济增长的角度来看，30多年来，我国经济实力的提升和社会发展取得的成果举世公认、前所未有，这为我国消费能力的提升和居民生活水平的改善提供了强大的经济支撑基础。

二、我国最终消费支出现状

从消费增长绝对数额来看，伴随经济的快速增长和国民收入的提高，我国最终消费支出也不断增加、大幅提高。在1978年，我国最终消费支出只有2 239.1亿元，到1984年已经提高到4 846.3亿元，消费支出增加了一倍。1989年，最终消费支出第一次突破万亿元大关，达到11 164.2亿元。20世纪90年代，我国最终消费支出保持持续快速增加的势头，在1993年突破2万亿元，达到21 899.9亿元；到1996年突破4万亿元，达到43 919.5亿元。1997年后受亚洲金融危机影响，伴随经济增长放缓，最终消费支出基本每隔5年左右翻一番的势头受阻。直到2004年，最终消费支出相对1996再次提高一倍，达到87 552.6亿元；2006年首次突破10万亿元，达到112 631.9亿元，消费支出再次呈现快速增加的势头，到2009年相对2004年再次提高一倍，达到166 820.1亿元，在此基础上，2010年我国最终消费支出达到186 905.3亿元。不考虑价格因素，从最终消费支出绝对值来看，2010年的消费支出相对1978年增长了82.47倍。1978～2010年我国最终消费支出情况如表1-1所示。

从消费支出增长的速度看，近20多年来出现过两次短暂的消费快速增长期，一是20世纪90年代初（1991～1993年），年均增长12.81%，这三年消费的平均增速高于国内生产总值的平均增速（12.28%）；二是“十五”末到“十一五”初期（2005～2007年），消费年均增速11.53%，

① 在没有特殊说明的情况下，本章数据均来自《中国统计年鉴》或者依据《中国统计年鉴》整理计算所得。

也快于经济的增速（11.16%）。另外，在受亚洲金融危机冲击后，我国经济处于低迷期间（1998～2000年），尽管消费增速较低，但消费增速大于经济的增速，这对快速下滑的经济起到一定的抑制作用。除了这两个快速增长期和低迷期外，其他年份消费的增速均低于经济增速。整体上分阶段来看，20世纪90年代，消费年均增长9.28%，进入21世纪后，近10多年消费年均增长9.49%。无论是20世纪90年代的10年，还是进入20世纪后的年份，整体消费年均增速均低于经济年均增速。1990～2010年，我国消费增速和经济增长增速如图1－2所示。

表1－1　　1978～2010年我国最终消费支出　　单位：亿元

年份	最终消费支出	年份	最终消费支出	年份	最终消费支出	年份	最终消费支出
1978	2 239.1	1987	7 804.6	1996	43 919.5	2005	99 051.3
1979	2 633.7	1988	9 839.5	1997	48 140.6	2006	112 631.9
1980	3 007.9	1989	11 164.2	1998	51 588.2	2007	131 510.1
1981	3 361.5	1990	12 090.5	1999	55 636.9	2008	152 346.6
1982	3 714.8	1991	14 091.9	2000	61 516	2009	166 820.1
1983	4 126.4	1992	17 203.3	2001	66 933.9	2010	186 905.3
1984	4 846.3	1993	21 899.9	2002	71 816.5		
1985	5 986.3	1994	29 242.2	2003	77 685.5		
1986	6 821.8	1995	36 748.2	2004	87 552.6		

资料来源：《中国统计年鉴（2011）》，中国统计出版社2011年版。

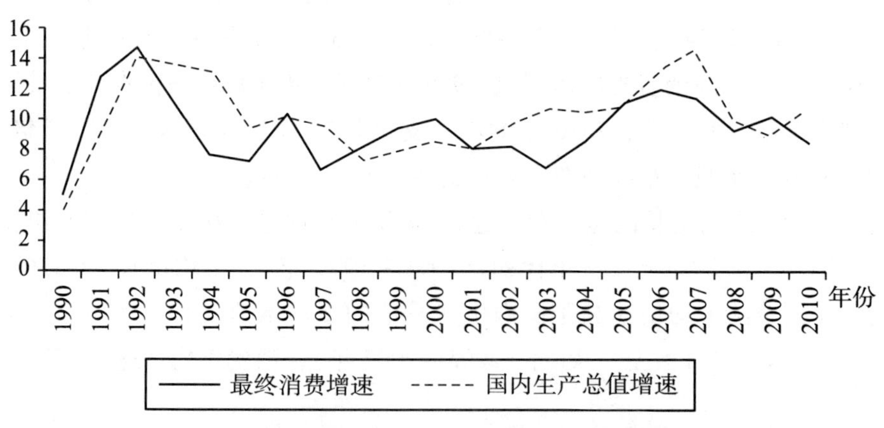

图1－2　1990～2010年期间消费、经济增速图

资料来源：《中国统计年鉴（2011）》，中国统计出版社2011年版。

三、我国消费率和消费贡献率现状

消费在经济构成中的现状可以用消费率和贡献率来衡量。消费率是指一个国家或地区在一定时期内（通常为1年）的最终消费（用于居民个人消费和社会消费的总额）占当年GDP的比率。消费率反映了一个国家生产的产品用于最终消费的比重，是衡量国民经济中消费比重的重要指标。消费贡献率是指最终消费支出增量与支出法GDP增量的比重，反映的是消费增长在GDP增长中的占比，也就是对经济增长的贡献比例。消费率和消费贡献率是反映消费在经济构成和经济增长中的两个重要指标，能够反映出消费在我国经济中的现状。2000年以来我国消费率和贡献率情况如图1－3所示。

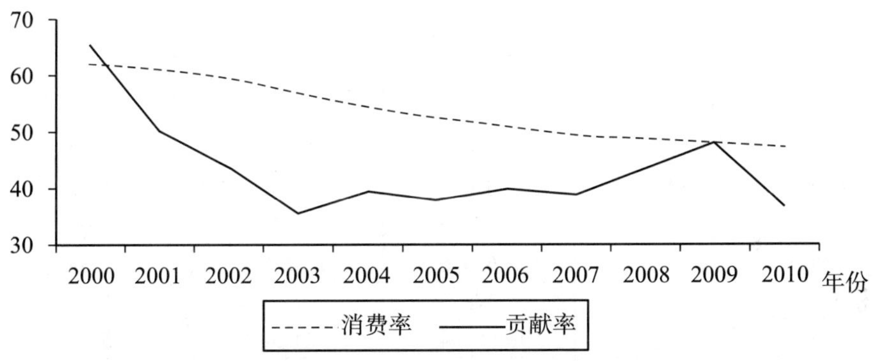

图1－3　2000年以来我国消费率和贡献率

由图1－3可知，2000年以来我国消费率呈持续下降态势，到2010年已经由2000年的62.3%降到47.4%。消费对经济增长的贡献率在2000～2003年期间快速下滑，由65.1%降低到2003年的35.8%。在经济高速增长期间（2003～2007年），消费对经济增长的贡献率也一直在低位徘徊，2008年和2009年在国家大力刺激消费政策的推动下，消费贡献率有所回升，但2010年又呈下降态势。消费率持续下降说明我国经济增长的消费基础在不断弱化，而没有消费支撑的经济增长没有可持续性，也隐含着经济构成和进一步稳步发展的重大危机。消费贡献率的低位徘徊，进一步证明我国的经济增长不是建立在国内消费基础上的增长，显示出我国经济增长内在动力不足和对投资和外部消费依赖性较强的问题，进而揭示出我国失去内部消费动力支持的增长模式存在不可持续性的重大问题。

四、我国消费构成现状

消费构成是指政府消费和居民消费（包括城镇居民和农村居民）在最终消费支出中的占比，反映的是总消费支出中政府消费和居民消费的比重以及居民消费支出中农村居民和城镇居民消费占比和变动情况。在我国的消费支出构成中，伴随最终消费支出的增加，居民和政府消费支出都在提高，但是，政府消费支出相对居民消费支出提高的较快。特别是2000年以来，政府消费支出占比不断提高，居民消费支出占比呈持续下降态势。我国消费构成情况如表1－2所示。

表1－2　　　　我国消费构成数据表

年份	消费支出（亿元）		构成（%）	
	居民消费	政府消费	居民	政府
1978	1 759. 1	480	78. 56	21. 44
1980	2 331. 2	676. 7	77. 50	22. 50
1985	4 687. 4	1 298. 9	78. 30	21. 70
1990	9 450. 9	2 639. 6	78. 17	21. 83
1995	28 369. 7	8 378. 5	77. 20	22. 80
2000	45 854. 6	15 661. 4	74. 54	25. 46
2001	49 435. 9	17 498	73. 86	26. 14
2002	53 056. 6	18 759. 9	73. 88	26. 12
2003	57 649. 8	20 035. 7	74. 21	25. 79
2004	65 218. 5	22 334. 1	74. 49	25. 51
2005	72 652. 5	26 398. 8	73. 35	26. 65
2006	82 103. 5	30 528. 4	72. 90	27. 10
2007	95 609. 8	35 900. 4	72. 70	27. 30
2008	110 594. 5	41 752. 1	72. 59	27. 41
2009	121 129. 9	45 690. 2	72. 61	27. 39
2010	133 290. 9	53 614. 4	71. 31	28. 69

资料来源：《中国统计年鉴（2011）》，中国统计出版社2011年版。

由表1－2可知，1978年我国居民消费支出1 759. 1亿元，政府消费支出480亿元，分别占最终消费支出的78.56%和21.44%；居民消费支出大概是政府消费支出的3.66倍。1990年，居民消费支出提高到了9 450.9亿元，政府消费支出提高到了2 639.6亿元，相对1978年分别增加了4.37倍和4.50倍，各自占总消费支出的比重分别为78.17%和21.83%。政府消费支出占比相对略有提升，居民消费占比略有下降。2000年，居民消费支出增加到了45 854.6亿元，政府消费支出也增加到了15 661.4亿元，相对1990年分别提高了3.85倍和4.93倍，各自占总消费支出的比重分别为74.54%和25.46%。居民消费支出是政府消费支出的2.93倍，居民消费在总消费中的比重进一步下降。到2010年居民消费支出达到了133 290.9亿元，政府消费支出也增加到了53 614.4亿元，居民消费是政府消费的2.49倍；各自在总消费指出的占比分别为73.31%和28.69%，居民消费占比进一步下降，政府消费占比进一步提高。我国消费构成经过30多年的演化，特别是最近10多年变动，居民消费在总消费中的占比已经由1978年的78.56%降到2010年的73.31%；政府消费占比由1978年的21.44%提高到2010年的28.69%；居民消费由政府消费的3.66倍下降到目前的2.49倍。可见，在我国经济构成中的消费率下降的同时，消费自身的构成也在进行着相应调整；不过，这种调整不是有利于经济持续稳定的发展的调整；也就是说，过去经济结构和消费构成的变动和现状都不利于我国经济平稳发展。

五、我国居民消费构成现状

居民消费构成是指城镇居民消费支出和农村居民消费支出在居民消费支出中的占比，反映的是居民消费支出中城乡居民的消费构成比重情况。1978年以来，我国居民消费支出增长很快，由1978年的1 759.1亿元提高到2000年的45 854.6亿元，2008年突破1万亿元的消费支出大关，到2010年，居民消费支出总额已经高达133 290.9亿元，相对1978年提高了74.77倍。其中，农村居民消费支出由1 092.4亿元提高到了30 897亿元，相对1978年增加了37.28倍；城镇居民消费支出由666.7亿元提高到了102 393亿元，相对1978年增加了152.58倍。显然，城镇居民消费支出增长远远快于农村居民消费增长的速度，这必然会引起居民消费构成的变化。我国居民消费构成情况如表1－3所示。

表 1-3　　我国居民消费构成数据表

年份	消费支出（亿元）			消费支出构成（%）	
	居民消费	农村	城镇	农村	城镇
1978	1 759.1	1 092.4	666.7	62.10	37.90
1980	2 331.2	1 411	920.2	60.53	39.47
1985	4 687.4	2 809.6	1 877.8	59.94	40.06
1990	9 450.9	4 683.1	4 767.8	49.55	50.45
1995	28 369.7	11 271.6	17 098.1	39.73	60.27
2000	45 854.6	15 147.4	30 707.2	33.03	66.97
2001	49 435.9	15 791	33 644.9	31.94	68.06
2002	53 056.6	16 271.7	36 784.9	30.67	69.33
2003	57 649.8	16 305.7	41 344.1	28.28	71.72
2004	65 218.5	17 689.9	47 528.6	27.12	72.88
2005	72 652.5	19 371.7	53 280.8	26.66	73.34
2006	82 103.5	21 261.3	60 842.2	25.90	74.10
2007	95 609.8	24 122	71 487.8	25.23	74.77
2008	110 594.5	27 495	83 099.5	24.86	75.14
2009	121 129.9	28 833.6	92 296.3	23.80	76.20
2010	133 290.9	30 897	102 393.9	23.18	76.82

资料来源：《中国统计年鉴（2011）》，中国统计出版社 2011 年版。

由表 1-3 可以看出，伴随城乡居民消费增长的差异，农村居民消费支出在居民消费支出中的占比不断下降，已经由 1978 年的 62.10% 降低到 2010 年的 23.18%，下降了 38.92 个百分点；与之相反，城镇居民消费在居民消费支出的占比在持续上升，由 1978 年的 37.90% 提升到了 2010 年的 76.82%，增加了 38.92 个百分点。从居民消费构成变动可以发现，经过 30 多年的发展和城镇化建设，目前，城镇居民消费已经由农村居民消费的 61% 提高到是农村居民消费的 3.3 倍，这说明我国的消费重心已经由农村转移到了城市，城镇居民消费成为我国居民消费的重中之重，其增长变动情况对我国消费都会产生很大的影响；而农村居民消费在我国的总消费中已经处于从属的次要地位。

六、我国居民消费水平现状

居民消费水平是指居民在物质产品和劳务的消费过程中，对满足人们生存、发展和享受需要方面所达到的程度。其反映居民消费水平的指标主要有平均实物消费量指标、现代生活设施普及指标、消费结构指标和平均消费量价值指标。鉴于实物消费和劳务消费支出可以由消费支出水平来衡量，因此本书对居民消费水平的描述采用居民人均消费支出指标。改革初期，我国全体居民人均消费不足 300 元，农村居民更低，人均不足 200 元。在改革开放的推动下，随着经济的快速发展，我国居民消费支出水平持续提高，到 1984 年全体居民人均消费支出基本增加了一倍；1989 年又在 1984 年的基础上翻了一倍，全体居民平均消费支出已经接近 800 元的水平，农村居民也达到了 560 元，城镇居民人均 1 466 元。1994 年，在 1989 年的基础上又增加了一倍，人均消费支出超过了 1 800 元，农村居民人均消费也超过了 1 000 元，城镇居民接近 4 000 元。2000 年相对 1994 年又翻了一番，到 2007 年居民消费支出水平相对 2000 年又翻了一番。到 2010 年，全体居民人均消费支出达到了 9 968 元，农村居民达到了 4 455 元，城镇居民达到了 15 907 元。相对 1978 年，我国全体居民人均消费支出水平提高了 10.63 倍，农村居民消费提高了 6.60 倍，城镇居民消费提高了 7.31 倍。1978 年以来，我国居民消费水平情况如表 1－4 所示。

表 1－4　　居民消费支出水平　　单位：元

年份	居民			年份	居民		
	全体	农村	城镇		全体	农村	城镇
1978	184	138	405	1992	1 116	688	2 262
1979	208	159	425	1993	1 393	805	2 924
1980	238	178	489	1994	1 833	1 038	3 852
1981	264	201	521	1995	2 355	1 313	4 931
1982	288	223	536	1996	2 789	1 626	5 532
1983	316	250	558	1997	3 002	1 722	5 823
1984	361	287	618	1998	3 159	1 730	6 109
1985	446	349	765	1999	3 346	1 766	6 405
1986	497	378	872	2000	3 632	1 860	6 850
1987	565	421	998	2001	3 887	1 969	7 161
1988	714	509	1 311	2002	4 144	2 062	7 486
1989	788	549	1 466	2003	4 475	2 103	8 060
1990	833	560	1 596	2004	5 032	2 319	8 912
1991	932	602	1 840	2005	5 573	2 579	9 644

续表

年份	居民			年份	居民		
	全体	农村	城镇		全体	农村	城镇
2006	6 263	2 868	10 682	2009	9 098	4 021	15 025
2007	7 255	3 293	12 211	2010	9 968	4 455	15 907
2008	8 349	3 795	13 845				

资料来源：《中国统计年鉴（2011）》，中国统计出版社 2011 年版。

由表 1－4 可知，在改革初期（1978～1985 年），我国农村居民消费增长快于城镇居民，农村居民消费改善的速度较快。在这期间，城乡居民消费水平差距逐步缩小。1985 年以来，除受到外界冲击或影响的年份外，城镇居民消费增长的速度均快于农村居民，城镇居民生活改善的幅度大于农村居民。在这期间，城乡居民消费水平差距在不断扩大，1991 年城乡居民消费差距就扩大到 3 倍以上，到 2003 年和 2004 年提高到 3. 8 倍高点。近年来，差距虽然略有下降，但依然高达 3. 7 倍，2009 年和 2010 城乡居民消费水平比分别是 3. 7 倍和 3. 6 倍。可见，在城乡经济发展速度拉大的背景下，城乡居民消费支出水平的差距也在扩大，城乡居民生活改善的程度不同引致居民生活差距拉大。1978 年我国城乡居民消费支出增长情况如图 1－4 所示。

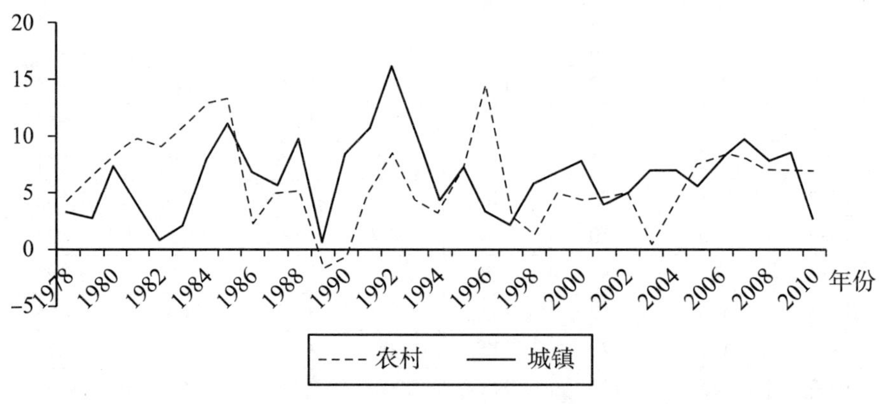

图 1－4　城乡居民消费水平增长速度

资料来源：《中国统计年鉴（2011）》，中国统计出版社 2011 年版。

伴随经济的增长、收入的增加和消费支出的增加，我国居民生活水平不断改善，城乡居民的恩格尔系数不断下降。依据联合国根据恩格尔系数对生活水平的划分标准，我国农村居民生活水平在1985年以前基本都属于贫困类，1985年才开始由贫困转向温饱，此后经过15年（到2000年）才开始由温饱过渡到小康水平。我国城镇居民生活在1996年以前都处在求温饱的生活状态，1996年（恩格尔系数为48.76）开始摆脱温饱进入小康的水平。2000年以来，随着收入的增加和生活条件的不断改善，我国城镇居民开始过上相对富裕的生活。到2009年和2010年城镇居民的恩格尔系数分别是36.5和35.7，我国城镇居民的生活正在向富裕型转变。农村居民生活由温饱向小康生活的转变发生在2000年，其后，恩格尔系数逐步下降，到2009年和2010年，农村居民的恩格尔系数分别是40.97和41.09，农村居民生活处于向相对富裕生活转变的临界点，此时，相对城镇居民步入相对富裕生活的时间已经过去了10年。这意味着农村居民相对城镇居民的生活落后10年时间。

七、我国区域消费构成现状

在经济区域上，我国划分为东部、中部、西部和东北部四大经济板块。在四大经济板块中，东部地区是我国的经济中心，1994年以来其地区国内生产总值在国内生产总值中一直占据半壁江山以上。2005年，东部地区国内生产总值占比达到最高点（55.59%），其后，随着区域协调发展指导思想的提出以及西部大开发推进、振兴东北老工业基地的实施和中部崛起战略的确立，中西部地区加快发展，东部地区国内生产总值占比开始逐步下降。到2009年和2010年，我国四大经济板块地区国内生产总值在国内生产总值中的占比分别为53.84∶19.32∶18.33∶8.51和53.09∶19.70∶18.63∶8.58。可见，东部地区在我国整体经济中仍占绝对优势的地位。

经济的发展水平决定着地区的收入水平和消费水平；同时，消费支出水平也是经济发展水平的反映。在我国四大经济板块中，各地区最终消费都呈稳步增长态势。1997年各地区最终消费支出分别是18 691.97亿元、9 391.91亿元、8 839.55亿元和4 358.82亿元；2003年东部地区增加到35 376.23亿元，中部地区增加到20 359.84亿元，西部地区也提高到13 853.33亿元，东北地区也增加到7 246.4亿元；相对1997年各地区消费支出几乎增加了一倍。2007年，各地区消费支出相对2003年基本又提高了一倍。到2010年，东部地区消费支出首次突破10万亿元，中部地区也接近4万亿元，西部地区消费超过中部地区。我国区域最终消费支出及构成现状如表1－5所示。

表1－5　　1997～2010年我国区域消费支出及占比情况

年份	最终消费支出（亿元）				占比（%）			
	东部	中部	西部	东北	东部	中部	西部	东北
1997	18 691.97	9 391.91	8 839.55	4 358.82	45.28	22.75	21.41	10.56
1998	19 977.25	9 611.21	9 202.45	4 721.52	45.91	22.09	21.15	10.85
1999	21 479.27	10 443.87	9 782.34	5 091.76	45.90	22.32	20.90	10.88
2000	24 472.07	11 451.81	10 860.36	5 633.97	46.69	21.85	20.72	10.75
2001	27 579.01	12 588.10	11 604.70	6 269.95	47.52	21.69	19.99	10.80
2002	30 996.45	13 780.97	12 638.63	6 763.90	48.30	21.47	19.69	10.54
2003	35 376.23	20 359.84	13 853.33	7 246.40	46.04	26.50	18.03	9.43
2004	42 643.50	17 792.43	16 066.59	7 949.38	50.49	21.07	19.02	9.41
2005	50 944.04	20 129.31	19 405.77	8 389.89	51.53	20.36	19.63	8.49
2006	59 198.66	23 130.32	22 083.77	9 225.28	52.09	20.35	19.43	8.12
2007	69 877.07	26 526.38	26 385.01	10 685.94	52.35	19.87	19.77	8.01
2008	81 641.60	30 945.64	31 073.42	12 839.52	52.17	19.77	19.86	8.20
2009	87 980.70	33 822.80	34 864.50	14 437.60	51.42	19.77	20.38	8.44
2010	103 180.20	39 935.50	40 810.80	16 730.80	51.42	19.90	20.34	8.34

资料来源：《中国统计年鉴（2011）》，中国统计出版社2011年版。

从表1－5可以看出，东部地区作为我国的经济中心，既是生产要地，也是消费重镇，其最终消费支出在全国消费中的占比在2004年以来一直占据半壁江山。中部地区消费比重一直在20%左右，且呈下降态势，但近几年开始趋稳。在2004年以前，西部地区消费与中部地区相似，比重不断下降，但2004年以来呈提升态势，最近两年提升到2001年的水平。东北地区在2007年以前一直下降，降到8.01%后开始略有提升。通过区域消费构成分析可以发现，目前，与经济重心相一致，我国消费的重心也在东部地区，而人口密集的中部地区受经济发展的限制，巨大的消费潜能还没有发挥出来；西部地区随着经济发展的加速也开始活跃。可见，我国经济发展的潜力在中西部，消费的提振的区域重点也应该是中西部地区。

另外，从各区域内部消费构成来看，居民消费占比都在下降，政府消费占比都在提高；农村居民消费占比都在下降，城镇居民消费占比都在提升。就各区域构成横向比较来看，2010 年，中部地区政府消费占比最低（25.87%），其次是东部地区（28.15%），再其次是西部地区（30.47%），最高的是东北地区（31.01%）。居民消费构成中，2010 年，东部地区农村居民消费占比最低（18.2%），其次是东北地区（20.23%），然后是西部地区（28.87%），农村消费占比最高的是中部地区（30.3%）。可见，各地区都存在政府消费扩张和城镇化发展的现象和趋势。

八、我国居民消费支出结构现状

居民消费支出是指城乡居民个人和家庭用于生活消费以及集体用于个人消费的全部支出，包括购买商品支出以及享受文化服务和生活服务等非商品支出。通常情况下，城乡居民消费支出包括八大类，即食品类消费支出、衣着类消费支出、居住类消费支出、家庭设备、用品及服务类支出、医疗保健类支出、交通和通信类支出、文教娱乐用品及服务类支出、银行中介服务消费支出、保险服务消费支出和其他消费支出。城乡居民在各类商品或服务中的消费支出水平和结构能够综合反映居民的生活水平。2004～2009 年我国城乡居民的消费支出结构如表 1－6 和表 1－7 所示。

表 1－6　2004～2009 年农村居民消费支出结构　单位：%

项目＼年份	2004	2005	2006	2007	2008	2009
食品	44.85	42.23	40.61	41.45	42.12	40.69
衣着	5.22	5.40	5.61	5.77	5.58	5.78
居住	16.18	17.49	18.17	18.31	18.56	17.05
家庭设备	3.88	4.05	4.22	4.45	4.58	5.09
医疗保健	5.76	6.22	6.54	6.52	6.84	8.17
交通通信	8.37	8.90	9.64	9.80	9.49	10.02
文教娱乐	10.76	10.74	10.18	9.12	8.29	8.47
银行中介	1.82	1.92	2.07	1.68	1.84	1.65
保险服务	0.65	0.70	0.74	0.65	0.68	0.98
其他	2.51	2.36	2.22	2.25	2.02	2.09

资料来源：依据《中国统计年鉴（2011）》数据计算整理。

从绝对数额来看，农村居民在各类消费中支出都在稳步增加，譬如食品消费支出在2004年是7 871.3亿元，到2009年增加到了11 732亿元；衣着消费支出在2004年是916.6亿元，到2009年增加到1 667.29亿元；居住消费支出在2004年是2 839.6亿元，到2009年增加到了4 916.7亿元。同样，其他类消费支出也都出现了大幅度的提高。但是，从农村居民总消费支出的内部结构来看，食品和文教娱乐的消费支出在农村居民消费支出的占比在持续下降；衣着、居住、家庭设备、交通通信和医疗保健消费支出占比都呈明显的上升趋势；而银行和保险服务类的消费支出比重变动方向则不太明显。农村居民的这种消费结构及其变动趋势反映出农村居民的消费正在由以“吃得饱”为主要追求的消费阶段向“穿得暖”、“行得快”和“住得好”为特征的小康型消费阶段转变，衣食住行依然是农村居民消费的重心；而金融保险等现代类型的服务消费目前在农村还没有市场，依然处于待开发阶段。

表1－7　　2004～2009年城镇居民消费支出结构　　单位：%

项目＼年份	2004	2005	2006	2007	2008	2009
食品	32.98	31.96	30.79	29.71	30.77	29.42
衣着	8.08	8.46	8.58	8.53	8.42	8.44
居住	14.58	14.94	15.33	17.21	17.53	17.52
家庭设备	4.86	4.75	4.77	4.93	5.00	5.17
医疗保健	8.94	9.21	8.93	8.61	9.12	9.61
交通通信	9.91	10.49	10.90	11.12	10.24	11.20
文教娱乐	12.21	11.65	11.54	10.88	9.81	9.80
银行中介	3.31	3.35	3.40	2.39	2.57	2.16
保险服务	2.25	2.34	2.52	1.88	1.84	1.71
其他	2.87	2.84	3.25	4.73	4.71	4.98

资料来源：依据《中国统计年鉴（2011）》数据计算整理。

同样，城镇居民消费支出的绝对额上也在快速增加，但是由于各类消费支出的增速不同，城镇居民消费支出的内部结构也在发生着相应的调整，隐含着城镇居民消费所处的阶段和发展趋势。在城镇居民的消费支出结构中，整体来看，食品、居住和文教娱乐属于三大主要支出，占城镇居民消费支出的比重接近60%。从内部结构变动来看，食品、文教娱乐和保险服务消费支出占比都呈明显的下降趋势，而居住、家庭设备和其他类消费支出的占比则呈明显的上升趋势；同时，衣着、医疗保健、交通通信和银行中介则变动趋势不明显。这意味着城镇居民消费中的衣食消费已经得到满足，城镇居民对文教娱乐和保险服务的重视度下降；而居住和家庭设备的消费需求比重的提高说明目前城镇居民消费的热点依然是追求舒适的住所，同时也说明城镇居民的居住消费需求没有得到应有的满足。

第二节 我国消费的特点及存在的问题

伴随经济的发展和收入的提高，我国最终消费支出不断增加，居民消费水平不断提高，生活条件不断改善。经过30多年的演变，我国消费在宏观变动和结构上呈现出以下特征：

一、最终消费支出增加快

1978年以来，我国最终消费支出基本是以每隔5年左右翻一番的速度在增长。例如，1984年最终消费支出是4 846.3亿元，相对1978年的2 239.1亿元翻了一番，间隔5年。1988年最终消费支出是9 839.5亿元，相对1984年翻了一番，时隔3年。1993年最终消费支出达到了21 899.9亿元，相对1988年翻了一番，时隔4年。1996年最终消费支出达到了43 919.5亿元，相对1993年翻了一番，时隔2年。2004年最终消费支出达到了87 552.6亿元，相对1996年翻了一番，时隔7年。2010年最终消费支出提高到了186 905.3亿元，相对2004年再次翻番，时隔5年，我国最终消费支出在30多年间翻了6番。2010年最终消费支出的绝对值是1978年的83.47倍；考虑价格因素，以1978年的不变价格计算，也是1978年的15.57倍。无论是从消费支出绝对值的角度还是相对值的角度，我国的最终消费支出都在持续快速地增加，反映了我国经济增长带来消费支出持续快速提高的现实和居民生活持续改善的成果。

二、消费率、消费贡献率均下降

在经济快速增长的带动下，尽管我国的最终消费支出持续增加，但是消费率和消费对经济增长的贡献率依然呈现下降态势。我国消费率在1992年以前基本保持在60%以上，1993～2002年期间在60%左右浮动，2000年以来持续下降，到2010年降低到了47.4%。从“五年发展规划”的层面看，消费率下降趋势更加明显，“六五”期间消费率均值是66.36%；“七五”降到了63.88%；“八五”时期降到了60.08%；在扩大内需政策的推动下，“九五”时期相对“八五”略有提升（60.24%）。加入WTO后至国际金融危机爆发前后的“十五”和“十一五”期间呈持续下降的局面，分别为57.04%和48.83%。

在消费支出增加的同时，作为三大需求之一，消费对经济增长的贡献率却在下降，特别是2000年以来，消费贡献率下降趋势明显。2000年，消费对经济增长的贡献率为65.1%，拉动经济增长5.5个百分点；2002年消费对经济增长的贡献率为43.9%，拉动经济增长4个百分点；2006年消费对经济增长的贡献率降到了40%，拉动经济增长5.1个百分点；到2010年，消费对经济增长的贡献率降低到了不足40%的程度（36.8%），拉动经济增长3.8个百分点。可见，伴随我国经济的快速增长，最终消费支出在快速增加的同时，消费率和消费贡献率不断下降成为我国消费的一大特点，反映出我国经济中消费需求的地位下降和内需基础的弱化问题。

三、消费构成调整中居民消费占比下降

消费包括政府消费和居民消费，而居民消费又包括农村居民消费和城镇居民消费。伴随消费主体消费能力的变动和消费支出的变化，我国消费构成调整中居民消费占比下降，同时，居民消费构成中农村居民消费占比下降的特征。具体来看，在我国的消费构成中，居民消费占比呈下降态势，特别是1995年以来居民消费占比下降趋势明显。1978～1990年，我国居民消费在最终消费支出中的占比基本保持在78%以上，1991～1999年居民消费占比也保持在75%以上。2000年以来，居民消费占比继续下降，到2010年降到了71.3%。在我国的居民消费构成中，农村居民消费占比几乎呈持

续长期下降态势。1978 年，我国农村居民消费在居民消费中的占比为 62.1%；1990 年农村居民消费占比已经不足 50%，为 49.6%；到 2003 年已经降到 30% 以下，为 28.3%；2009 年和 2010 年农村居民消费在居民消费中的占比分别是 23.8% 和 23.2%。由此可见，我国消费构成中呈现居民消费占比下降和居民消费构成中农村居民消费占比下降的特征。

消费构成中居民消费占比的下降一方面显示出在我国的消费需求结构中居民消费能力相对下降，政府消费能力相对提升的部分消费能力转移问题；另一方面也揭示出我国的经济增长惠民程度弱化、逐步偏离民生，内需中民生基础弱化的问题。居民消费构成中农村居民消费占比下降显示出我国消费重心由农村向城镇居民转移的发展趋势，但同时也揭示出城乡居民消费差距扩大的问题。总之，我国消费构成的变化和趋势既有其积极的一面，也有其存在问题的一面；积极地调整需要予以鼓励和支持，其揭示出的问题也需要引起高度的关注和重视，需要相应的对策和措施予以及时纠正。

四、区域居民和城乡居民消费支出水平差距均较大

我国不同区域间居民消费水平的存在较大的差距。经济比较发达的是东部地区，如上海、北京和广东 2005 年人均消费支出分别是 18 396 元、14 835 元和 9 821 元；中部地区的湖南、湖北和河南的居民人均消费支出只有 4 894 元、4 883 元和 4 092 元；最落后的西部地区的甘肃、贵州和西藏更低，分别只有 3 453 元、3 140 元和 3 019 元。到 2010 年，东部地区的上海、北京和广东居民人均消费支出分别提高到了 32 271 元，25 015 元和 18 097 元；中部地区的湖南、湖北和河南居民的人均消费支出也增加到了 8 922 元，8 977 元和 7 837 元；而西部地区尽管也有所提高，但人均消费支出也只有 6 035 元、5 879 元和 4 513 元。近几年我国东部、中部和西部代表性区域省份的人均消费支出水平如表 1－8 所示。

表 1－8　　我国不同区域代表性省份居民人均消费支出　　单位：元

省（市、区）＼年份	2005	2006	2007	2008	2009	2010
上海	18 396	20 944	24 260	27 343	29 572	32 271
北京	14 835	16 770	18 911	20 346	22 154	25 015

续表

省（市、区）＼年份	2005	2006	2007	2008	2009	2010
广东	9 821	10 829	12 663	14 390	15 291	17 218
湖南	4 894	5 498	6 240	7 145	7 929	8 922
湖北	4 883	5 533	6 513	7 406	7 791	8 977
河南	4 092	4 632	5 141	5 877	6 607	7 837
甘肃	3 453	3 810	4 274	4 869	5 284	6 035
贵州	3 140	3 499	4 057	4 426	5 044	5 879
西藏	3 019	2 915	3 215	3 504	4 060	4 513

资料来源：《中国统计年鉴（2011）》，中国统计出版社 2011 年版。

由表 1－8 可以看出，在 2010 年，西部地区的人均消费支出水平大致与中部地区 2005 年和 2006 年的居民人均消费水平相似。中部地区 2010 年的居民消费水平还不及 2005 年的东部地区居民的消费水平。西部地区相对中部地区居民人均消费水平大致滞后 5 年，而中部地区相对东部地区居民的人均消费支出水平至少滞后 5 年以上；西部地区相对东部地区居民人均消费支出水平滞后至少 10 年以上，因此，我国区域间居民消费支出还存在较大的差距。

在不同区域间居民消费支出水平存在较大差距的同时，我国城乡居民消费支出水平差距也不断扩大。从全国范围内看，在 1990 年以前，我国城乡居民消费差距基本控制在 3 倍以内。在 1991 年，我国城乡居民消费水平差距开始突破 3，达到 3.1 倍；此后，消费差距继续呈上升态势，2003 年和 2004 年达到了 3.8 倍的差距。近几年，我国城乡居民消费水平的比值一直在 3.6～3.7 倍之间，处于高位。我国不同区域及区域内城乡居民消费水平如表 1－9 所示。

表 1－9　　我国不同区域城乡居民消费水平对比

年份		2005	2006	2007	2008	2009	2010
东部城乡消费水平对比	上海	2.1	2.2	2.3	2.4	2.3	2.5
	北京	2.5	2.4	2.3	2.2	2.1	2.1
	广东	3.5	3.5	3.9	3.8	4	4

续表

年份		2005	2006	2007	2008	2009	2010
中部地区城乡消费水平对比	湖南	3	3.1	3.1	3	3.1	3.3
	湖北	3.2	3.2	3.2	3	2.9	2.9
	河南	3.4	3.3	3.4	3.4	3.4	3.4
西部地区城乡居民消费水平对比	甘肃	4.1	4.3	4.5	4	4.1	4
	贵州	4.8	5.2	5.1	4.7	4.6	4
	西藏	5.9	4	4	3.9	4	4.2

资料来源：依据《中国统计年鉴（2011）》数据计算整理。

由表1－9可知，近几年，东部地区城镇化水平较高的上海和北京城乡居民人均消费支出水平差距较小，一般都在2.5倍以内。但北京和上海的变动趋势又有差异，北京市的城乡居民消费差距呈缩小趋势，由2005年的2.5降低到了2010年的2.1；而上海城乡居民的人均消费支持水平的差距却成扩大趋势，由2005年的2.1增加到了2010年的2.5。广东省的城乡居民消费差距一直较大，并且呈不断扩大的趋势，由2005年的2.5倍提高到了2010年的4倍。中部地区城乡居民的消费支出水平差距呈相对稳定的状态，基本保持在2.9～3.4倍之内。西部地区的城乡居民人均消费支出水平比在近几年则由高位呈现出下降态势，已经降到了4倍左右，但西部地区城乡居民人均消费支出水平差距依然较大，在全国处于高位。

五、消费结构升级缓慢

消费结构是居民真实消费支出的构成，也是居民消费需求层次变动和调整的真实反映。近几年，我国城乡居民消费结构如表1－10所示。表1－10显示，食品和文教娱乐在城乡居民消费支出中的占比都呈下降趋势；衣着消费占比基本保持稳定；居住、家庭设备、交通通信和医疗保健消费占比都呈上升趋势。这意味着无论是城镇居民还是农村居民，他们的消费都具有由衣食需求向住行和健康需求缓慢升级的趋势，而以文教娱乐为代表的精神需求则呈现出下降的态势，这意味着我国居民的消费升级依然是在物质层面的提升，而对精神方面的需求和升级则在弱化。这揭示出当前我国住行需求对居民消费还存在很大的缺口，甚至在某种程度上，住行需求对精神需求形成挤压，导致我国消费需求的后续升级面临缺乏精神支撑的困难。

表 1-10 我国城乡居民消费结构 单位：%

农村居民消费结构						
项目＼年份	2004	2005	2006	2007	2008	2009
食品	44.85	42.23	40.61	41.45	42.12	40.69
衣着	5.22	5.40	5.61	5.77	5.58	5.78
居住	16.18	17.49	18.17	18.31	18.56	17.05
家庭设备	3.88	4.05	4.22	4.45	4.58	5.09
医疗保健	5.76	6.22	6.54	6.52	6.84	8.17
交通通信	8.37	8.90	9.64	9.80	9.49	10.02
文教娱乐	10.76	10.74	10.18	9.12	8.29	8.47
银行中介	1.82	1.92	2.07	1.68	1.84	1.65
保险服务	0.65	0.70	0.74	0.65	0.68	0.98
其他	2.51	2.36	2.22	2.25	2.02	2.09
食品	32.98	31.96	30.79	29.71	30.77	29.42
衣着	8.08	8.46	8.58	8.53	8.42	8.44
居住	14.58	14.94	15.33	17.21	17.53	17.52
家庭设备	4.86	4.75	4.77	4.93	5.00	5.17
医疗保健	8.94	9.21	8.93	8.61	9.12	9.61
交通通信	9.91	10.49	10.90	11.12	10.24	11.20
文教娱乐	12.21	11.65	11.54	10.88	9.81	9.80
银行中介	3.31	3.35	3.40	2.39	2.57	2.16
保险服务	2.25	2.34	2.52	1.88	1.84	1.71
其他	2.87	2.84	3.25	4.73	4.71	4.98

资料来源：依据《中国统计年鉴（2011）》数据计算整理。

第三节 我国消费存在的问题简析

一、消费率下降问题简析

消费率是指一个国家或地区在一定时期内（通常为 1 年）的最终消费（用于居民个人消费和社会消费的总额）占当年 GDP 的比率。消费率的大小能够反映出一个国家生产的产品用于最终消费的比重，是衡量国民经济中消费比重的重要指标。消费率的变动能够反映出一国经济发展内需基础的变化和该国抵御经济波动能力的变化以及其经济发展三大动力的调整和变化。如果一国消费率下降，则意味着该国经济发展的内需基础弱化，投资和外需动力增强，经济呈外向型模式，并且对外依赖性提高，抵御经济波动的能力弱化，经济发展的稳定性下降；反之，则意味着该国经济发展呈内向型发展模式，内需基础强化，投资和外需动力下降，对外依赖性下降，抵御经济波动风险的能力增强，经济发展的稳定性提高。因此，消费率问题既是一国经济发展模式的选择问题，也是该国经济结构调整和经济能否持续稳定发展的重大问题，应该予以足够重视。

改革开放以来，在经济持续快速发展的同时，我国的消费率呈现出波动下降的态势，特别是2000年以来开始持续下降，2010年降到47.4%的历史低位。在国际金融危机的冲击下，长期下降的消费率引致的内需基础不牢，启动内需困难、消费需求平抑经济外来冲击能力的下降，经济对外依赖性大、各种应对外来冲击的政策措施效果不明显等问题突出。如何抑制或扭转消费下降已经成为摆在我们面前的一个重大问题，因为消费率下降不但是经济结构中消费需求下降的表现，而且还是我国经济发展模式或发展方式存在问题的表现。目前，我国内需启而不动、消费率持续下降、外来冲击效应放大、经济稳定性下降等经济中复杂困难的局面是已有的经济发展模式长期积累的结果。消费率问题可能是我们理解我国一系列经济问题的切入点，通过对消费率下降问题的研究揭示出我国的经济结构和发展模式问题，推进我国加快发展方式转变和经济结构调整。因此，消费率下降问题是一个值得研究和关注的重要问题。

二、消费贡献率下降问题简析

在经济增长的三大动力中，货物和服务净出口是取决于外部经济条件和发展状况的外部需求。在外部经济条件向好时，外部需求增加，货物和服务净出口增加，促进国内经济增长。在外部经济条件恶化时，外需减少，带动国内经济下滑、增长减速。可见，来自外部需求的外需对一国的经济增长变动具有不可控性。投资需求属于引致需求，随着总消费需求（外需、内需）的变动，投资通过乘数—加速效应将放大消费需求的变动，加剧经济增长波动。国内最终消费是直接需求，尽管与经济增长和收入密切相关，但受消费习惯、文化、习俗等因素的影响具有相对稳定性，对经济增长波动具有平抑作用。外需、投资和净出口三大需求对经济增长的贡献率既是一国经济结构的反映，也是一国经济能否长期稳定增长的重要指标。

消费贡献率是同一期间消费增长与国内生产总值增长之比，反映的是内部最终消费支出增长对经济增长的贡献，即经济内生增长动力的大小。2000 年以来，我国消费对经济增长的贡献率不断下降，到 2009 年和 2010 年分别是 47.6% 和 36.8%；而投资贡献率不断上升，2009 年和 2010 年分别是 91.3% 和 54%。消费贡献率的下降反映了在我国的经济增长结构中，消费需求动力基础性地位的下降和经济发展稳定性基础的下降。消费需求动力的下降既是经济增长的内生基础性地位下降的反映，也是消费平抑经济波动能力下降和经济稳定性下降的反映。这样，在受到外需变动冲击和投资的变动冲击时，我国经济增长的稳定性将会受到影响。2008 年国际金融危机爆发对我国的冲击是外需变动影响的最好证明，而危机爆发后，我国应对危机时采取的刺激消费政策的无效性和投资政策效果的显著性也再次证明我国消费需求在我国经济中基础地位的弱化。但是，增加投资的滞后效应和乘数效应对我国后续经济的稳定工作带来很大的压力和困难，增加了国内经济调控的复杂性。因此，从经济长期稳定发展的角度看，构建扩大消费的长效机制、提高消费贡献率、增强经济增长的内生性应该是我们的一个重要追求目标，也是学界应该研究和关注的重大问题之一。

三、居民消费占比下降问题简析

居民是一个国家的人口主体和最大的消费主体。居民消费既是一国经济增长的根本动力，也是一国经济发展惠及民生或者民众生活福利改善程度的反映。在一国的经济发展过程中，如果居民消费在最终消费支出中的占比较高，说明该国的经济发展是民生导向的发展模式；如果居民消费在最终消费支出中的占比不断下降，则说明民生改善的速度低于国民经济发展的速度，也低于政府消费支出增加的速度，民生改善在一定程度上会受到影响。在这个意义上，居民消费占比可以作为衡量一个国家经济发展目标和模式，甚至经济能否可持续发展的一个重要指标。

伴随我国经济的快速发展，消费率不断下降，特别是2000年以来消费率的持续下降，我国居民消费在最终消费支出中的占比也不断下降。居民消费支出占比由1978年的78.56%降到2000年的74.54%，到2005年的73.35%，再到2009年和2010年的72.61%和71.31%。居民消费占比的不断下降反映出我国经济增长的居民消费基础的弱化和经济增长惠及民生能力的下降。经济的快速增长已经与居民的生活切身感受发生偏离，经济增长的民众认同感在降低。这需要我们反思我们经济增长的目的到底是什么？是为了脱离民众的增长而增长，还是为了民生的改善、为了民众的利益而增长？也需要我们研究我国居民消费占比下降的成因是什么？怎样才能抑制居民消费占比下降的局面，提高居民经济发展的认同感？在这个层面上，居民消费占比下降问题应该引起高度的关注和进一步研究。

四、农村居民消费占比下降问题简析

我国是一个农业人口大国，农村人口在我国的人口结构中占据较高的比例。在1981年以前，我国农村人口在总人口中的占比在80%以上；尽管随着经济的发展和城镇化建设，我国城镇人口在快速增长，但在1996年以前我国农村人口占比依然高达70%以上。到2003年，农村人口占比降到59.47%；2010年农村人口占比降到50.05%，农村人口依然是我国人口的多数。消费是由个人完成的，个人是实现消费的主体。农村庞大的人口是我国消费支出不断增加的基础，也是扩大消费支出的潜力所在。多年来，我国农村居民消费在我国消费总支出的占比中不断下降，反映出我国的农村居民的消费能力和消费欲望的实现与我国经济增长的脱节，同时，也反映出我国经济增长惠及农村居民的效应不断下降的局面。在转变经济发展、调整经济结构的发展战略背景下，如何提高农村居民的消费能力，增加农村居民的消费支出，提高农村居民的消费支出占比，对于我国扩大内需、增强经济的内生动力和经济的长期稳定发展具有决定性的意义。因此，农村居民消费支出占比下降问题是一个关系到我国经济发展方式能否成功转变，经济增长能否长期持续的重大问题，非常值得研究和关注，也非常需要相关的支持政策出台。

五、区域消费差距问题简析

区域消费差距的存在是区域经济发展差距的现实体现。区域间经济发展水平和消费差距越大，区域居民生活水平之间的反差越大；在人口流动不受限制的条件下，受个人追求高收入、高生活水平本能动力的驱使，落后地区人口向其他地区单向流动的数量越来越多。这样，势必造成人口向经济发达地区的人口集中，而落后地区劳动力和人才的损失的局面，形成区域间“马太效应”的怪圈。相反，如果区域间发展相对均衡，区域间居民消费支出水平差距不大，那么，区域间人口流动的动力就会减弱，人口大规模、大范围流动的现象就会消失。

我国幅员辽阔，受自然环境、文化传统和区域经济发展政策的影响，30多年来，区域间的经济发展水平差距不断拉大，区域间居民消费支出水平差距也相应拉大。随着居民收入和消费水平差距的拉大，区域间人口流动加剧。中西部和东北地区的年轻劳动人口和各类人才不断向东部沿海地区聚集，进一步增强了东部地区经济发展的动力，同时弱化了中西部地区和东北地区的经济发展潜力。由此引起我国的人口在区域间罕见的大规模流动。每年春运的拥挤场面和一票难求的现实已经成为我国的特色，但这在昭示着我国劳动人民向往幸福生活追求的同时，也蕴涵着外出务工人口的艰难和苦涩。

区域消费差距和区域经济发展差距，如果仅仅站在经济的发展的角度，的确属于区域经济发展失衡的问题；但是如果站在民生的角度和政治的角度，区域经济和消费差距的问题就属于民心问题和公平问题，甚至是政府的执政治国能力问题。因此，如何解决区域经济发展差距，扭转区域经济失衡，解决人口超大规模流动成为当前需要关注和解决的战略性问题。当然，随着西部大开发、振兴东北老工业基地和中部崛起以及《全国主体功能区发展规划》的陆续出台，区域经济发展失衡和消费差距扩大的势头在一定程度上受到抑制，呈现出逐步向区域经济均衡发展的势头，但区域消费差距问题还是一个非常值得关注和研究的问题。

六、城乡居民消费差距问题简析

城乡居民消费差距主要是指城乡居民消费水平的差距，它既包括区域间城乡居民的消费水平差距，也包括区域内城乡居民的消费水平差距。由于区域间城乡居民消费水平差距在区域间消费差距已有部分的体现，因此，城乡居民消费差距在这里主要是指区域内城乡居民的消费差距。城乡居民消费差距的存在一方面有利于城镇化的推进，即是农村居民向城镇居民转化的动力；另一方面城乡居民消费差距过大会引致城乡居民消费市场分割，限制或阻碍城乡市场一体化的形成，不利于城乡一体化大市场的形成。

1978 年以来，整体上，我国城乡居民消费差距呈扩大趋势，城乡居民消费水平对比由 20 世纪 90 年代以前的 3 倍以下提高到目前的 3. 6 倍左右。分区域来看，经济比较发达的上海、北京的城乡居民消费水平差距较小，其比值在 2. 3 倍左右；但是同属于发达地区的广东城乡居民的消费水平差距依然较大，近几年其比值在 3. 9 倍左右，超出全国平均差距水平。中部地区的湖南和湖北城乡居民的消费水平差距均在 3 倍左右，同属中部地区的河南城乡居民的消费水平差距略高，为 3. 4 倍，但也低于全国的平均水平。西部落后地区的城乡居民消费水平差距较大，如甘肃、贵州和西藏的城乡居民消费水平差距均在 4 倍以上，且都高于全国平均水平。可见，在城镇化程度最高的北京和上海地区，城乡居民消费水平差距并不高，其进步以城镇化的动力不强。广东地区尽管整体发展水平较高，但农村地区居民相对城镇居民的消费水平差距依然较大，城镇化的动力较强，但是在外来流动人口的冲击下，广东省本地的农村人口城镇化的通道受阻。中部地区城乡居民的消费水平差距尽管低于全国平均水平，但其差距在 3 倍以上，具有加快城镇化步伐的条件。西部地区尽管城乡居民消费水平差距较大，城镇化的内在动力较强，但受经济发展水平和条件的限制，其城镇化的实现受到很大的束缚，短期内还无法实现。对于城乡居民消费水平差距问题，不同的地区其成因也存在差异，需要依据不同区域的不同条件制定相应的对策措施，以达到在追求经济增长的同时，尽可能缩小城乡居民消费差距，逐步实现城乡居民消费市场统一的目的，进而激发出我国城乡居民的消费潜力，实现经济发展向内需主导型转变，增强经济内生增长动力的目的。

七、消费结构升级缓慢问题简析

人的消费需求可以分为生存需求、发展需求、享受需求和精神需求以及自我实现的需求，体现在消费上，生存消费主要表现为在衣食和健康上的消费支出；发展需求主要表现在居住和交通通信以及金融和保险服务方面的消费支出；享受需求主要体现在物质和精神两个层面，主要表现为居住的舒适性、交通的便利性和与人交往的交通通信方面的支出以及文教娱乐方面的消费支出等。人的需求的层次性在消费支出上就体现为消费结构的层次性；随着不同层级需求的满足，更高层次的需求开始显现并增强，在消费领域就体现出消费结构的升级。

我国经济经过多年的快速发展，居民消费支出水平得到了很大的提高，城镇居民的恩格尔系数降低到了 35.7%，达到了相对富裕的水平；农村居民的恩格尔系数也降低到了 41.09%，实现了小康的生活水平。城乡居民基本的生存需求都得到了满足，消费结构也由早期的生存需求开始向发展性需求和享受型需求转变，但是城乡居民的消费结构升级缓慢，很大程度上依然停留在物质层面的需求期，而精神方面的需求增长非常慢，近几年甚至出现小幅下滑。如农村居民精神需求消费支出占比由 2004 年的 19.3% 下降到了 2010 年的 18.49%；城镇居民的精神需求消费支出由 2004 年的 22.12% 降低到了 2010 年的 21%。我国消费领域出现了在物质需求基本得到满足后，物质享受型需求消费支出占比继续增加，而精神需求消费支出占比不断下降的现象，引致消费需求进一步升级受阻，消费结构升级缓慢的问题，这是一个非常值得学界研究和政府关注的问题。

第四节　本章小结

消费问题既是关乎民众生活的民生问题，也是经济能够持续稳定发展的宏观经济结构问题，更是反映执政思想的政治问题。在坚持“立党为公、执政为民”思想的引导下，我国坚定地推进、实施了经济发展战略。经过新中国成立以来前 30 年的建设和后 30 年经济的快速发展，我国居民生活消费水平已经发生了翻天覆地的变化，民生问题基本得到了全面的解决。居民生活已经由食不果腹的贫穷生活状态经历了温饱和小康，处于全面小康社会建设阶段：目前城镇居民生活已经达到了相对富裕阶段的水平，农村居民生活也达到了小康阶段的水平。随着民生问题的逐步解决，由于消费增长相对经济增长较慢而引致的经济结构问题开始显现，如消费率下降、消费贡献率下降等问题为我国经济的持续稳定发展提出了新的挑战；同时，消费构成中居民消费占比下降，居民消费构成中农村居民消费占比下降等结构性问题对我国已有的经济发展方式形成倒逼，提出了转变经济发展方式的任务和要求。而区域消费差距拉大，城乡居民消费差距拉大问题也对我国的区域非均衡发展战略和城乡居民二元体制改变提出了变革的任务和要求。居民消费停留在物质领域，精神领域消费需求升级缓慢问题显示出我国社会主义精神文明建设的滞后，需要进一步加强社会主义精神文明建设，强化我国国民的人文素质，增加居民对精神产品的供给和培育国民的精神需求。通过发展方式、发展战略的调整促进我国经济结构优化，在增强经济发展持续稳定性的同时，进一步提升居民的物质消费水平，培育提升居民的人文素养和精神需求，增强我党的公信力、凝聚力和向心力，进而提高我党在群众中的威信和执政能力。

第二章　我国消费率现状及存在的问题

针对改革开放以来我国消费率持续下降，不断打破历史低位的现实，学术界出于对消费率偏低可能阻碍经济稳定持续增长、影响国民经济增长质量和社会稳定的担忧，对我国消费率问题进行了大量的研究和探讨。主流学者的基本观点是我国“消费率偏低，投资率偏高”；据此提出的对策建议主要是“提高消费率，降低投资率”。在此期间，政府也基本认可对消费率偏低的判断和接受提高消费率的对策建议，出台了一系列扩大内需、促进消费、提高消费率的政策。但扩大内需政策提出10多年来，我国消费率非但没有提高，反而依然呈下降趋势，政策效果不明显。我国消费率问题在经济理论界似乎成为一个难解之谜，政策上也面临调节的困境。那么，消费率偏低的观点是否准确？该如何理解我国的消费率问题？

第一节　我国消费率现状和变动趋势

一、我国消费率的问题

20世纪90年代末，我国经济发展在亚洲金融危机的冲击下，外需急剧下滑。为了缓解外需下降的压力，内部市场和内需成为学术界和政府高度关注的焦点，“扩大内需”成为国内政策的着力点。在扩大内需政策的促进下，我国经济很快恢复了快速增长态势，特别是2000年以来，经济实现了高速持续增长，2003～2007年经济增长率都在2位数以上，2007年高达13.3%。然而，在经济实现高速增长的同时，消费率却在持续下降，由2000年的62.3%下降到2007年的49%，2008年降到48.6%，到2009年和2010年，在国际金融危机的冲击下，再次下降到了48.17%和47.4%。

奇怪的是，伴随消费率下降的不是通货紧缩，相反却是消费者物价指数（CPI）不断攀升，通胀压力不断加大。2007年CPI已高达4.8%，2008年伴随经济增长的回落和消费率的进一步下降，CPI却高达5.9%。2009年和2010年，在应对国际金融危机一系列刺激政策的推动下，保住了经济高速增长的态势：2009年经济增长率恢复到9.2%，消费者物价指数急剧下降到-0.7%；2010年经济增速高达10.3%，消费者物价指数为3.3%，通货膨胀压力加大。2000年以来，我国消费率、经济增长率及CPI的变化情况如表2-1所示。

表2-1　　我国消费率、经济增长率及CPI变化情况　　单位：%

指标＼年份	2000	2001	2002	2003	2004	2005	2006	2007	2008	2009	2010
增长率	8.55	8.06	9.55	10.64	10.41	11.16	11.80	13.30	8.90	9.2	10.3
消费率	62.3	61.4	59.6	56.8	54.3	51.8	49.9	49.0	48.6	48.17	47.4
CPI	0.4	0.7	-0.8	1.2	3.9	1.8	1.5	4.8	5.9	-0.7	3.3

资料来源：依据《中国统计年鉴（2011）》数据计算整理。

从表2-1可以看出，2000年以来，我国经济在保持高速增长的同时，消费率连年下降，消费者物价指数不断攀升，经济面临通货膨胀的压力。我国经济整体呈现出复杂的局面和消费率下降的困境，我国消费率问题成为学界研究的热点和政府关注的重点问题。

二、我国消费率现状和变动趋势

（一）我国消费率现状：整体波动下降

自改革开放初期到1992年，我国的消费率一直在60%以上，15年平均消费率为62.3%。1993~1998年，消费率开始降到60%以下，6年平均消费率为58.9%。在亚洲金融危机冲击后，受国家扩大内需政策的影响，我国消费率有所回升，1999~2001年又回到60%以上，分别为

61.1%、62.3%和61.4%；在2000年达到62.3%的高点后，又持续下降，在2001年加入WTO后几年降速明显加快，2002年下降1.8个百分点，再次降到60%以下，为59.6%；2003年下降2.7个百分点，为56.8%；2004年下降2.5个百分点，为54.4%；2005年进一步下降2.5个百分点，为51.9%；2006年下降2.2个百分点，为50.7%；2007年再次下降1.2个百分点，消费率降到了50%以下，为49.5%；2008年和2009年分别再次下降1.1%和0.23%，降到了48.17%和47.4%的地位。2000~2010年我国消费率下降了14.9个百分点，10年平均每年下降1.49个百分点。30多年来我国消费率整体情况如表2-2所示。

表2-2　　1979~2010年我国消费率历史数据　　单位：%

年份	1979	1980	1981	1982	1983	1984	1985	1986
消费率	64.4	65.5	67.1	66.5	66.4	65.8	66.0	64.9
年份	1987	1988	1989	1990	1991	1992	1993	1994
消费率	63.6	63.9	64.5	62.5	62.4	62.4	59.3	58.2
年份	1995	1996	1997	1999	1998	2000	2001	2002
消费率	58.1	59.2	59.6	61.1	59.6	62.3	61.4	59.6
年份	2003	2004	2005	2006	2007	2008	2009	2010
消费率	56.9	54.4	52.9	50.7	49.5	48.4	48.17	47.4

资料来源：《中国统计年鉴（2011）》，中国统计出版社2011年版。

（二）我国消费率变动趋势：持续下降的降幅趋缓

从我国消费率变动趋势看，改革初期处于上升期，到1981年达到最高点为67.1%。1982~1997年基本呈下降趋势，期间1985年、1988年、1989年和1996年有小幅回升，16年间消费率由66.5%下降到59%。1998~2000年，消费率有所回升，由1997年的59%提高到62.3%的高位。2001年以来呈持续下降态势，由2000年的62.3%下降到2010年的47.4%，下降14.9个百分点。总之，我国消费率整体呈下降趋势，特别是2000年以来的持续下降使我国消费率降到47.4%的历史低位。我国消费率整体情况如图2-1所示。

从我国消费率变动看，改革初期连续3年都在正区间内，但变动幅度在减小。1982~1997年，消费率变动基本在负值区间，并在1993年达到最大值（-3.1%）；个别年份在正值区间内，如1996年（1.1%）；尽管

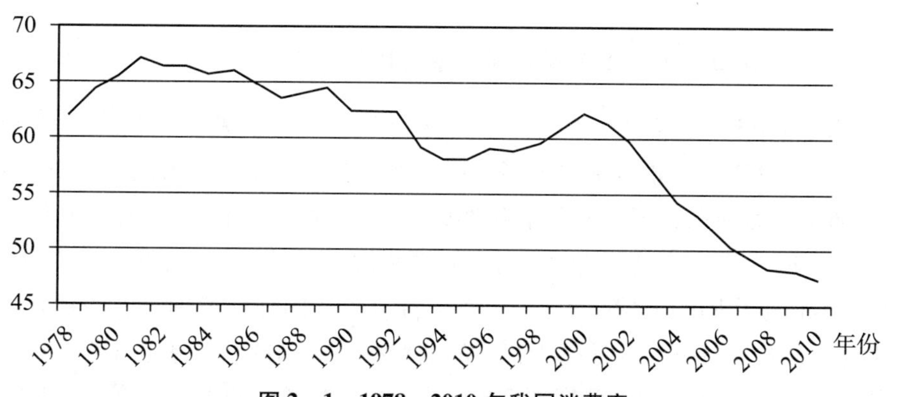

图 2-1 1978~2010 年我国消费率

资料来源：《中国统计年鉴（2011）》，中国统计出版社 2011 年版。

每年下降幅度不大，但变动幅度在负值区间的时间较长，导致消费率下降 7.4 个百分点。1998~2000 年变动都在正值区间内，消费率呈持续回升态势。2001~2003 年，消费率变动再次回到负值区间，并且下降幅度逐年加快，2003 年下降了 2.8%。2004 年以来消费率变动依然在负值区间，消费率在下降，但下降幅度在逐年减小。从消费率变动幅度趋势看，我国消费率在 2003 年降到 56.8% 的低点后，下降幅度开始逐年减缓，2007 年下降幅度开始小于 1 个百分点（0.9%），2008 年下降幅度进一步降低，为 0.4%，到 2009 年进一步减缓到 0.23%，但 2010 年下降百分点突然提高到了 0.77%。从趋势上看，消费率变动有回到正值区间的趋势，也就是在降到历史低点 48.6% 后，我国消费率可能会进入上升通道，但这种趋势在 2010 年突然转变。1978~2010 年我国消费率变动幅度及趋势如图 2-2 所示。

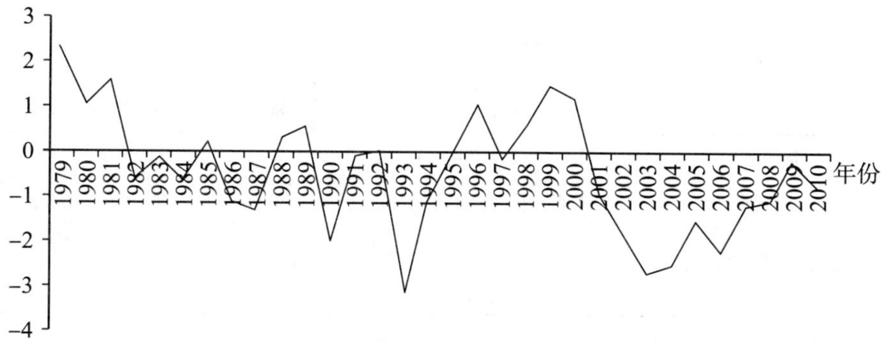

图 2-2 1979~2010 年我国消费率变动

资料来源：《中国统计年鉴（2011）》，中国统计出版社 2011 年版。

（三）我国与世界主要国家消费率的比较

20 世纪 90 年代以来，世界主要国家和地区的消费率均值在 70% 以上，我国消费率与世界主要国家和地区消费率的均值相比低 12.73% ~ 24.66%。美国和英国的消费率在 80% 以上，与美国和英国相比，我国消费率低 30 多个百分点。日本的消费率在 21 世纪初也提高到 70% 以上，与日本相比我国的消费率也低近 30 个百分点。同样，德国、巴西和阿根廷等国家的消费率也远远高于我国的消费率。韩国的消费率近几年也逐步提升，接近 70%，也高于我国 20 个百分点。发展中的大国印度的消费率也一直高于我国的消费率 10 多个百分点。只有新加坡的消费率与我国消费率比较接近。通过比较可以发现，无论是高收入国家的英国、美国、日本和德国，还是中高收入国家的巴西、阿根廷和韩国，其消费率均远远高于我国；就是发展中的大国印度，尽管收入水平低于我国，但消费率依然比我们高；只有新加坡的消费率与我国比较接近。世界主要国家的近期消费率如表 2 - 3 所示。

表 2 - 3　　我国消费率与世界主要国家消费率比较　　单位：%

年份 国家和地区	1990	2000	2005	2006	2007	2008
中国	62.5	62.3	51.8	49.9	49	48.6
美国	83.7	83.4	86.3	86.2		
英国	82	84	86.1	85.6	84.8	
日本	65.9	73.1	75.1	74.8		
德国	76.9	77.9	77.9	76.8	74.7	
巴西	78.6	83.5	80.2	80.3	80.7	80.9
阿根廷	80.3	84.4	72.7	71	71.5	
韩国	63.6	66.6	67.6	69	69.1	69.8
新加坡	56	53.1	51.2	49.7	47.6	50
印度	77.3	76.8	68	66.7	64.8	67.1

资料来源：《中国统计年鉴（2009）》，中国统计出版社 2009 年版。

三、我国居民消费率现状和变动趋势

（一）我国居民消费率现状

从改革开放到1992年，我国居民消费率在50%上下小幅波动，基本保持在50%左右，最高是在1983年达到52%，最低是1992年，为47.2%。1993年，我国居民消费率猛降至44.4%，一年降幅达到2.8个百分点。1993~2001年，我国居民消费率基本在45%左右浮动，最高的年份是2000年，为46.4%，最低的年份是1994年，为43.5%。2005年开始，我国居民消费率降到40%以下，为38.8%，并呈持续下降趋势，2006~2010年的数值分别为36.9%、36.0%、35.1%、35.0%和33.8%。2000年以来，我国居民消费率与消费率一直呈持续下滑趋势，到2010年，11年下降了12.63个百分点，平均每年下滑1.15个百分点。2000~2010年间，居民消费率下滑占消费率下降的84.78%。我国居民消费率总体情况如表2-4所示。

表2-4　1978~2010年我国居民消费率历史数据表　单位：%

年份	1978	1979	1980	1981	1982	1983	1984	1985	1986
居民消费率	48.8	49.1	50.8	52.5	51.9	52.0	50.8	51.6	50.5
年份	1987	1988	1989	1990	1991	1992	1993	1994	1995
居民消费率	49.9	51.1	50.9	48.8	47.5	47.2	44.4	43.5	44.9
年份	1996	1997	1998	1999	2000	2001	2002	2003	2004
居民消费率	45.8	45.2	45.3	46.0	46.4	45.3	44.0	42.2	40.6
年份	2005	2006	2007	2008	2009	2010			
居民消费率	38.8	36.9	36.0	35.1	35.0	33.8			

资料来源：《中国统计年鉴（2011）》，中国统计出版社2011年版。

（二）我国居民消费率变动及趋势

我国居民消费率的变动具有明显的三个周期，1979~1987年是第一个周期，经过5年的持续增长到1983年居民消费率达到本周期的最大值

(51.98%)，然后开始小幅波动下降，到1987年降到本周期的最低点(49.90%)。1988年居民消费率回升至51.13%，其后开始持续下降，到1994年将至新的最低点（43.50%)，这是第二个周期。1995年开始进入第三个变动周期，在上一周期的低点开始小幅回升，到2000年回升到新一周期的高位（46.44%)，其后进入持续下降阶段，并且下降幅度较大，平均每年下降1.3个百分点。2006年以来降幅开始趋缓，2008年和2009年降幅分别为0.8个和0.1个百分点，但2010年居民消费率降幅再次提高到1.2个百分点。这说明居民消费率下降触底的趋势在外界力量的干扰下进行了调整。我国居民消费率情况如图2-3所示。

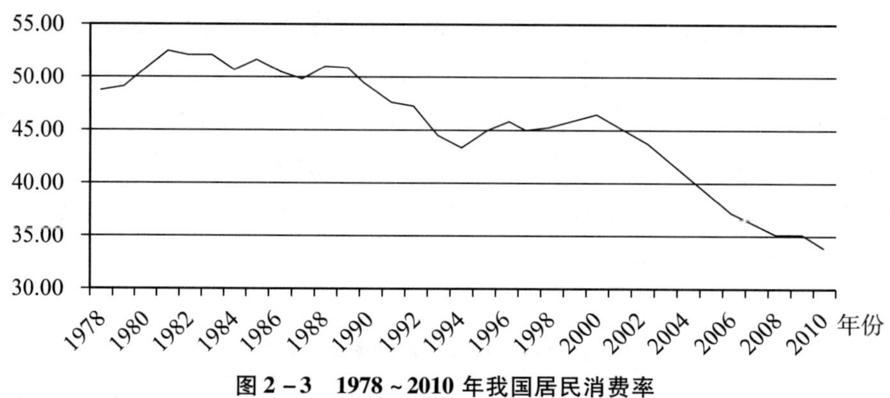

图2-3　1978~2010年我国居民消费率

资料来源：《中国统计年鉴（2011)》，中国统计出版社2011年版。

在改革初期，居民消费率3年都是在正值区，消费率呈提高趋势，且提高速度加快，1980年和1981年居民消费率增加均超过1个百分点。1982~2000年，居民消费率变动频度加快，除少数年份出现回升外，多数年份的变动在负值区间，呈下降趋势。2000年以来，居民消费率变动都在负值区间内，且在2006年以前呈加快下降趋势，在2005年达到降幅最大值（-1.9%）后，下降幅度开始趋缓，2008年下降0.8个百分点，2009年降幅低到触底扭转点（0.1%)，但2010年降幅再次提高到1.2%。在趋势上，近几年，居民消费率下降快速减缓，有回升态势；但2010年的下降再次提高到1.2%，预示着下降扭转的底点需要再次做出调整。1979~2010年我国居民消费率变动具体如图2-4所示。

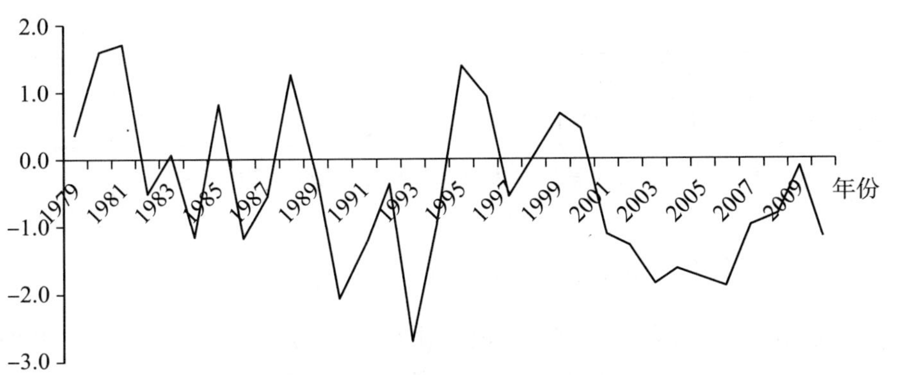

图 2－4　1979～2010 年我国居民消费率变动

资料来源：《中国统计年鉴（2011）》，中国统计出版社 2011 年版。

四、我国政府消费率现状和变动趋势

（一）我国政府消费率现状

我国政府消费率在 1978 年是 13.31%，在 1979 年提高到 15.20% 的高位后，开始波动下降，到 1988 年降到最低点为 12.81%。1989～1992 年政府消费率持续 4 年上升期，到 1992 年达到 15.25% 的高位，其后又连续 3 年下降，到 1995 年降到 13.25%。1997 年政府消费率又进入持续 5 年的上升期，到 2001 年上升到历史高位，达到 16.05%。从 2002 年开始，政府消费率进入 9 年的持续下降期，2006 年政府消费率降到 14% 以下，为 13.74%，2007 年进一步下降为 13.50%，到 2008 为 13.26%，2009 年再次降低到 13.19% 的低位，已经接近政府消费率的历史低位。30 多年来，我国政府消费率情况如表 2－5 所示。

表 2－5　　**1978～2010 年我国政府消费率历史数据**　　单位：%

年份	1978	1979	1980	1981	1982	1983	1984	1985	1986
政府消费率	13.31	15.20	14.73	14.65	14.52	14.40	15.00	14.31	14.46
年份	1987	1988	1989	1990	1991	1992	1993	1994	1995
政府消费率	13.67	12.81	13.58	13.64	14.89	15.25	14.86	14.73	13.25
年份	1996	1997	1998	1999	2000	2001	2002	2003	2004
政府消费率	13.43	13.74	14.28	15.05	15.86	16.05	15.57	14.66	13.89

续表

年份	2005	2006	2007	2008	2009	2010			
政府消费率	14.11	13.74	13.50	13.26	13.19	13.60			

资料来源：《中国统计年鉴（2011）》，中国统计出版社 2011 年版。

（二）我国政府消费率变动及趋势

我国政府消费率变动有明显的三个周期，第一个周期是 1978 ~ 1988 年，最高点是 1979 年（15.2%），最低点是 1988 年（12.8%），均值为 14.28%。第二个周期是 1989 ~ 1995 年，最大值是 1992 年（15.25%），最小值是 1995 年（13.25%），均值是 14.32%。第三个周期是 1996 ~ 2009 年，其中，1996 ~ 2001 年，政府消费率处于上升期，在 2001 年达到最大值（16.05%），2002 ~ 2009 年是下降期，到 2009 年下降到 13.19%。1978 ~ 2010 年我国政府消费率总体情况如图 2 – 5 所示。

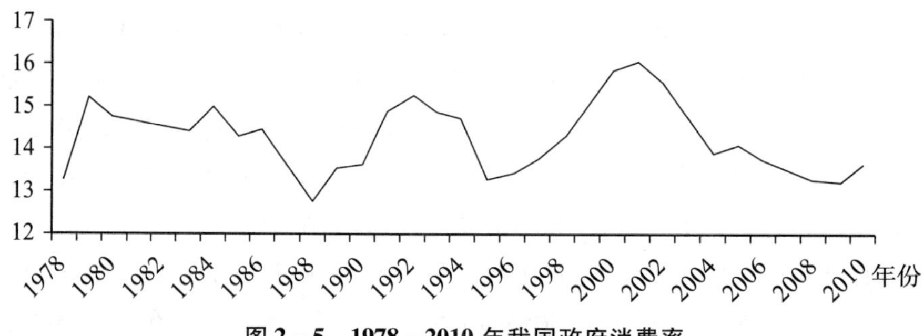

图 2 – 5　1978 ~ 2010 年我国政府消费率

资料来源：《中国统计年鉴（2011）》，中国统计出版社 2011 年版。

我国政府消费率从变动和幅度看，在 1995 年以前，升降变化比较频繁，但升降幅度都不大，基本在正负一个百分点之内，只有 1995 年消费率下降超过 1 个百分点（ – 1.48%）。1996 年开始，政府消费率进入长达 6 年的持续上升期，尽管上升幅度不大，但由于持续时间长，政府消费率依然在 2001 年达到 16.05% 的高位。2002 年起，政府消费率又进入长达 7 年的持续下降期，到 2008 年降到 13.26%，2009 年降为 13.19%。从近几年消费率下降幅度看，2003 年为 – 0.91%，2004 年为 – 0.77%，2008 年为 – 0.25%，2009 年为 0.07%。由此可以看出，政府消费率下降幅度在缩小。从变化趋势看，政府消费率停止下降回升的可能性较大，并且在2010年，政府消费率回升了0.40个百分点。1979～2010年我国政府消费率的变动具体如图2－6所示。

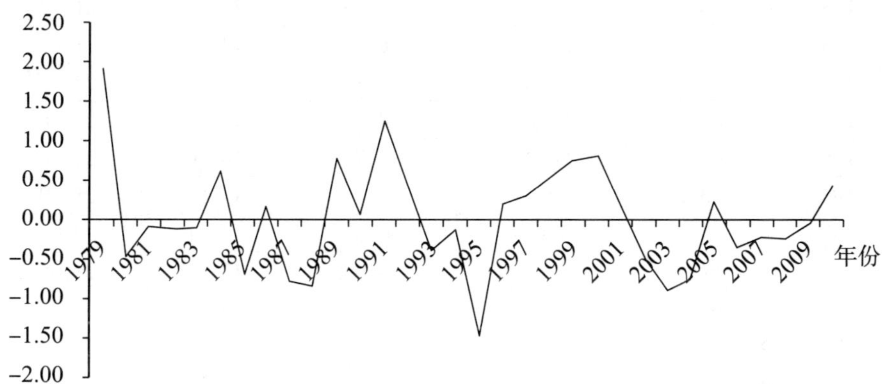

图2－6 1979～2010年我国政府消费率变动

资料来源：《中国统计年鉴（2011）》，中国统计出版社2011年版。

五、我国消费率结构现状和变动趋势

改革开放30多年来，我国消费率最大值是67.1%，最小值是47.4%，均值是59.82%。居民消费率最大值是52.47%，最小值是33.80%，均值是45.54%；居民消费率最大值和最小值在消费率结构占比分别为78.19%和71.31%；均值占比为76.13%，2001年以来居民消费率一直低于均值。政府消费率最大值和最小值分别为16.05%和12.81%，均值是14.29%。政府消费率的最大值和最小值占比分比为26.14%和20.05%，均值占比为23.87%。我国消费率及其结构概况如表2－6所示。

表2－6　　我国消费率及其结构数据　　单位：%

年份	消费率	消费率			
		居民	居民占比	政府	政府占比
1978	62.1	48.79	78.56	13.31	21.44
1979	64.4	49.15	76.32	15.20	23.61
1980	65.5	50.76	77.49	14.73	22.49

续表

年份	消费率	消费率			
		居民	居民占比	政府	政府占比
1981	67.1	52.47	78.19	14.65	21.83
1982	66.5	51.93	78.09	14.52	21.84
1983	66.4	51.98	78.28	14.40	21.69
1984	65.8	50.82	77.24	15.00	22.79
1985	66	51.64	78.25	14.31	21.68
1986	64.9	50.46	77.74	14.46	22.28
1987	63.6	49.90	78.45	13.67	21.50
1988	63.9	51.13	80.01	12.81	20.05
1989	64.5	50.91	78.93	13.58	21.06
1990	62.5	48.85	78.16	13.64	21.83
1991	62.4	47.53	76.17	14.89	23.86
1992	62.4	47.16	75.58	15.25	24.44
1993	59.3	44.43	74.93	14.86	25.05
1994	58.2	43.50	74.74	14.73	25.31
1995	58.1	44.88	77.24	13.25	22.81
1996	59.2	45.79	77.34	13.43	22.69
1997	59	45.21	76.63	13.74	23.29
1998	59.6	45.34	76.07	14.28	23.96
1999	61.1	46.00	75.29	15.05	24.64
2000	62.3	46.44	74.54	15.86	25.46
2001	61.4	45.34	73.85	16.05	26.14
2002	59.6	44.04	73.89	15.57	26.13
2003	56.9	42.19	74.15	14.66	25.77
2004	54.4	40.56	74.56	13.89	25.53
2005	52.9	38.82	73.39	14.11	26.67
2006	50.7	36.94	72.87	13.74	27.09
2007	49.5	35.97	72.66	13.50	27.28
2008	48.4	35.12	72.56	13.26	27.39
2009	48.17	34.98	72.61	13.19	27.39
2010	47.40	33.80	71.31	13.60	28.69
最大值	67.1	52.47	80.01	16.05	28.69
最小值	47.40	33.80	71.31	12.81	20.05
均值	59.82	45.54	76.13	14.28	23.87

资料来源：依据《中国统计年鉴》数据计算整理。

六、我国消费率的特点和存在的问题

（一）我国消费率的特点

通过分析我国消费率的概况和变化，可以发现30多年来，我国消费率呈现出独有的特点，主要有以下几点：

1. 整体呈下降趋势。我国的消费率在“六五”期间平均值为66.4%，“七五”期间平均值为63.88%，“八五”期间平均值为60.1%，“九五”期间平均值为60.24%，“十五”期间平均值为56.78%，“十一五”期间平均值为48.83%。相对于“六五”，消费率在“七五”下降了2.52个百分点；相对于“七五”，消费率在“八五”期间下降了3.87个百分点；“九五”略有回升，5年只回升了0.14个百分点；“十五”又开始大幅下降，5年下降了3.46个百分点；“十一五”延续“十五”的下降趋势，下降了8.21个百分点。特别是“十五”以来我国消费率下降较快，致使我国消费率降到50%以下的低点。

2. 处于历史低位，与主要国家差距拉大。我国的消费率在1993年降到60%以下，1999～2001年恢复到60%以上，但在2002年再次降到60%以下，并在2006年降到50%以下。特别是2000年以来，经过持续10年的快速下降，降到当前47.4%的历史低位。由此可知，我国消费率与国际上主要国家消费率的差距正在拉大。

3. 下降幅度缩小，有止降回升的趋势。2001年以来，我国消费率进入快速下降通道，2005年相对2000年下降了9.4个百分点。在经历“十五”期间消费率的快速下降后呈减缓趋势，2006年下降了2.2个百分点，2007年下降了1.2个百分点，2008年下降了1.1个百分点，2009年下降了0.2个百分点，整个“十一五”期间下降了6.81个百分点，整体下降幅度在趋缓。由此可见，我国消费率、居民消费率和政府消费率下降幅度都在减小，有停止下降回升的趋势。

4. 居民消费率和政府消费率同步下降。2001年以来，我国居民消费率和政府消费率同时进入持续下降周期。居民消费率由2000年的46.4%下降到2010年的33.8%，下降了12.6个百分点；政府消费率由2001年的16.05%下降到2009年的13.19%，下降了2.86个百分点。居民消费率和政府消费率的长期持续下降导致我国消费率的快速下降，造成我国消费率低于50%，处于历史低位的局面。

（二）我国消费率存在的问题

消费率是宏观经济运行的一个主要指标，其高低会促进或阻碍经济的增长和增长的质量。进入21世纪以来，政府和学界对我国消费率问题进行了大量的研究和探讨。我国的消费率经过长期的非对称周期性、非性衡性及“逆经济周期性”的持续波动下降，导致我国经济持续发展可能存在以下问题：

1. 不利于国民经济的稳定。消费需求具有稳定经济、降低经济波动的作用。我国消费需求增长一直较为平稳，波动的幅度远小于投资增长和GDP的波动幅度。消费需求相对投资需求和GDP增长波动幅度小，具有相对稳定性，在很大程度上平缓了投资需求波动给国民经济带来的不稳定，抑制着国民经济过于迅速地上升或下降，是经济周期性波动的重要制约因素。根据消费函数理论中的相对收入假说理论，家庭的消费支出水平取决于其相对收入，即该家庭与其他家庭的相对收入水平。这样，在总消费行为中，人们当期的消费支出依赖于以前所达到的最高收入水平相当的那个时期的收入，因而，尽管收入发生了变化，但消费者总是维持大体不变的消费水平，平缓了经济的波动幅度。

2. 不利于长期经济增长，影响增长质量。依据经济增长理论，经济增长取决于投资率，投资率是决定经济增长的重要因素。理论的直接含义是投资率越高越有利于长期经济增长；但前提条件是投资的增长必须有消费需求的支撑，即消费需求与投资需求必须保持合理的比例关系，否则，长期经济增长则不能顺利实现。宏观经济学中的投资乘数原理也表明，投资乘数的大小取决于边际消费倾向。消费倾向越高，投资乘数越大，越有利于经济的增长，相反，则投资乘数较小，不利于经济的增长。可见，经济增长质量与消费率与投资率的比例关系是否合理密切相关。消费率以及消费倾向下降是制约经济增长质量的重要因素。目前，我国投资率不断提高、消费率持续下降的经济运行态势很难保证消费和投资的合适比例关系，并且整体消费需求乏力、疲软已经成为经济长期增长质量的制约因素。

3. 经济发展的内需基础削弱，对外依赖性增强。消费率的持续下降造成我国消费支出在经济结构中的比重不断下降。消费率由 20 世纪 90 年代以前的 60% 以上下降到目前的 47.14%，经济增长的内需基础弱化。同时，贸易顺差不断增加，进出口占国内生产总值的比例不断提高，对外依赖性增强。内需基础的弱化和对外依赖性提高导致我国贸易摩擦不断增多、人民币升值压力不断提高和经济脆弱性提高、抵御外来风险的能力下降等一系列影响持续发展的问题。

4. 居民生活水平提高慢于经济增长速度，社会矛盾积累。消费率长期持续下降的结果就是在经济高速增长的背景下，社会财富快速积累但向少数人集中，使社会贫富差距拉大。整体上居民生活水平提高或改善的速度低于经济发展的速度。贫富差距和生活水平改善的差距使社会生活压力提高，幸福感下降，积累社会矛盾，达到一定程度影响社会的和谐建设。在消费率的构成中，居民消费率占比下降，由早期的 77% 左右下降到 2008 年的 72% 左右；政府消费占比上升，由 22% 左右上升到 24% 左右。而居民消费率构成中，如果不考虑人口因素表现为城镇居民消费率上升，农村居民消费率下降。如果考虑人口变化的因素，城镇居民和农村居民的人均消费率均下降。实际上，这说明全体居民消费支出提高的速度均低于经济发展的速度，居民生活水平改善相对较慢；社会财富可能在向少数人集中，社会贫富差距在扩大，社会矛盾在积累。

5. 低消费率蕴涵一系列经济社会风险。消费率偏低意味着消费需求不足。消费需求不足短期会引起通货紧缩，进而导致企业运行效益下降，投资效益系数降低，影响经济增长的质量；长期消费需求不足将引致经济发展内需的基础下降，对外贸易依存度提高，国民经济结构失衡，抵御外来风险的能力下降，经济脆弱性加大，国民经济有失稳的风险。另外，生产的目的是为了消费，在低消费率的情况下，居民的生存压力加大，生活质量提高缓慢，生活长期得不到改善会激发居民对社会的不满情绪，也可能会孕育不可预知的社会风险。

6. 我国低消费率与通货膨胀并存。针对我国消费率是否偏低的问题，目前，学术界的主流观点是我国消费率偏低，他们通过比较论证有力地证明了我国的消费率在数值上是偏低的观点。目前相对其他国家，我国消费率偏低的观点达成一致，基本没有异议；但相对于内部经济运行，对于消费率偏低的主流观点，有学者提出质疑，譬如郭兴方（2007）就认为，不能简单地依据消费率的国际比较来判定消费率的高低，而是要依据经济运行是通胀还是通缩，再生产是否能顺利运行，微观主体企业的盈利及活力来判断消费率的高低。多年来我国一直在与通货膨胀作斗争，从我国多年来经济运行的实际来看，我国的消费率倒不是偏低而是偏高了。实际上，我国当前的现状是低消费率与国内通货膨胀并存的困境。

7. 消费率并不是经济调控工具。消费率只是宏观经济运行的统计、监控指标，消费率的高低是由经济结构和分配结构决定的，是经济运行的自然结果，因而不是宏观调控的工具，也没有调控工具的功能。针对我国偏低的消费率，很多学者提出要提高消费率的建议，很显然，学者们是出于对我国经济以后能否持续、稳定、安全运行的担心，把提高消费率作为宏观经济调控的目标；但如何提高消费率，需要进一步研究我国的发展方式和经济结构以及经济发展政策和分配结构及分配政策，正确找出导致我国消费率下降的成因，有针对性地进行调整，才能实现调控提高的目的。

总之，我国消费率经过长期的持续下降，已经不利于国民经济的稳定和长期经济增长，已经导致经济发展的内需基础削弱，对外依赖性增强；经济发展脆弱性提高，抵御外来风险能力下降；社会贫富差距拉大，居民消费能力相对下降，生活压力加大，幸福感下降，社会矛盾在积累等一系列问题。

第二节　消费率“偏低”观点的论证方法分析

一、我国消费率偏低观点的提出

我国消费率的问题引起众多经济学者的研究和关注，当前学者的主流观点是消费率偏低。下面就我国消费率偏低的观点进行简要回顾和评述。

在 1997 年亚洲金融危机的冲击下，为了应对外需急剧下滑、经济紧缩的困境，国家首次在 1998 年提出扩大内需的调整政策。在扩大内需的政策背景下，消费率问题第一次成为经济领域研究的热点。学者们通过纵向的历史数据比较，发现当时我国消费率已经处于历史的最低点；进一步通过与国际标准比较和与不同发展水平的国家比较，发现我国的消费率均偏低。据此，提出我国“消费率偏低”的观点。还有部分学者通过消费率与投资率的比较分析，得出“消费率偏低，投资率偏高”的结论。其后，特别是近几年，研究消费率问题文献激增，但多是采用类似的方法得出“消费率偏低”的结论；也有部分学者从其他角度（储蓄、投资）进行研究，但结论受主流观点和思维惯性的影响，也是得出或论证了类似的结论。目前，国内主流学者对我国消费率偏低的观点已基本达成共识，建议政府推出“扩大内需，刺激消费”政策的观点也基本一致。

二、消费率偏低观点的论证方法分析

到目前为止，论证我国消费率偏低观点的主要方法是比较法，包括横向比较、纵向比较和标准比较。横向比较是对相同时点不同空间同时存在的事物进行比较。纵向比较是对同一事物不同时点的状态进行比较。标准比较是将特定事物与设定或公认的标准进行比较。通过比较可以发现比较对象之间的差异和可能存在的问题。不过，比较法应用的前提条件是比较对象和参照对象之间要具有相似性和可比性，这样，比较得出的结论才具有参考价值和借鉴意义。在经济学研究领域，学者们在研究我国消费率的问题时最常用的方法就是比较法。

采用比较法论证我国消费率偏低观点时，学者们通过纵向比较和与国际标准比较、发达国家比较、发展中国家比较以及发展水平类似的国家比较来克服可比性问题，但比较对象的相似性问题没有解决，譬如：比较对象的发展速度、人口结构、有效劳动人口增长、生产技术水平等指标的差异性。考虑决定经济实际运行的更多指标后，比较分析的结果准确性会提高，借鉴价值会更大；但比较分析的难度会加大。因此，多数学者在进行比较时一般都是只比较一个消费率指标，这样会降低比较分析的难度，但结论的可信度也相应下降。为了增强比较分析的可信度，部分学者在比较消费率的同时，还对投资率做了比较。通过论证我国投资率偏高来印证消费率偏低。其实，在宏观经济统计指标结构中，消费率和投资率是对偶关系，其和大致等于1，也就是说，消费率偏低和投资率偏高是同一经济问题的两个方面。用投资率偏高论证消费率偏低，是用问题的一个方面解释另一个方面，与同义词解释相似，实际意义不大。

三、消费率偏低观点存在的问题分析

依据我国“消费率偏低，投资率偏高”的观点，从 20 世纪 90 年代末国家开始出台扩大内需的政策措施，但 10 多年来我国实际经济运行结果表明，扩大内需的政策非但没有抑制住消费率的下降，反而导致通货膨胀压力不断加大。如果消费率偏低是内部有效需求不足、供给过剩导致的，那么，在国家扩大内需、促进消费政策的推动下，消费率会停止下降甚至有所回升，并且不应该引起通货膨胀。这说明，我国的实际消费率很可能是与经济结构相一致的均衡消费率，不存在简单的偏低或偏高问题。依据内需不足、消费率偏低出台的刺激消费的政策无法实现提高消费率的目的，并且存在明显的通货膨胀负效应。

四、消费率偏低观点分析结论

经济系统是一个复杂的系统，消费率只是具体经济结构的一个重要宏观指标。每一个经济体的消费率指标都是由各自独特的经济结构决定。在经济结构存在差异的情况下，通过单个经济的指标的比较很难得出具有借鉴价值的结论。因此，论证我国消费率偏低的观点时，采用比较法仅通过消费率指标的比较得出我国“消费率偏低”的结论需要谨慎对待。如果将经济增长率、生产技术水平和劳动力等因素综合考虑后进行比较得出的结论也许会有较强的说服力和借鉴价值，因此，目前关于我国消费率偏低的主流观点可能不够严谨，在此基础上提出的政策建议政府也需要谨慎对待。在消费率偏低观点论证方法不完善的情况下，我国消费率持续下降的事实可能更有研究的意义和价值。

第三节 我国消费率波动下降的成因分析

我国的消费率问题与其说是偏低问题倒不如说是持续波动下降更为严谨，因此，研究偏低的成因不如研究其持续波动下降的成因，在此基础上提出抑制或扭转消费率下降的对策和建议。

一、我国消费率波动下降的结构成因

我国消费率的持续波动下降已经对国民经济可持续发展和和谐社会建设造成一系列的影响，多年来也引起学界和政府的高度关注；但关注的重点和重心一直是消费率偏低及其成因，而对消费率持续下降的成因研究不多。本书认为我国消费率问题的本质是消费率持续下降的问题，期望能够在研究消费率持续下降的成因的基础上，寻求解决消费率问题的政策措施。下面从消费率的结构分析其下降的直接成因。

消费率在结构上包括居民消费率和政府消费率，居民消费率又包括城镇居民消费率和农村居民消费率。在分析消费率下降的结构成因时，本书按结构层次顺序分析，即先解构居民消费率和政府消费率在消费率持续波动下降中的效应，在消费率结构第一层面找出导致消费率持续下降的直接结构成因。然后在第二层面对居民消费率解构，探求导致居民消费率下降的直接成因。

（一）居民消费率下降是我国消费率下降的结构主因

截至 2009 年，我国消费率的变化经历了两个上升期短、下降期长的非对称周期性变化，整体呈持续波动下降趋势。经过第一个非对称周期的变化，消费率均值由上升期的 64.78%，下降到下降期的 63.18%，下降了 1.6 个百分点。居民消费率均值由 50.29% 下降到 48.94%，下降 1.36 个百分点，占消费率下降的 85%。政府消费率均值由 14.47% 下降到 14.24%，占消费率下降的 14.38%。在第一个非对称周期消费率的下降结构中，居民消费率的下降是消费率下降的主要原因，贡献率为 85%，政府消费率下降是次要原因，贡献率是 14.38%。在第一个非对称周期变化内，消费率结构变化情况如表 2 - 7 所示。

表 2 - 7　消费率第一个非对称周期变动表（1978 ~ 1995 年）　单位：%

指标	最大值	最小值	均值	上升期均值	下降期均值	均值下降占比
消费率	67.10	58.1	63.53	64.78	63.18	1.6
居民消费率	52.47	44.43	49.24	50.29	48.94	1.36
居民占比	78.20	76.47	77.51	77.63	77.46	85.00

续表

指标	最大值	最小值	均值	上升期均值	下降期均值	均值下降占比
政府消费率	15.2	12.81	14.29	14.47	14.24	0.23
政府占比	22.65	22.05	22.49	22.34	22.54	14.38

资料来源：依据《中国统计年鉴（2011）》数据计算整理。

经过第二个非对称周期的变化，消费率均值由上升期的60.24%降到下降期的52.94%，下降7.30个百分点。居民消费率均值由上升期的45.75%降到下降期的38.78%，下降6.98个百分点，占消费率下降的95.55%。政府消费率均值由上升期的14.47%降到14.16%，下降0.32个百分点，占消费率下降的4.33%。居民消费率下降是消费率下降的主因，政府消费率略有提升，但对抑制消费率下降贡献不大。在第二个非对称周期变化内，消费率结构变化如表2－8所示。

表2－8　消费率第二个非对称周期变动表（1996～2010年）　单位：%

指标	最大值	最小值	均值	上升期均值	下降期均值	均值下降
消费率	62.30	47.4	55.37	60.24	52.94	7.30
居民消费率	46.44	33.8	41.10	45.75	38.78	6.98
居民占比	74.54	71.31	74.23	75.95	73.25	95.55
政府消费率	16.05	13.19	14.26	14.47	14.16	－0.32
政府占比	26.14	27.39	25.76	24.03	26.74	－4.33

资料来源：依据《中国统计年鉴（2011）》数据计算整理。

从消费率的两个非对称周期间变化的比较看，第二周期相对第一周期消费率最大值和最小值分别下降4.8个百分点和10.7个百分点；均值下降7.16个百分点，上升期均值和下降期均值分别下降4.54个百分点和10.24个百分点。显然，最大值、最小值和均值在非对称周期变化的作用下都在下降，并且，最小值下降的速度大于最大值和均值下降的速度，整体呈下降趋势。在消费率结构上，居民消费率的最大值、最小值和均值分别下降6.03个、10.63个和8.14个百分点，在消费率中的占比分别下降3.66%、5.16%和3.4%。政府消费率最大值、最小值和均值分别上升0.85个、0.38个和－0.03个百分点，在消费率中的占比分别提高3.49%、5.34%和3.27%。消费率变化非对称周期间的比较显示出以下两点：一是消费率变化在非对称周期间呈持续下降趋势；二是居民消费率持续下降是消费率持续下降的主要原因，可以解释在第一个下降周期消费率下降的85%和第二个周期内消费率下降的95.55%。

我国消费率经过两个周期的长时间非均衡下降调整，消费率自身结构也发生了很大的变化，特别是1996年以来居民消费率占比表现为持续下降，由77.34%下降到2010年的71.31%；相反，政府消费率占比则持续上升，由1996年的22.69%上升到2010年的28.69%。消费率在结构比例构成上也反映出了居民消费率的持续波动下降和政府消费率基本保持稳定的特点。

（二）农村居民消费率下降是我国消费率下降的主因

从消费率的结构变化分析可以看出，居民消费率持续波动下降可以解释消费率第一个下降周期的85%，第二个下降周期的95.55%；整体上可以解释消费率下降的99.7%。对消费率的解构分析，揭示了我国消费率持续波动下降的主要原因是居民消费率的持续波动下降。居民消费率包括城镇居民消费率和农村居民消费率，下面分析导致居民消费率持续下降的结构成因。

农村居民消费率与消费率变化周期大体一致，在改革初期（1978～1983年）由1978年的30.3%上升到1983年的32.34%，此后，持续下降，到1994年下降到17.67%。经过1995年和1996年2年的回调，1996年回升到18.75%。1996年以来农村居民消费率又进入持续下降期，2000年下降到15.34%，2003年下降到11.95%，2006年下降到10%以下，为9.52%；到2010年下降到7.84%。整体上，农村居民消费率持续波动下降，由20世纪80年代初的最高点32.34%降到7.84%，下降24.51个百分点，下降幅度是目前农村居民消费率的3.13倍；特别是1996年以来持续下降态势明显。

城镇居民消费率在改革初期与农村居民消费率变化一致，出现上升趋势；但1984～2000年与农村居民消费率反向变化，持续波动上升，由1984年的19.42%上升到2000年的31.10%，上升11.68个百分点。在同一时期，农村居民消费率下降16.06个百分点，农村居民消费率下降的72.7%被城镇居民消费率的上升抵消。2000年以来城镇居民消费率也进入持续下降通道，到2010年下降到25.97%。可见，2000年以前，农村居民消费率的持续波动下降是居民消费率下降的主因；城镇居民消费率的上升小于农村居民消费的下降是次要原因。2000 年后，农村居民消费率和城镇居民消费率都进入下降通道导致我国居民消费率 2000 年以后持续下降的事实。

（三）我国消费率持续下降的结构成因分析小结

最终消费支出包括居民消费支出和政府消费支出，分别是居民消费需求和政府消费需求的实现，在消费率构成中分别对应居民消费率和政府消费率。我国消费率在 1978 ~ 2008 年期间结构变化分析的结论是：在非对称周期变化过程中，无论是周期内还是周期间都呈现出持续波动下降趋势。在结构上，政府消费率保持相对稳定；居民消费率持续、波动下降是消费率波动、持续下降的主要原因，可以解释整个期间消费率下降的 99.7%。居民消费率持续波动下降的主要动力是农村居民消费率持续波动下降，可以解释整个期间居民消费率下降的 159%；城镇居民消费率提升缓慢，只能抵消农村居民消费率下降的 59%。因此，城镇居民消费率的提升慢于农村居民消费率的下降是我国居民消费率持续波动下降结构上的主要原因。下面需要分别分析我国农村居民消费率下降的成因和城镇居民消费率提高相对较慢的成因，也就是我国消费率持续波动下降的间接成因。

二、影响我国居民消费率波动下降的因素

导致我国消费率持续波动下降结构上的主要成因是居民消费率的持续波动下降。为了探求消费率下降的真相，需要进一步研究我国居民消费率，分析居民消费率下降的主要影响因素。

（一）我国居民消费率的变动特征

我国居民消费率变动显示出以下特征：一是农村居民消费率整体持续波动下降，下降的时间较长、幅度较大。二是城镇居民消费率 2001 年以前持续波动上升，其后开始持续下降；上升时间较长，下降时间较短，整体上升的幅度大于下降的幅度，但小于农村居民消费率下降的幅度。三是居民消费率在城乡居民消费率变动的影响下，整体呈持续波动下降态势，

特别是2000年以来下降趋势明显。从居民消费率构成上看，农村居民消费率持续波动下降是居民消费率持续波动下降的主要动力；城镇居民消费率提高一定程度上抑制了农村居民消费率的下降效应。我国居民消费率的变化显示出农村居民消费率持续下降是居民消费率下降的主要原因，但是，这个结论需要谨慎对待，因为其没有考虑人口以及城乡人口结构的变化。

（二）我国人口及城乡人口结构变化

消费是人类通过消耗物质文化生活资料满足自身欲望的一种行为，是社会再生产中的一个重要环节。在整个消费活动过程中，人是一切商品消耗的主体。在理论上，个人的绝对消费能力受生理条件和社会发展水平的限制，相对消费能力受个人可支配收入、消费意愿和消费习惯的制约。社会群体或国家的绝对消费能力大小的基础是社会总人口，实际消费能力的大小受社会发展水平、总人口和人口结构的影响。

1. 我国人口情况。人是消费的基础和一个国家或经济体消费率的决定性因素，人口总量的变化和城乡人口结构的调整对经济社会和城乡居民的整体消费能力和消费率的变化有根本性的影响。在考察研究居民消费和消费率的变化时，需要考虑人口以及城乡人口结构的变化情况对城乡居民消费率，进而对居民消费率的影响。新中国成立以来我国人口总量急剧增加，1978～2008年我国人口及其增长情况如表2－9所示。

表2－9　　1978～2008年我国人口整体情况

年份	1978	1979	1980	1981	1982	1983	1984	1985	1986	1987	1988
总人口（亿人）	9.63	9.75	9.87	10.01	10.17	10.30	10.44	10.59	10.75	10.93	11.10
增长率（%）	—	1.33%	1.19%	1.38%	1.58%	1.33%	1.31%	1.43%	1.56%	1.67%	1.58%
年份	1989	1990	1991	1992	1993	1994	1995	1996	1997	1998	1999
总人口（亿人）	11.27	11.43	11.58	11.72	11.85	11.99	12.11	12.24	12.36	12.48	12.58
增长率（%）	1.51%	1.45%	1.30%	1.16%	1.15%	1.12%	1.06%	1.05%	1.01%	0.92%	0.82%
年份	2000	2001	2002	2003	2004	2005	2006	2007	2008	2009	2010
总人口（亿人）	12.67	12.76	12.85	12.92	13.00	13.08	13.14	13.21	13.28	13.35	13.41
增长率（%）	0.76%	0.70%	0.65%	0.60%	0.59%	0.59%	0.53%	0.52%	0.51%	0.49%	0.48%

资料来源：《中国统计年鉴（2011）》，中国统计出版社2011年版。

如表2-9所示，30多年来，我国人口总量增加3.8642亿人，庞大的人口规模形成强大的消费能力基础。从人口增长速度看，1988年以前我国人口增长速度逐年提高，到1987年达到人口增长高峰，增速为1.67%；1988年以后人口增速才开始逐年下降，到1998年人口增速降到1%以下；2008年人口增速降到0.51%，2009年和2010年分别下降到0.49%和0.48%。从2000年开始，人口增长规模开始低于1 000万人，并逐年降低，到2008年人口增长只有673万人，2009年和2010年分别增长648万人和641万人。随着我国出生率的下降和老年死亡率的上升，预计人口增长规模会进一步减缓，以人为基础的消费能力积累也会放慢。我国人口的增长客观上为消费能力提高奠定了庞大的基础，但自1988年以来，人口增长放缓使我国客观消费能力积累速度放慢，特别是由于我国是典型的二元经济社会，城乡居民人口结构的变化对城乡居民消费率，进而对居民消费率产生较大的影响。

2. 我国城乡人口结构变化情况和现状。人是社会消费的主体，在我国人口统计中，居民分为城镇居民和农村居民两大群体；居民消费率构成中也包括城镇居民消费率和农村居民消费率。在城乡二元结构体制下，城乡人口总量是各自消费总量的载体，城乡人口结构的变化调整必然对城乡居民的消费能力和城乡居民消费率产生根本性的影响。随着经济社会的发展和城市化进程的推进，我国的城乡人口结构1978~2010年发生了很大的变化，具体变化情况如图2-7所示。

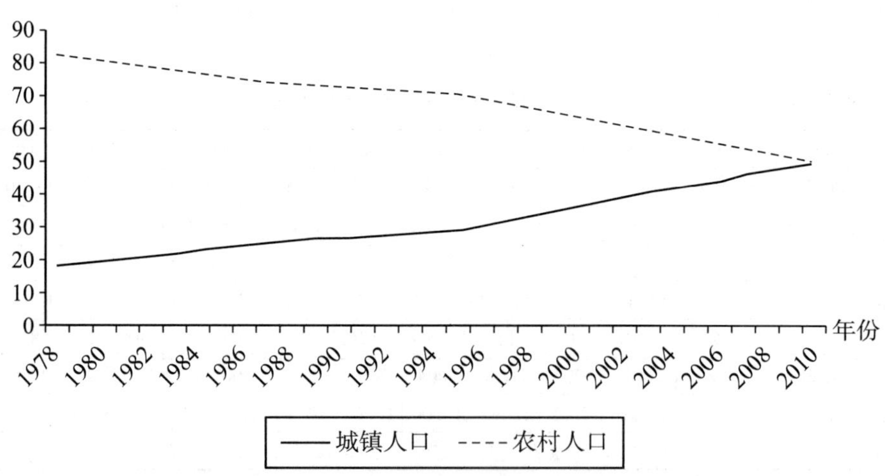

图2-7　1978~2010年我国城乡人口占比变化

资料来源：《中国统计年鉴（2011）》，中国统计出版社2011年版。

由图2-7可以看出，在改革开放初期，我国是典型的农业社会，农村人口占总人口比重的80%以上，城镇人口比重不到20%。随着经济的发展和城镇化建设的推进，我国城镇人口占比不断提高、农村人口占比逐年下降。特别是1996年以来，城镇化建设提速，城镇人口占比提高和农村人口占比减少也同时加快。30多年来，我国城乡人口结构发生了重大的变化，到2010年农村人口比重降到50.05%，城镇人口比重上升到49.95%。城乡人口结构变化必然会对城乡居民的整体消费能力和消费率产生影响，因此，在考察我国居民消费下降的成因时需要考虑城乡人口结构变化因素的影响。

三、我国居民人均消费率情况

（一）人均消费率系列概念

在考虑人口因素后，人均消费率的系列概念与消费率系列概念相对应。由于人均消费率是考虑人口因素后的消费率，因此，研究城乡居民人均消费率的变化情况更能接近和揭示城乡居民消费和消费率的真实情况和成因；可能会比直接研究现有统计资料中的消费率更有意义和价值。特别是在分析城乡居民消费率变化的成因时，城乡居民人均消费率的变化对城乡居民消费率的变化有着更为直接的影响。

居民人均消费率等于居民人均最终消费支出除以人均GDP，反映的是居民人均消费支出在人均总产出中的占比情况。政府人均消费率等于政府人均消费支出除以人均GDP，反映的是人均负担政府消费支出的情况。农村居民人均消费率是农村居民人均消费支出与人均GDP的比值，反映的是农村居民人均消费支出在人均GDP中的占比情况。城镇居民人均消费率是城镇居民人均消费支出占人均GDP的比值，反映的是城镇居民人均消费支出在人均GDP中的占比情况。城乡居民人均消费率在计算时，由于人均消费支出与人均GDP人口基数的差异，城乡居民人均消费率与城乡居民消费率在数值和内涵上都发生了很大的变化。

（二）居民人均消费率变化情况

依据《中国统计年鉴》我国内生产总值和人口结构表中的相关数据，

分别计算出1978～2010年的人均消费率、政府人均消费率和居民人均消费率以及城乡居民人均消费率。由于人均消费支出、政府人均消费支出和居民人均消费支出与人均GDP计算的人口基数相同，因此，计算出的人均消费率、政府人均消费率和居民人均消费率的结果与消费率、政府消费率和居民消费率相等。

城乡居民人均消费率在计算时与人均GDP计算人口基数发生了变化，结果与城乡居民消费率产生实质性的差异。因此，对人均消费率、政府人均消费率在此不予以考虑，1978～2010年我国居民人均消费率、城镇居民人均消费率和农村居民人均消费率具体计算结果及其变化情况如图2－8所示。

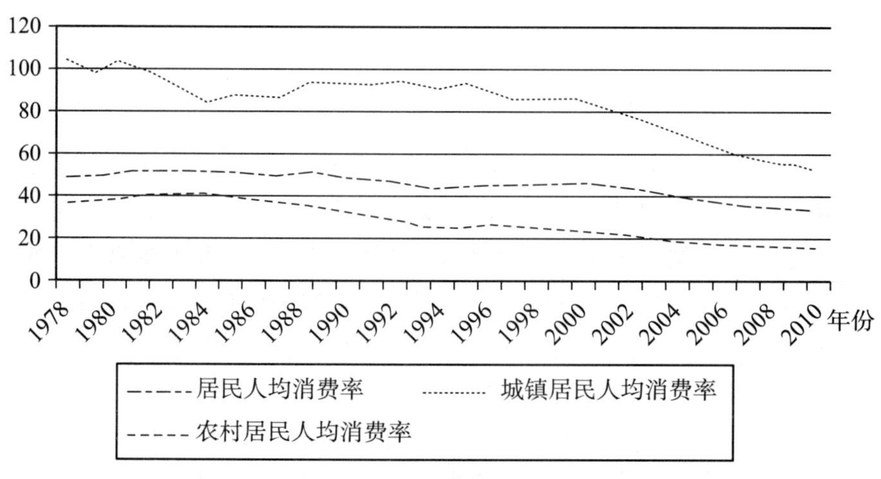

图2－8　1978～2010年居民人均消费率

资料来源：《中国统计年鉴（2011）》，中国统计出版社2011年版。

图2－8显示：一是城镇居民人均消费率远远大于农村居民人均消费率，说明我国城乡居民的消费水平一直存在很大的差距，具有典型的城乡二元结构特征。二是城镇居民消费率也远远大于居民人均消费率，但差距逐步缩小。这说明城镇人口在逐年增加，城镇居民消费在居民消费中的比重在提高。三是农村居民人均消费率相对居民人均消费率的差距逐步扩大。2008年农村居民人均消费率已经降到居民人均消费率的一半以下，说明农村居民人均消费率相对居民人均消费率在下滑，与城镇居民消费的差距在扩大。四是城乡居民人均消费率都持续波动下降。从1978～2010

年变动趋势看，城乡居民人均消费率都表现出波动下降的特征，特别是1996年以来二者都开始持续下降。五是居民人均消费率2000年以前波动上升，2000年以后开始持续下降。受城乡居民人均消费率变化的影响，居民人均消费率整体也显示出波动下降的特征，特别是2000年以来居民人均消费率开始持续下降。

四、我国居民人均消费率变化成因分析

1978～2010年，随着城镇人口的增长，城镇居民人均消费率与城镇居民消费率变动趋势相反，由持续波动上升转变为波动下降。具体来看，城镇居民人均消费率1978～1984年波动下降，到1984年降到低点(84.39%)，然后波动上升，到1995年升到高点93.13%。1996年以后波动下降，特别是1999年以后开始持续下降，2000年降到85.85%；2000年以后降速加快，平均每年下降近3.5个百分点，到2010年降到51.99%。城镇居民人均消费率的特点是：20世纪90年代以前基本保持稳定，1995年以后开始波动下降，2000年以后持续下降。从整体看，城镇居民人均消费率下降时间短、下降速度快和下降幅度大。

农村居民人均消费率与农村居民消费率持续波动下降基本一致，但降幅缩小。1978～1983年，随着农村土地承包责任制的推行，农民人均收入相对增加，人均消费率由36.91%提高到41.27%，城乡居民消费水平差距也由2.9下降到2.2，消费水平差距缩小。从1984年开始，农村居民人均消费率延续10年持续下降，到1994年降到24.72%，相对1983年降幅为16.54个百分点；城乡居民消费水平差距也开始拉大，由2.2提高到3.7。经1995年和1996年小幅回调至26.97%，其后，继续延续持续下降态势，到2010年降至15.66%；期间城乡居民消费水平差距保持在3.6倍左右。农村居民人均消费率持续波动下降的特点是：下降持续时间长、回调时间短、总降幅较大，并且1994年以前下降幅度占比高。

居民人均消费率在城乡居民人均消费率和人口结构变化的共同影响下，其变化与居民消费率持续波动下降态势一致。在1990年以前，居民人均消费率保持在50%左右；经过1988～1994年连续7年的下降，由51.13%降到43.50%，降幅是7.63个百分点；1994～2000年小幅回调到46.44%；其后持续下降，至2010年降到33.80%。可见，2000～2008年

是居民人均消费率下降的主要时间区间。

通过居民人均消费率变化分析得出的初步结论是：城镇居民人均消费率1995年以后开始持续波动下降；2000年以后开始持续下降，整体下降时间晚，下降速度快，同时，下降幅度较大。农村居民人均消费率从1984年就开始持续波动下降，下降时间长、幅度大；1994年以前的降幅占总降幅的比例大。居民人均消费率在城乡居民人均消费率的共同作用下，2000年以前降幅较小，其下降主要发生在2000年以后。

第四节 城镇居民消费率波动下降的影响因子解构分析

一、城镇居民消费率的影响因子分解

城镇居民消费率是城镇居民最终消费支出占GDP的比值，反映的是城镇居民消费的消费能力。计算公式是：

$$c_{cp} = \frac{C_c}{GDP}$$

其中，c_{cp}——城镇居民消费率；

C_c——城镇居民消费支出。

城镇居民人均消费率是城镇居民人均消费支出占人均GDP的比值，反映的是城镇居民的人均消费能力。计算公式是：

$$c_{acp} = \frac{\frac{C_c}{P_c}}{\frac{GDP}{P}} = \frac{C_c}{GDP} \times \frac{P}{P_c} = \frac{P}{P_c} \times c_{cp}$$

其中，C_{acp}——城镇居民消费率；

p_c——城镇居民人口；

P——总人口；

$\frac{C_c}{P_c}$——城镇居民人均消费支出；

$\frac{GDP}{P}$——人均GDP；

$\frac{C_c}{GDP}$——城镇居民消费率；

$\frac{P_c}{P}$——城镇居民人口占比。

依据城镇居民消费率和城镇居民人均消费率的计算公式和内涵，可以推出城镇居民消费率与城镇居民人均消费率的关系，其表达式为：$c_{cp} = c_{acp} \times \frac{P_c}{P}$，即城镇居民消费率等于城镇居民人均消费率与城镇居民人口占总人口比重的乘积。

由城镇居民消费率的计算公式可知，城镇居民人均消费率和城镇人口占总人口的比重是城镇居民消费率的影响因素。由城镇居民消费率分解表达式可以推出：在城镇居民人均消费率不变的条件下，如果城镇居民人口占比提高，城镇居民消费率会随之提高；相反，则下降。在城镇人口占比不变的条件下，如果城镇居民人均消费率提高，城镇居民消费率会随之提高；相反，则下降。在城镇居民人口占比提高、人均消费率下降的条件下，城镇居民消费率的升降取决于人口占比提高的消费增加效应和人均消费率下降的消费减少效应的大小。如果人口占比提高的消费效应大于人均消费率下降的消费效应，城镇居民消费率就会提高；人口占比提高的消费效应小于人均消费率下降的消费效应时，城镇居民消费率则下降。在城镇居民人口占比下降、城镇居民人均消费率下降条件下，城镇居民消费率下降。在城镇居民人口占比提高、城镇居民人均消费率提高的条件下，城镇居民消费率提高。1978～2008 年，在我国经济高速增长和城镇化推进阶段不可能出现城镇人口占比下降的情况；在我国二元社会特征比较明显的情况下，城镇人口占比提高的同时城镇居民人均消费率提高出现的概率也不大。因此，这两种情况本书不予以考虑，只分析假定城镇人口占比不变和提高情况下，城镇居民消费率的变化。

二、城镇居民消费率和城镇居民人均消费率比较分析

在我国城乡人口结构变化调整的影响下，城镇居民消费率和城镇居民人均消费率在计算方法和内涵上有着本质的区别，在相同时间区间内的变化有很大的差异。1978～2010 年我国城镇居民消费率和城镇居民人均消

费率的大小和变动如图2－9所示。

图2－9显示，1978～2010年我国城镇居民人均消费率远远大于城镇居民消费率。这说明城镇居民人均消费支出在人均GDP中的占比远远高于城镇居民在GDP中的占比；反映出明显的城乡差距以及城镇人口在总人口中占比不高的现实。从图2－9还可以看出，城镇居民消费率和城镇居民人均消费率的变化趋势不同。在2000年以前，城镇居民消费率持续波动上升，而同期城镇居民人均消费率在波动下降。1995～2000年城镇居民消费率逐年提高，而城镇居民人均消费率持续下降。2000年以后，二者都进入持续下降的态势，但城镇居民人均消费率下降的绝对数和下降幅度都远大于城镇居民消费率。

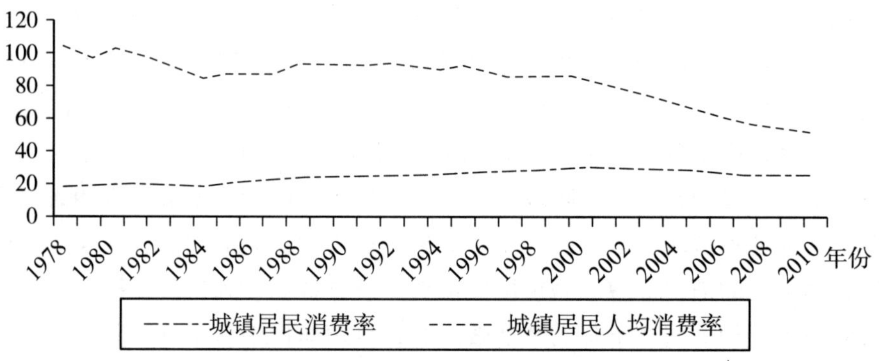

图2－9　1978～2010年城镇居民消费率与城镇居民人均消费率

资料来源：依据《中国统计年鉴（2011）》整理。

随着城镇居民人口占比的逐年提高和城镇居民人均消费率的大幅下降，以及城镇居民消费率与城镇居民人均消费率变化方向和变动幅度的差异，使二者差距逐年缩小。1978年二者的差距是84.72个百分点，到2010年缩小到26.02个百分点，这说明城镇居民消费率受城镇居民人口和人均消费率的双重影响。在2000年以前，人口增加的消费效应大于人均消费率下降的消费效应；2000年以后，人口增加的消费效应小于人均消费率下降的消费效应；但从统计计算数据上很难直接解读出各自效应的大小。

三、城镇居民消费率影响因子的解构分析

通过对城镇居民消费率影响因子的分解我们知道，城镇居民消费率受城镇居民人口占比和城镇居民人均消费率的双重影响。为了具体分析城镇居民人口占比和城镇居民人均消费率对城镇居民消费率的影响，选择不同年度的人均消费率和城乡居民人口结构为基准。在分别假定城乡人口结构不变（城镇居民人口占比不变）或城镇居民人均消费率不变的条件下，计算出各不同年份对应的城镇居民消费率并构建出城镇居民消费率变化结构矩阵表。

城镇居民消费率变化矩阵表的横栏表示：在保持基年人口结构不变的条件下，分别与相应年份的人均消费率计算出的各年度的城镇居民消费率。纵栏表示：在保持基年人均消费率不变的条件下，分别以对应年份的城乡居民人口结构计算出的各相应年度的城镇居民消费率。对角线表示以基年人口结构和人均消费率计算出的城镇居民人均消费率，即人口结构和人均消费率实际都发生变化情况下的实际城镇居民消费率。以各不同基准年份城镇居民人口占比变化和城镇居民人均消费率变化对城镇居民消费率的影响矩阵表如表 2－10 所示。

表 2－10　城镇居民受城乡人口结构和人均消费率影响矩阵表　单位：%

		人口结构不变							
		1982	1985	1990	1995	1996	2000	2005	2008
人均消费率不变	1982	19.95	18.44	19.72	19.68	18.74	18.14	13.54	12.24
	1985	22.39	20.69	22.12	22.08	21.03	20.36	15.20	13.73
	1990	24.94	23.05	24.64	24.60	23.42	22.67	16.93	15.30
	1995	27.42	25.34	27.10	27.05	25.76	24.93	18.61	16.82
	1996	28.78	26.60	28.44	28.39	27.03	26.17	19.53	17.65
	2000	34.20	31.61	33.80	33.73	32.12	31.10	23.21	20.98
	2005	40.60	37.52	40.11	40.04	38.13	36.91	27.55	24.90
	2008	43.14	39.87	42.63	42.55	40.52	39.22	29.28	26.46

资料来源：依据《中国统计年鉴（2009）》计算整理。

表 2－10 中各横栏数据显示，在假定基年人口结构不变的条件下，城

镇居民消费率受城镇居民人均消费率下降的影响。可以看出，横栏各不同基准年份都具有共同的规律，即1995年以前小幅波动变化，基本保持稳定；1995年以后开始持续下降。这说明从1995年开始，在城镇居民人均消费率持续下降的作用下，城镇居民消费率有很强的下降动力。表2-10中各纵栏也显示出共同的规律，即在人均消费率保持不变的假定条件下，各年度城镇居民消费率均持续增加，并且各年度都增加比较明显。这说明城镇居民人口增加是城镇居民消费率提高的内在推动力。

通过对矩阵表的纵栏和横栏综合比较分析可以发现，在1995年以前，城镇居民人均消费率变动不大，引致城镇居民消费率下降的效应不太明显，而人口增加的消费效应比较明显。因此，城镇居民消费率在城镇人口占比不断提高的带动下持续上升，可见，城镇居民人口的增加是城镇居民消费率提高的主要动力。1995~2000年，城镇居民人均消费率开始持续下降，引致消费下降的效应增强，同时，城镇人口继续快速增加。在该期间内，城镇居民人口增加的消费效应大于人均消费率下降的消费效应，城镇居民消费率依然表现为不断提高，但增幅逐年降低。2000年以后，城镇居民人均消费率下降加快。尽管城镇居民人口继续增加，但人口增加的消费效应已经开始小于人均消费率下降的消费效应，表现为城镇居民消费率开始持续下降。下面分别以不同年份为基准，具体分析城镇居民人口占比变化和城镇居民人均消费率变化对城镇居民消费率的影响效应。

（一）1982年基准下城镇居民消费率的影响因子分析

为了具体分析1982年基准下城镇居民人口结构占比和城镇居民人均消费率对城镇居民的影响，首先假定1982年我国城乡人口结构基准不变，分析城镇居民人均消费率下降对城镇居民消费率的影响，如矩阵表的1982年横栏所示。在1982年人口基准下，以各年度实际人均消费率乘以1982年的城镇人口得到各计算年度的城镇居民消费率。2008年城镇居民消费率只有12.24%，相对1982年下降7.72个百分点；相对1985年下降6.2个百分点；相对1990年下降7.48个百分点；相对1995年下降7.44个百分点；相对1996年下降6.5个百分点；相对2000年下降6.06个百分点。1995~2008年下降的幅度占1982年基准下降的96.37%；2000~2008年下降的幅度占78.89%。可见，在城镇居民人均消费率下降的作用下，城镇居民消费率的下降主要发生在1995年以后，特别是2000年以后，城镇居民消费率下降动力增强。

然后，假定1982年城镇居民人均消费率保持不变分析城乡人口结构变化对城镇居民消费率的影响，如矩阵表1982年纵栏所示。在1982年城镇居民人均消费率基准下，随着各年度城镇人口的增加，城镇居民占比不断上升，城镇居民消费率逐年增加，到2008年达到43.14%。2008年相对1982年提高23.18个百分点，升幅是116.19%；相对1990年提高18.20个百分点，升幅是72.97%；相对1996年提高14.36个百分点，升幅是49.88%；相对2000年提高8.94个百分点，升幅是26.12%；相对2005年提高2.54个百分点，升幅是6.26%。可见，在城镇居民人口增加的作用下，城镇居民消费率持续上升；城镇居民人口增加是城镇居民消费率提高的主要动力。

（二）1995年基准下城镇居民消费率影响因子分析

1995年基准下，在保持人口结构不变时，城镇居民消费率变化如矩阵表1995年横栏所示：1982年城镇居民消费率计算值是27.42%，大于实际城镇居民消费率。2008年城镇居民消费率的计算值是16.82%，远远小于实际值。2008年城镇居民消费率相对1982年下降10.6个百分点；相对1990年下降10.28个百分点，相对1995年下降10.23个百分点；相对2000年下降8.11个百分点；相对2005年下降1.79个百分点。可以看出城镇居民消费率下降的主要时间段在1995~2008年，占相对1982年基准下降的96.51%；而2000~2008年下降的幅度占1982年基准的76.51%。相对1982年人口基准，在1995年基准下，由于城镇人口基数增加，1995~2008年人均消费率下降效应增强；而2000~2008年下降效应略微下降，是1995~2000年下降效应增强的结果。

在保持1995年基准城镇居民人均消费率不变时，城镇居民消费率变化如矩阵表1995年纵栏所示。1995年城镇居民人均消费率是19.68%，2008年是42.55%。2008年相对1982年提高22.87个百分点；相对1985年提高20.46个百分点；相对1990年提高17.95个百分点；相对1995年提高15.50个百分点；相对2000年提高8.81个百分点；相对2005年提高2.51个百分点。可见，在1995年城镇居民人均消费率基准下，随着城镇居民人口占比的上升，城镇居民消费率保持持续上升态势。城镇居民人口占比提升依然是城镇居民消费率提高的主要推动力。

（三）2005 年基准下城镇居民消费率的影响因子分析

在 2005 年基准下，保持城镇居民人口占比不变时，如矩阵表横栏 2005 年数据所示：1982 年城镇居民消费率提高到 40.6%，远远大于城镇居民实际消费率（18.49%），主要原因是 2005 年相对 1982 年城镇人口发生了很大的变化。2008 年城镇居民消费率计算值是 24.90%，依然小于实际城镇居民消费率，相对 1982 年下降 15.7 个百分点；相对 1985 年下降 10.63 个百分点；相对 1995 年下降 12.75 个百分点；相对 2000 年下降 10.12 个百分点；相对 2005 年下降 2.23 个百分点。1995～2008 年的降幅占 1982～2008 年降幅的 96.43%；2000～2008 年降幅占总降幅的 76.50%。1995～2008 年依然是城镇居民消费率下降的主要时间区间。

在保持城镇居民人均消费率不变时，如矩阵表的纵栏所示：1982 年城镇居民消费率只有 13.54%，相对其实际消费率下降 6.41 个百分点。其主要原因是 2005 年城镇居民人均消费相对 1982 年大幅下降。2008 年城镇居民消费率是 29.28%，大于其实际消费率 2.82 个百分点，主要原因是 2005 年城镇居民人均消费率相对 2008 年较高。2005 年城镇居民人均消费率基准下，2008 年城镇居民消费率相对 1982 年提高 15.74 个百分点；相对 1985 年提高 12.73 个百分点；相对 1990 年提高 11.61 个百分点；相对 1995 年提高 9.64 个百分点；相对 2000 年提高 5.48 个百分点；相对 2005 年提高 1.56 个百分点。可见，随着城镇居民人口占比的提高，城镇居民消费率依然呈不断提高的态势。

其他基准年度的分析与此类似，通过以上年度的分析，我们可以得出的结论是：城镇居民人均消费率下降是城镇居民消费率下降的主动力；城镇居民人口增加是城镇居民消费率提高的主动力。但以上分析没有分解出各自影响效应的大小，下面需要对城镇居民消费率影响因子进一步解构分析。

（四）城镇居民消费率影响因素解构分析

城镇居民消费率受城镇居民人均消费率和城镇居民人口占比两个因素的影响；并且各自的影响方向和大小不同。为了分析各个影响因素对城镇居民消费率变化效应的大小，我们在城镇居民消费率矩阵表的基础上对其变化进行解构分析。以 2008 年城镇居民人均消费率不变为例具体结构过程是：首先，计算出 2008 年人均消费率不变条件下的各年份城乡人口结构下的城镇居民消费率。然后，根据各年度城镇居民消费率和2008年基准的城镇居民消费率得出各年度其变化的数值，即城镇居民人均消费率对城镇居民消费率效应的大小。最后，依据2008年基准下各年度的城镇居民消费率，得到人口结构变化对城镇居民消费率影响数值，具体结果如表2－11所示。

表2－11的横栏包括城镇居民消费率、2008年人均消费率基准下的各年度城镇居民消费率、城镇居民人均消费率对城镇居民消费率的影响效应和城镇居民人口占比对城镇居民消费率的影响效应以及城镇居民消费率的实际变动值。纵栏表示各不同基准年度的影响变化情况。

表2－11　　城镇居民消费率影响因子解构分析

年份	1982	1985	1990	1995	1996	2000	2005	2008
城镇居民消费率	19.95	20.69	21.64	27.05	27.03	31.10	27.55	26.46
2008年人均消费率	12.24	13.73	15.30	16.82	17.65	20.98	24.90	26.46
人均消费率影响	-7.72	-6.96	-9.35	-10.23	-9.38	-10.12	-2.65	0.00
实际变化	6.50	5.77	1.81	-0.59	-0.58	-4.64	-1.10	0.00
人口变化影响	14.22	12.73	11.16	9.64	8.80	5.48	1.56	0.00

资料来源：依据《中国统计年鉴（2009）》计算整理。

如表2－11所示，1982年实际消费率大于2008年人均消费率基准的城镇居民消费率7.72个百分点。这说明2008年相对1982年城镇居民人均消费率的下降将导致1982年城镇居民消费率下降7.72个百分点。2008年城镇居民实际消费率相对以2008年人均消费率和1982年城镇人口计算出的消费率多14.22百分点。这是2008年相对1982年城镇居民人口增加的消费效应，即在城镇居民人均消费率不变条件下，城镇人口增加将使1982年城镇居民消费率增加14.22个百分点。在城镇人口增加和城镇居民人均消费率下降的共同作用下，2008年相对1982年城镇居民消费率实际增加6.50个百分点；其中城镇人口增加引致城镇居民消费率提高14.22个百分点；城镇居民消费率下降引致城镇居民消费率下降7.72个百分点。城镇居民人口占比提高的消费效应大于城镇居民人均消费率下降的消费效应，整体结果表现为2008年相对1982年城镇居民消费率提高6.50个百分点。

其他年度的分析与此类似，基本情况是：1990年城镇居民人均消费率下降的消费率效应使城镇居民消费率下降9.35个百分点；人口增加的消费效应是提高11.16个百分点；结果是2008年城镇居民消费率相对1990年提高1.81个百分点。1995年城镇居民人均消费率的下降效应是

10.23 个百分点；人口增加的提高效应是 9.64 个百分点。人均消费率下降效应大于人口增加的提高效应，表现为 2008 年城镇居民消费率相对 1995 年下降 0.59 个百分点。同样，1996 年、2000 年和 2005 年城镇居民人均消费率的下降效应都大于城镇居民增加的消费率提高效应，因此，城镇居民消费率表现为持续下降。另外，城镇人均消费率 2000 年以后下降效应比较明显，而城镇居民人口占比提高对消费率的提高效应下降；城镇居民消费率开始持续下降。2005 年人口增加的消费提高效应只有 1.56 个百分点，而人均消费率下降的效应却是 2.65 个百分点，所以 2000 年以来城镇居民消费率出现持续下降的态势。

通过以上分析可知，城镇居民人均消费率 1995 年以来持续下降是城镇居民消费率下降的主动力；而城镇人口增加是城镇居民消费率提高的主要力量。在 2000 年以前城镇人口增加的消费效应大于城镇居民人均消费率下降的消费效应，城镇居民消费率表现为持续波动上升。而 2000 年以后，城镇居民人均消费率的下降效应大于城镇人口增加的消费效应，城镇居民消费率开始表现为持续下降。总之，城镇居民人均消费率下降是城镇居民消费率下降的主要动力和原因。

城镇居民消费率的变动是居民消费率变动的构成部分，城镇居民消费率上升可以带动居民消费率的提高或者抑制居民消费率的下降；城镇居民消费率下滑同样可以带动居民消费率的下滑或者加快居民消费率下降。2000 年以前，在城镇居民人口占比不断提高的带动下我国城镇居民消费率持续波动上升一定程度上抑制了居民消费率的过快下滑；而 2000 年以后，城镇居民消费率开始下降，加快了我国居民消费率的下降。分析结论是，城镇居民人均消费率 1995 年以来持续下降是我国城镇居民消费率下降的主要动力和原因，而城镇人口增加的消费增加效应减小是次要原因。

第五节　农村居民消费率下降的成因分析

一、农村居民消费率影响因子分解

农村居民消费率和农村居民人均消费率在概念和内涵上与城镇居民消

费率和城镇居民人均消费率有相似之处。农村居民消费率的计算公式可以表达为：

$$c_{gp} = \frac{C_g}{GDP}$$

其中，c_{gp}——农村居民消费率；

C_g——农村居民消费支出。

农村居民人均消费率计算公式是：

$$c_{agp} = \frac{\frac{C_g}{P_g}}{\frac{GDP}{P}} = \frac{C_g}{GDP} \times \frac{P}{P_g} = \frac{P}{P_g} \times c_{gp}$$

其中，c_{agp}——农村居民人均消费率；

C_g——农村居民人均消费支出；

P_g—农村居民人口；

P——人口总数；

$\frac{C_g}{GDP}$——农村居民消费率；

$\frac{P_g}{P}$——农村居民人口占总人口的比重。

依据农村居民消费率和农村居民人均消费率的计算公式和内涵，可以推出农村居民消费率与农村居民人均消费率和农村居民人口占比关系的表达式是 $c_{gp} = c_{agp} \times \frac{P_g}{P}$，即农村居民消费率等于农村居民人均消费率与农村居民人口占总人口比的乘积。

农村人口占比和农村居民人均消费率是农村居民消费率的两个影响因子。依据农村居民消费率的计算表达式可以看出，在保持农村人口结构占比不变的条件下，如果农村居民人均消费率下降，农村居民消费率就会下降；反之，农村居民消费率则提高。保持农村人均消费率不变的条件下，如果农村人口占比下降，那么，农村居民消费率则下降；反之，则提高。如果农村人口占比和农村居民人均消费率均下降，那么，在二者共同的压力下农村居民消费率下降加快。如果二者同时上升，那么，农村居民消费率提高。如果农村人口占比提高的同时农村居民人均消费率下降或者农村人口占比下降的同时农村居民人均消费率提高，那么，需要区分二者对农村居民消费率效应的方向和大小，据此可以判定农村居民消费率变动的大小和幅度。在城乡二元体制和城镇化建设推进的大背景下，我国不可能出现人口占比提高的情况，因此，对农村人口占比提高的情况我们不予以考虑。

二、农村居民消费率和农村居民人均消费率概况

1978～2008年，伴随经济的高速增长，我国农村居民消费率持续波动下降；我国农村居民人均消费率也持续波动下降，但下降的速度和幅度均大于农村居民消费率下降的速度和幅度。我国农村居民消费率和农村居民人均消费率1978～2010年变化情况如图2－10所示。

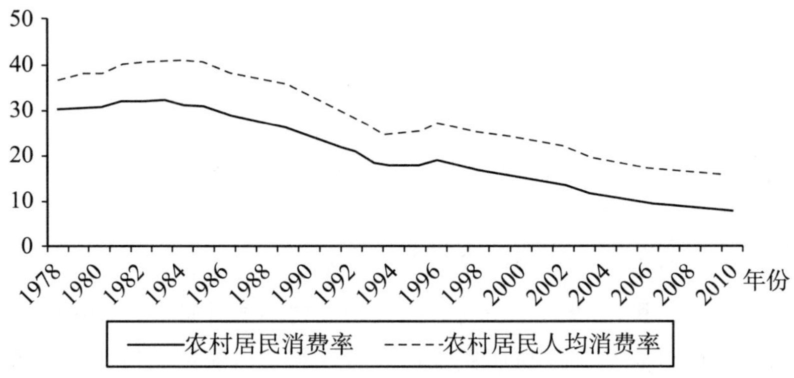

图2－10　1978～2010年我国农村居民消费率与农村居民人均消费率

资料来源：《中国统计年鉴（2011）》，中国统计出版社2011年版。

图2－10显示：农村居民消费率和农村居民人均消费率都较低，最大值均不到GDP的45%。尽管农村人口占比很高，但农村居民消费率从来没有达到过35%。这说明农村居民人均消费率较低，整体消费能力有限；同时也进一步说明在城乡二元结构体制下，农村居民人均消费能力远远低于城镇居民的情况。

在城镇化进程的推动下，农村居民人口占比逐年下降。农村居民消费率在农村居民人口占比持续下降和农村居民人均消费率波动下降的双重作用下，呈持续波动下降趋势，在变动趋势上与农村居民人均消费率相当一致，基本是保持同步变动。初步显示出农村居民人均消费率下降对农村居

民消费率的影响效应大于农村人口占比下降的影响效应，但具体各自效应大小很难直接解读出来，需要进一步做结构分析。

三、农村居民消费率的影响因子分析

农村人口占比和农村居民人均消费率是推动农村居民消费率变动的因子。为了具体分析它们对农村居民消费率的影响，我们同样构建出农村居民消费率矩阵表。矩阵表的横栏是各年度农村人口占比保持不变条件下与相应年份人均消费率乘积计算出的农村居民消费率，反映的是农村居民人均消费率变化对农村居民消费率变化的影响情况。纵栏是各年度农村居民人均消费率不变条件下，与相应年份人口占比乘积计算出的农村居民消费率，反映的是农村居民人口占比变化对农村居民消费率变化的影响情况。矩阵对角线表示的是与各年度自身人口结构和人均消费率相对应农村居民消费率，与实际统计的农村居民消费率相等。

表 2－12　农村居民消费率受城乡人口结构和人均消费率影响矩阵表　单位：%

	城乡居民人口结构不变								
	年度	1982	1985	1990	1995	1996	2000	2005	2008
人均消费率不变	1982	31.98	32.00	25.94	19.82	21.27	18.97	14.10	12.87
	1985	30.93	30.95	25.09	19.17	20.58	18.35	13.64	12.45
	1990	29.84	29.86	24.20	18.49	19.85	17.70	13.15	12.01
	1995	28.77	28.79	23.34	17.83	19.14	17.07	12.68	11.58
	1996	28.19	28.21	22.87	17.47	18.75	16.72	12.43	11.35
	2000	25.86	25.88	20.98	16.03	17.20	15.34	11.40	10.41
	2005	23.11	23.13	18.75	14.32	15.38	13.71	10.19	9.31
	2008	22.02	22.04	17.87	13.65	14.65	13.06	9.71	8.87

资料来源：依据《中国统计年鉴（2009）》计算整理。

表 2－12 的横栏显示：在保持城乡人口结构不变的条件下，各年度农村居民消费率受农村居民人均消费率下降的影响呈持续下降态势，说明农村居民人均消费率下降是农村居民消费率下降的主要动力。纵栏显示：在农村居民人均消费率保持不变的条件下，受农村人口占比下降的影响各年度农村居民消费率持续下降，说明农村人口在总人口中的占比下降也是农村居民消费率下降的主要动力之一。

从下降数值和幅度看，在城乡人口结构不变条件下，2008 年农村居民消费率相对 1982 年下降 19. 11 个百分点，降幅是 59. 74%；相对 1996 年下降 8. 40 个百分点，降幅是 42. 39%；相对 2000 年下降 6. 09 个百分点，降幅是 32. 13%。

在农村居民人均消费率不变的条件下，2008 年农村居民人均消费率相对 1982 年下降 9. 95 个百分点，降幅是 31. 13%；相对 1996 年下降 6. 16 个百分点，降幅是 21. 87%；相对 2000 年下降 3. 84 个百分点，降幅是 14. 84%。通过比较可以发现，农村居民人均消费率下降对农村居民消费率下降的效应大于农村人口下降对农村居民消费率下降的效应。农村居民人均消费率下降是农村居民消费率下降的主要动力；而农村人口下降是农村居民消费率下降的重要动力。

总之，农村居民消费率下降是农村居民人均消费率和农村居民人口占比双重下降推动的结果。在下降效应上，农村居民人均消费率下降的效应大于农村人口占比的下降效应。农村居民人均消费率下降是农村居民消费率下降的主动力；农村居民人口占比下降是农村居民消费率下降重要动力。

四、农村居民消费率影响因子解构分析

农村居民人均消费率下降和农村人口占比下降是农村居民消费率下降的两个主要推动力。矩阵表显示：农村居民人均消费率下降的效应大于农村人口占比下降的效应，但各自的影响效应大小和比例从矩阵表很难直接解读出来。为了分解出各自影响效应的大小，我们对农村居民消费率下降进行解构分析，结果如表 2 – 13 所示。

表 2 – 13　　农村居民消费率影响因素解构分析

年份	1982	1985	1990	1995	1996	2000	2005	2008
农村居民消费率	31. 98	30. 95	24. 20	17. 83	18. 75	15. 34	10. 19	8. 87
2008 年人均消费率	12. 87	12. 45	12. 01	11. 58	11. 35	10. 41	9. 31	8. 87
人均消费率影响	– 19. 10	– 18. 50	– 12. 19	– 6. 25	– 7. 40	– 4. 93	– 0. 88	
实际下降	– 23. 11	– 22. 09	– 15. 34	– 8. 96	– 9. 89	– 6. 47	– 1. 32	
人口影响	– 4. 01	– 3. 59	– 3. 15	– 2. 72	– 2. 48	– 1. 54	– 0. 44	

资料来源：依据《中国统计年鉴（2009）》计算整理。

农村居民消费率影响因素结构分析表横栏包括农村居民消费率、2008年农村居民人均消费率标准计算的各年度农村居民消费率、2008年农村居民人均消费率相对各年份人均消费率的下降对农村居民消费率的影响、农村居民消费率实际下降数值和农村人口占比下降对农村居民消费率变化的影响。纵栏是对各年度农村居民消费率下降的解构结果。由表2－13可以看出，1982~2008年期间，农村居民消费率总共下降23.11个百分点，其中农村居民人均消费率下降19.10个百分点；农村人口占比下降4.01个百分点；此期间农村居民人均消费率下降是农村居民下降的主要原因。1990~2008年期间，农村居民消费率下降15.34个百分点；人均消费率导致下降12.19个百分点，人口占比下降导致消费率下降3.15个百分点；人均消费率下降依然是农村居民消费率下降的主要原因。1996~2008年，下降9.89个百分点，人均消费率导致下降4.93个百分点；人口占比下降导致下降2.48个百分点。2000~2008年和2005~2008年与以上分析类似，都可以得出相同的结论，即农村居民消费率下降的主要推动力是农村居民人均消费率下降；农村人口下降也是农村居民消费率下降的重要原因。

第六节 居民消费率持续波动下降的成因分析

一、居民消费率影响因子分解分析

居民消费率是居民最终消费支出与GDP的比值，反映的是居民消费支出在总产出中的结构占比情况，其表达式是：

$$c_p = \frac{C}{GDP}$$

其中，

c_p——居民消费率；

C——居民消费支出。

居民人均消费率是居民人均消费支出占人均GDP的比值，反映的是居民人均消费在人均总产出中的结构占比情况，其表达式是：

$$c_{ap}=\frac{C_{pa}}{GDP_a}=\frac{\frac{C}{P}}{\frac{GDP}{P}}=\frac{C}{GDP}=c_{acp}\times\frac{P_c}{P}+c_{agp}\times\frac{P_g}{P}=c_{cp}+c_{gp}$$

其中，c_{ap}——居民人均消费率；

c_{acp}——城镇居民人均消费率；

c_{agp}——农村居民人均消费率；

$\frac{P_c}{P}$——城镇人口占比；

$\frac{P_g}{P}$——农村人口占比。

依据居民消费率和居民人均消费率的计算公式，可以推出居民消费率与居民人均消费率相等，即：

$$c_p=c_{cp}+c_{gp}=c_{ap}=c_{acp}\times\frac{P_c}{P}+c_{agp}\times\frac{P_g}{P}$$

该计算表达式反映出，居民消费率等于城镇居民消费率与农村居民消费率之和，并在数值上等于居民人均消费率；而居民人均消费率等于城镇居民人均消费率及其人口占比的乘积与农村居民人均消费率与其占比乘积的加总。这说明我国居民消费率与城镇居民消费率和农村居民消费率一样，也受居民人均消费率和城乡人口结构变化的影响，其直接影响因子是城镇居民消费率和农村居民消费率两项；间接影响因素是城镇居民人均消费率及其居民人口占比和农村居民人均消费率及其居民人口占比。

从直观第一层面分析来看，城镇居民消费率和农村居民消费率直接影响居民消费率的变化和方向。如果农村居民消费率不变，城镇居民消费率提高，那么，居民消费率会上升；反之，则下降。同样，如果城镇居民消费率保持不变，农村居民消费率的下降会引致居民消费率的下降，反之，则提高。如果二者同时下降或提高，那么，居民消费率必然发生同方向的变化。如果二者变动方向不同，那么，居民消费率的变化取决于各自变动的大小和幅度。

从居民消费率决定的第二个层面分析，城镇和农村人均消费率及其人口占比是居民消费率的决定性因素。在城乡二元结构体制下，由于城镇居民人均消费率大于农村居民人均消费率，城乡人口结构变化的直接效应是提高城镇居民消费率，降低农村居民消费率；但城镇居民消费率的提高大于农村居民消费率的下降，整体效应是提高居民消费率。整体上，城乡人口结构的变化有利于居民提高消费率或者抑制居民消费率的下降。而城镇和农村居民人均消费率下降都会引致居民消费率的下降；如果二者同时下降，会加快居民消费率的下降。

总之，从居民消费率的影响因素看，城乡居民结构调整是居民消费率提高的主要动力；而城乡居民人均消费率下降是居民消费率下降的主要动力。在城乡人口结构调整和城乡居民人均消费率变化的共同作用下，居民消费率波动变化。如果城乡人口结构调整的效应大于城乡居民人均消费率变化的效应，居民消费率上升；反之，居民消费率下降。

二、居民消费率影响因子分解分析

居民消费率受城乡人口结构变化和城乡居民人均消费率的共同影响。为分析各自的影响效应，在城乡居民消费率影响因子分析矩阵表的基础上，构建居民消费率影响因子矩阵表。矩阵表横栏表示以该年度城乡人口结构为基准计算出的各年度的居民消费率。纵栏是以各年度城乡居民人均消费率为基准计算出的各对应年度的居民消费率，结果如表 2－14 所示。

表 2－14　　居民消费率影响因素矩阵表　　单位：%

	人口结构不变								
	年度	1982	1985	1990	1995	1996	2000	2005	2008
人均消费率不变	1982	51.93	50.44	45.66	39.50	40.01	37.11	27.64	25.11
	1985	53.32	51.64	47.22	41.25	41.61	38.70	28.83	26.18
	1990	54.78	52.90	48.85	43.09	43.27	40.37	30.08	27.31
	1995	56.19	54.13	50.44	44.88	44.90	42.00	31.30	28.40
	1996	56.97	54.80	51.31	45.86	45.79	42.89	31.96	29.00
	2000	60.06	57.48	54.77	49.76	49.33	46.44	34.61	31.39
	2005	63.71	60.65	58.86	54.36	53.51	50.62	37.74	34.20
	2008	65.16	61.90	60.49	56.19	55.17	52.28	38.99	35.32

资料来源：依据《中国统计年鉴（2009）》计算整理。

表 2－14 的横栏显示：在人口结构不变的条件下，受城乡居民人均消费率下降的影响，居民消费率持续下降。以 1982 年人口结构标准为例，2008 年居民消费率相对 1982 年下降 26.82 个百分点，降幅是 51.64%；

相对 1990 年下降 20.55 个百分点，降幅是 55%；相对 1996 年下降 14.90 个百分点，降幅是 37.24%；相对 2000 年下降 12 个百分点，降幅是 32.33%；相对 2005 年下降 2.53 个百分点，降幅是 9.15%。其他各年度居民消费率变化与 1982 年人口标准类似。各年度居民消费率变化具有共同的特点，即保持城乡人口结构不变时，居民消费率下降。

纵栏显示：在人均消费率不变的条件下，人口结构变化对居民消费率的影响。可以看出，随着城乡居民结构的调整，纵栏各年度居民消费率在提高。以 2008 年城乡居民人均消费率基准为例：2008 年城乡居民人口结构下的居民消费率相对 1982 年城乡居民结构下的居民消费率提高 10.21 个百分点，提高幅度是 40.67%；相对 1990 年提高 8.02 个百分点，提高幅度是 29.35%；相对 1996 年提高 6.32 个百分点，提高幅度是 21.80%；相对 2000 年提高 3.94 个百分点，提高幅度是 12.54%；相对 2005 年提高 1.12 个百分点，提高幅度是 3.27%。其他年度人口结构变化对居民消费率的影响与 2008 年类似，各年度居民消费率的变化表现出共同的特点，即保持居民人均消费率不变时，随着城市化进程的推进和城乡居民人口结构的调整居民消费率不断提高。

通过以上对居民消费率影响因素的矩阵分析可知：居民人均消费率下降是居民消费率下降的主要动力；而伴随城镇化的城乡居民人口结构的调整是居民消费率提高或抑制居民消费率下降的主要动力。经过横向居民人均消费率的下降效应和纵向城乡人口结构调整的居民消费率增加的效应比较分析可以得出：居民人均消费率下降对居民消费率的下降效应大于城乡居民人口结构变化对居民消费率的提高效应，这是导致我国居民消费率持续波动下降的主要原因。

三、居民消费率影响因子解构分析

通过居民消费率影响矩阵分析可知，居民人均消费率下降是居民消费率下降的主要动力；而城乡人口结构调整是居民消费率提高或者居民消费率下降的主要抑制力量。在居民人均消费率下降和城乡居民人口结构调整的共同作用下，显示出居民消费率的变化特征：就具体选择分析的年份看是持续下降，但居民消费率整体是持续波动下降。这表明居民人均消费率下降引致居民消费率下降的效应大于城镇居民人口增加引致居民消费率提高的效应。为了具体分析这两个因素各自的效应的大小，需要进行解构分析，结果如表2-15所示。

表2-15　　　　居民消费率影响因子解构分析表

年份	1982	1985	1990	1995	1996	2000	2005	2008
居民消费率	51.93	51.64	48.85	44.88	45.79	46.44	37.74	35.32
2008年人均消费率	25.11	26.18	27.31	28.40	29.00	31.39	34.20	35.32
人均消费率下降	-26.82	-25.46	-21.54	-16.48	-16.79	-15.05	-3.54	0.00
实际变化	-16.61	-16.32	-13.52	-9.55	-10.46	-11.11	-2.42	0.00
人口结构影响	10.21	9.14	8.02	6.92	6.32	3.94	1.12	1.12

资料来源：依据《中国统计年鉴（2009）》计算整理。

居民消费率影响因素结构分析结果显示：选取年份人均消费率对居民消费率的下降效应均大于城乡人口结构调整对居民消费率的提高效应。2008年相对1982年居民人均消费率下降引致居民消费率下降26.82个百分点，降幅是51.64%；城乡结构变化引致居民消费率提高10.21个百分点，增幅是19.66%。居民人均消费率下降效应大于城乡人口结构变动提高效应，居民消费率下降16.61个百分点。其他年份的分析类似，2008年居民消费率相对1990年居民人均消费率下降引致居民消费率下降21.54个百分点，城乡人口结构调整引致居民消费率提高8.02个百分点，居民消费率下降13.52个百分点。相对1996年居民人均消费率下降导致居民消费率下降16.79个百分点，城乡人口结构调整导致居民消费率提高6.32个百分点，居民消费率下降10.46个百分点。相对2000年人均消费率下降导致居民消费率下降15.05个百分点，城乡人口结构变化导致居民消费率提高3.94个百分点，居民消费率下降11.11个百分点。相对2005年居民人均消费率下降导致居民消费率下降3.54个百分点，城乡人口结构调整引致居民消费率提高1.12个百分点，居民消费率下降2.42个百分点。由此可以看出，各年份居民人均消费率的下降效应都大于城乡人口结构调整的提高效应，因此，居民人均消费率下降是居民消费率下降的主动力。城乡人口结构调整是居民消费率下降的抑制因素，但下降的动力效应大于上升的动力效应，因此，居民消费率表现为持续波动下降。

四、居民消费率影响因素综合分析

居民消费率直接受城镇居民消费率和农村居民消费率变化的影响，间接受城乡居民人均消费率和城乡人口结构变化的影响。城乡人口结构变化首先影响城乡居民消费率，通过城乡居民消费率的变化进一步影响居民消费率。城乡居民人均消费率更接近其消费能力和消费水平的真实情况，其变化也是首先影响城乡居民消费率，然后通过城乡居民消费率传递到居民消费率。因此，考察城乡居民人均消费率的变化和城乡人口结构变化对居民消费率的影响效应更能揭示居民消费率下降真实成因。在以上分析的基础上，进一步对居民人均消费率和城乡人口结构变化对居民消费率的影响效应构成分析，具体结果如表 2－16 所示。

表 2－16　居民消费率影响因素效应的构成分析　单位：%

年份		1982	1985	1990	1995	1996	2000	2005	2008
居民消费率		19.95	20.69	24.64	27.05	27.03	31.10	27.55	26.46
居民消费率变动		-16.61	-16.32	-13.52	-9.55	-10.46	-11.11	-2.42	0.00
人均消费率影响	城镇居民	-7.72	-6.96	-9.35	-10.23	-9.38	-10.12	-2.65	0.00
	农村居民	-19.10	-18.50	-12.19	-6.25	-7.40	-4.93	-0.88	—
人口结构影响	城镇居民	14.22	12.73	11.16	9.64	8.80	5.48	1.56	0.00
	农村居民	-4.01	-3.59	-3.15	-2.72	-2.48	-1.54	-0.44	0.00

资料来源：依据《中国统计年鉴（2009）》计算整理。

居民消费率影响因素效应构成分析显示：人均消费率下降是城镇居民消费率下降的主要动力；城镇人口占比提高是城镇居民消费率提高的主要原因。早期城镇人口的增加效应大于城镇居民人均消费率下降的效应，城镇居民消费率上升。2000 年以后，城镇居民人均消费率的下降效应大于城镇居民人口增加的提高效应，城镇居民消费率开始下降。农村居民人均消费率下降是农村居民消费率下降的主要推动力，农村人口占比不断降低进一步推动农村居民消费率下降；在这双重下降推力的作用下农村居民消费率快速下降。

居民人均消费率受城乡居民人均消费率下降的推动下降。城镇人口占比提高的消费效应一直大于农村人口占比下降的消费效应，城乡人口结构变化是推动居民消费率提高或抑制居民消费率下降的主要动力。整体上，居民人均消费率的下降效应大于城乡人口结构调整的消费增加效应，居民消费率持续下降。以 2008 年相对 1982 年居民消费率的变化分析为例，2008 年居民消费率相对 1982 年城乡居民人均消费率下降导致城镇居民消费率下降 7.72 个百分点，农村居民消费率下降 19.10 个百分点，总效应是 26.82 个百分点。城乡人口结构变化引致城镇居民消费率提高 14.22 个百分点，农村居民消费率下降 4.01 个百分点，居民消费率提高 10.21 个百分点。在城乡居民人均消费率下降和城乡人口结构调整的共同作用下，2008 年相对 1982 年居民消费率下降 16.61 个百分点。

对其他年份的分析与 1982 年的情况相似：城乡居民人均消费率下降引致城乡居民消费率下降，农村居民消费率下降的数值大于城镇居民；受城乡居民人均消费率下降的双重压力，居民消费率下降动力增强。城乡人口结构的变化带动城镇居民消费率提高，同时，引致农村居民消费率下降；但城镇居民消费率的增加大于农村居民消费率的下降；在城乡居民消费率反向变化的作用下，城镇人口增加的消费效应减弱。整体上，城乡居民人均消费率下降的消费效应大于城乡人口结构调整的消费率提高效应，居民消费率表现为持续波动下降。

第七节 本章小结

居民消费率下降是我国消费率下降的主动力，而居民消费率变化受城乡居民消费率变动的影响，是城乡居民消费率变动综合效应的结果。城乡居民人均消费率和城乡居民人口结构调整是影响城乡居民消费率的决定性因素。城乡居民人均消费率下降首先是城乡居民消费率下降的主要动力，也是居民消费率下降的主要原因。城乡人口结构调整推动城镇居民消费率提高，同时促使农村居民消费率下降；但对城镇居民消费率提高的效应大于对农村居民消费率的下降效应，是居民消费率下降的抑制性因素。具体来看，城镇居民人均消费率的下降效应在 2000 年以前小于城镇人口增加的效应，城镇居民消费率表现为持续波动上升；2000 年以后，城镇居民人均消费率下降的消费效应大于城镇人口增加的消费效应，城镇居民消费率开始表现为下降。农村居民人均消费率 1984 年以来持续波动下降，是农村居民消费率下降的主要动力；同时，农村人口占比持续下降，是农村居民消费率下降的另一个重要原因。在农村居民人均消费率和农村人口占比持续下降的共同作用下，农村居民消费率表现为持续下降。居民消费率在城镇居民消费率和农村居民消费率变动共同的作用下，整体呈持续波动下降态势，2000 年以后表现为持续下降。总之，居民消费率持续波动下降成因分析的结论是：城乡居民人均消费率下降是居民消费率下降的主动力，是居民消费率下降的主要原因。

第三章　我国消费需求不足的成因分析

影响消费的因素很多，主要包括政治经济体制、民风民俗、居民生活习惯、经济增长、收入增长、收入变动预期、消费倾向、社会贫富差距、市场机制和社会保障制度建设、完善程度，等等。依据消费函数理论，在影响消费需求的诸多因素中，大致可以分为收入因素、消费倾向因素和其他因素。下面我们据此对我国消费需求不足的成因进行分类分析。

第一节　消费需求不足的收入成因

收入是实际消费能力的决定因素，实际消费随着收入和收入结构的变化而进行相应的调整。依据经济体收入分配次序，收入经过初次收入分配、再次收入分配，最后形成各要素供给者的可支配收入及其相应的收入分配结构。收入分配及其结构对消费需求具有决定性的影响。因此，要分析我国消费需求不足的成因，首先需要从我国收入分配和分配结构的角度着手分析。

一、消费需求不足的收入分配结构成因

（一）我国的初次分配收入结构

国民收入初次分配主要是基于各种生产要素对国民总收入（或者国民生产总值）的贡献进行分配，既要考虑效率同时也要兼顾公平。一般来说，按照收入法，我国国内生产总值主要包括劳动者报酬、生产税净

额、固定资产折旧和营业盈余四部分，其中劳动者报酬是针对劳动力这一生产要素所支付的报酬，其份额大小直接关系到我国居民的收入和消费需求。改革开放30多年来，我国国民生产总值迅速提高，经济迅猛发展，借鉴欧美等发达国家经验，体现我国国民收入初次分配公平性的主要指标——劳动报酬占国内生产总值的比重应该说会随着国民生产总值的提高而得到相应提高。但是从我国实际数据来看，我国劳动报酬在我国GDP中的比重不仅没有逐步提高反而出现下降现象，劳动报酬占我国GDP的比重从1995年的51.4%下降到2007年的29.7%①。受到2008年金融危机的影响，拉动我国经济的三大马车之一——进出口贸易受到国际市场波动，其对经济的拉动力有所减弱。我国政府开始高度重视扩大内需，并且通过提高劳动力这种要素在初次分配中的贡献来刺激国内需求。表3-1就给出了我国各地区初次分配中劳动者报酬占地区生产总值的比重，从中可以看出，劳动者报酬占GDP的比重具有明显的地区性差异。在初次分配中，西藏劳动者报酬占初次分配比重最高，达到64.12%，其次为广西壮族自治区（59.38%）、河北省（55.31%）、宁夏（54.53%）、贵州（53.11%）、甘肃（52.08%）、新疆（52.03%）、福建（50.21%）、湖南（50.13%），其余省份和直辖市则均低于50%。从全国来看，2010年我国劳动者总报酬为196 714.07亿元，占我国国内生产总值的比重为45.01%。尽管和2007年相比，我国劳动者报酬占国内生产总值的比重有所提高，但是和1995年相比，我国劳动者报酬在初次分配中的比重仍比较低。

表3-1　　2010年全国各地区初次分配中劳动者报酬情况

地区	地区生产总值（亿元）	劳动者报酬（亿元）	劳动者报酬所占比重（%）
北京	14 113.58	6 919.99	49.03
天津	9 224.46	3 556.17	38.55
河北	20 394.26	11 280.60	55.31
山西	9 200.86	3 638.33	39.54
内蒙古	11 672.00	5 086.28	43.58
辽宁	18 457.27	8 982.04	48.66

① 李尚蒲、罗必良：《城乡收入差距与城市化战略选择》，载于《农业经济问题》2012年第8期，第37~42页。

续表

地区	地区生产总值（亿元）	劳动者报酬（亿元）	劳动者报酬所占比重（%）
吉林	8 667.58	3 370.41	38.89
黑龙江	10 368.60	3 823.13	36.87
上海	17 165.98	6 742.05	39.28
江苏	41 425.48	17 141.63	41.38
浙江	27 722.31	10 788.87	38.92
安徽	12 359.33	6 058.54	49.02
福建	14 737.12	7 400.03	50.21
江西	9 451.26	4 258.71	45.06
山东	39 169.92	15 457.01	39.46
河南	23 092.36	11 503.22	49.81
湖北	15 967.61	6 827.85	42.76
湖南	16 037.96	8 040.19	50.13
广东	46 013.06	20 452.36	44.45
广西	9 569.85	5 682.23	59.38
海南	2 064.50	1 039.62	50.36
重庆	7 925.58	3 901.69	49.23
四川	17 185.48	8 089.35	47.07
贵州	4 602.16	2 444.38	53.11
云南	7 224.18	3 344.07	46.29
西藏	507.46	325.38	64.12
陕西	10 123.48	4 028.24	39.79
甘肃	4 120.75	2 145.94	52.08
青海	1 350.43	635.34	47.05
宁夏	1 689.65	921.35	54.53
新疆	5 437.47	2 829.07	52.03
全国	437 041.99	196 714.07	45.01

资料来源：《中国统计年鉴（2011）》，中国统计出版社 2011 年版。

（二）再分配收入结构

与初次分配注重效率所不同的是，再分配中更加突出公平，因此需要政府通过税收和财政支出等政策对再分配收入结构进行调整。我国涉及再分配收入的政策主要包括收入税、财产税、社会缴款、社会福利和其他转移收支等。这些政策最终将对我国的再收入分配结构产生影响，比如转移性收入在居民收入结构中的比重就侧面反映了我国的再分配收入政策的具体实施。

按照《中国统计年鉴（2011）》的统计口径，城镇居民人均年收入主要包括工资性收入、经营净收入、财产性收入和转移性收入四大部分。其中最能体现政府的再分配收入政策的就是转移性收入。所谓转移性收入，就是指国家、单位、社会团体对居民家庭的各种转移支付和居民家庭间的收入转移，具体包括政府对个人收入转移的离退休金、失业救济金、赔偿等；单位对个人收入转移的辞退金、保险索赔、住房公积金、家庭间的赠送和赡养等[①]。从表3－2可以看出，我国城镇居民无论工资性收入、经营净收入、财产性收入还是转移性收入均呈现出增长态势。但是从相对比重来看，从20世纪90年代到2010年，工资性收入和转移性收入均呈现出上涨态势，成为我国城镇居民收入的两大主要来源，并且工资性收入占据绝对主导地位。1990年工资性收入占城镇居民人均年收入的比重为75.83%，1995年达到79.23%（见表3－3）。但是工资性收入在城镇居民收入中的比重也并不稳定，从2000年以后，工资性收入占城镇居民人均年收入的比重开始下降。2010年工资性收入占城镇居民收入已经从2000年的71.17%下降到65.17%，尽管下降了6个百分点，但工资性收入仍旧是城镇居民人均年收入的主要来源。相比之下，转移性收入占我国城镇居民基本收入中的比重一直在21%～24%的水平之间徘徊。

表3－2　城镇居民收入基本情况比较　单位：元

指标 \ 年份	1990	1995	2000	2009	2010
平均每人全部年收入	1 516.21	4 279.02	6 295.91	18 858.09	21 033.42
工资性收入	1 149.70	3 390.21	4 480.50	12 382.11	13 707.68
经营净收入	22.50	72.62	246.24	1 528.68	1 713.51
财产性收入	15.60	90.43	128.38	431.84	520.33
转移性收入	328.41	725.76	1 440.78	4 515.45	5 091.9
可支配收入	1 510.16	4 282.95	6 279.98	17 174.65	19 109.44

资料来源：《中国统计年鉴（2011）》，中国统计出版社2011年版。

① http：//baike.baidu.com/view/1446761.htm.

表 3－3　不同收入来源在城镇居民人均总收入结构中的比重（2010 年） 单位：%

年份 指标	1990	1995	2000	2009	2010
工资性收入所占比重	75.83	79.23	71.17	65.66	65.17
经营净收入所占比重	1.96	2.14	5.50	12.35	12.50
财产性收入所占比重	1.03	2.11	2.04	2.29	2.47
转移性收入所占比重	21.66	21.41	22.88	23.94	24.21

资料来源：《中国统计年鉴（2011）》，中国统计出版社 2011 年版。

（三）可支配收入结构

国内生产总值经过初次和再次分配后形成我国国民可支配收入。所谓可支配收入，就是工资收入中扣除掉基本养老险、基本医疗保险、失业保险以及个人所得税等剩下的部分。从国际发展经验来看，发达国家的可支配收入往往大于国内生产总值，而发展中国家则出现相反的情况。中国属于发展中国家，因此和其他发展中国家一样，中国的国内生产总值低于国民可支配收入。从微观角度看，国民可支配收入等同于城镇居民可支配收入或农村居民纯收入，并且随着我国国内生产总值的增长逐步增长。1990～2010 年间我国城镇居民人均可支配收入快速增长，1990 年城镇居民人均可支配收入为 1 510 元，2000 年为 6 280 元，到 2010 年则达到了 19 109 元。与此同时，农村居民人均纯收入也得到大幅度提高，从 1990 年的 686 元提高到 2000 年的 2 253 元，到 2010 年达到了 5 919 元。2011 年，我国城镇居民人均可支配收入比 2010 年名义增长 14.1%①，这些数据都充分显示，无论是城镇居民还是农村居民人均可支配收入均得到有效提高。需要注意的是，如果扣除物价上涨所带来的影响，2011 年我国城镇居民人均可支配收入实际增长为 8.4%，低于国内生产总值增长率 0.8 个百分点②。如果和公共财政收入以及企业收入相比，我国居民人均支配收入增幅更小。2011 年我国公共财政收入 10.37 万亿元，增长 24.8%，增幅分别是城镇居民人均可支配收入名义增幅的 1.76 倍和农村居民人均纯收入名义增幅的 1.39 倍，而同期企业收入增长幅度为 20% 左右，也远高

① http：//www.chinataiwan.org/jm/list/201209/t20120919_3095713.htm.

② http：//www.chinataiwan.org/jm/list/201209/t20120919_3095713.htm.

于居民收入[①]。需要注意的是，这里涉及的是人均可支配收入，事实上不同的群体、阶层、行业中，可支配收入结构存在着巨大的差异。比如某些国有垄断性行业中员工的可支配收入过高，从而造成可支配收入结构出现分化，使得仅占城镇居民20%的高收入群体获得超过40%的城镇居民可支配收入，而占城镇居民总数80%的居民只能获得剩下不到60%的城镇居民可支配收入[②]。

二、收入差距成因

（一）社会收入差距

国际上主要用基尼系数来衡量社会收入差距。一般而言，基尼系数越小则表示社会收入分配越平均，如果基尼系数低于0.2，则表示收入绝对平均，基尼系数在0.2～0.3之间表示收入比较平均，基尼系数在0.3～0.4之间表示收入相对合理，基尼系数在0.4～0.5之间表示收入差距较大，基尼系数在0.5以上则表示收入差距悬殊。从社会阶层来看，目前中国收入最高的10%家庭是收入最低的10%家庭人均收入的65倍，我国基尼系数已经逼近0.5警戒线[③]。

从我国目前发展现状来看，之所以出现社会收入差距持续扩大，主要存在以下几个方面的原因：（1）机会的不平等。“官二代”、“富二代”、“星二代”等名词的出现从侧面折射出了身份问题与一个人的地位和财富之间的关系。身份的不平等在某种程度上会导致获取社会资源和创造财富、享受财富创造的机会不平等。（2）行业的差异。随着我国经济规模扩大，我国行业工资差距也在逐步扩大。20世纪80年代我国行业间工资收入差距基本保持在1.6～1.8倍左右。世界上多数国家行业间差距在1.5～2倍左右。但是2010年，我国行业平均工资最高的金融业（70 146元）是行业平均工资最低的农林牧渔业工资（16 717元）的4.2倍[④]。行

① http：//www.chinataiwan.org/jm/list/201209/t20120919_3095713.htm.

② 陈玉光：《我国不同阶层收入差距持续扩大原因探析》，载于《中国海洋大学学报》（社会科学版）2008年第6期，第37～41页。

③ http：//www.chinataiwan.org/jm/list/201209/t20120919_3095713.htm.

④ http：//forum.home.news.cn/thread/93563271/1.html.

业工资差距的扩大进一步扩大了社会收入差距。从我国目前发展现状来看，尤其是应届毕业生对大型国有企业以及公务员的追捧，反映出我国行业差异对于收入状况的重要影响。（3）政策导向的差异。如果说初次分配更加注重效率的话，那么再分配应该注重公平。由于我国行业多、区域多，加上经济发展水平参差不齐，因此政府的再分配政策尽管对初次分配进行了较好的调节，但是和社会的预期来说，仍存在一定的差距。

（二）城乡收入差距

事实上，我国城乡收入差距一直比较大。与世界城乡居民收入平均水平为2∶1相比，我国早在1978年城乡收入平均水平为2.57∶1，超过了世界城乡居民收入水平差距。如果用城镇居民可支配收入和农村居民人均纯收入进行比较的话，改革开放30多年我国经济的飞速发展和城市化水平的提升不仅没有缩小这一差距，反而呈现出不断扩大的态势。2010年我国城乡居民收入比为3.23∶1。城镇居民和农村居民收入差距不断扩大的背后折射出我国改革开放以来对农村和城市实行的差异化政策。

从表3－4可以看出，和城镇居民人均收入中工资性收入占据绝对主导地位不同的是，我国农村居民人均总收入结构中，经营性净收入占据绝对地位，在1990年高达农民人均总收入的82.37%。早在改革开放之初，为了实现我国工业的发展，我国一直采取农产品价格和工业品价格剪刀差，此举为推动我国迅速崛起做出了巨大贡献，但是同时也降低了农民的经营净收入。随着我国工业基础发展的逐步夯实，我国意识到应该采取工业反哺农业的政策，并且通过多种政策措施比如通过允许农民进城务工等形式，将农村的剩余劳动力向城市转移。随着城市化进程的加速，尤其是我国劳动力流动的加速，许多青壮劳动力纷纷加入城市成为城市劳动力市场上的重要补给，同时也逐步提高了工资性收入是农村居民人均收入结构中的比重，该比重已经从1990年的14.01%提高到2010年的29.94%。在经营净收入之外，工资性收入是农民人均纯收入的另一个主要来源。需要注意的是，尽管工资性收入对于农民人均纯收入的重要性在提高，仍旧无法取代农民种植庄稼和经济作物所带来的收入增长对于农民人均总收入的重要性，但目前我国并没有建立通过农产品生产从而实现农民收入提高的长效机制。不仅如此，作为调节社会收入差距的转移性收入，在1990年并没有进入我国农民总收入结构。即使在2009年农村居民人均总收入结构中转移性收入达到最高值，为6.79%，但是转移性收入在农村居民人均收入结构中的比重也远低于城市居民收入中的比重，后者一直保持20%以上的水平。城镇居民和农村居民收入的差距势必会带来消费性支出上的差异。比如从人均消费性支出来看，2010年我国城镇居民人均消费性支出为13 471元，而农村居民人均消费性支出为4 382元，前者约为后者的3.07倍。

表3－4 不同收入来源在农村居民人均总收入结构中的比重（2010年）单位：%

指标 \ 年份	1990	1995	2000	2009	2010
工资性收入所占比重	14.01	15.13	22.32	28.97	29.94
经营净收入所占比重	82.37	80.30	71.56	61.89	60.81
财产性收入所占比重	3.61	1.75	1.43	2.35	2.49
转移性收入所占比重	0	2.81	4.69	6.79	6.76

资料来源：《中国统计年鉴（2011）》，中国统计出版社2011年版。作者计算整理。

（三）区域收入差距

改革开放以来，我国以出口为导向，大力发展加工贸易，对外贸易的发展推动了当地经济发展。由于我国经济发展重心在东南沿海，导致我国东部地区、中部地区、西部地区和东北地区之间的收入存在巨大差距。从表3－5我们可以看出，2010年东部地区平均每人全部年收入居全国之首，达到25 773.29元，是人均全部年收入最低的中部地区的1.4倍。当2010年中部地区、西部地区和东北地区城镇居民人均可支配收入都低于当年全国城镇居民人均可支配收入19 109元时，东部地区居民可支配收入远远超过2010年全国城镇居民人均可支配收入，达到23 272.83元，是人均可支配收入最低的西部地区人均收入的1.47倍。根据《中国统计年鉴（2011）》的数据进行计算后发现，2010年我国31个省、市和自治区中，上海市无论在城镇居民人均年总收入（35 739.51元）还是城镇居民人均可支配收入（31 838.08元）上都是全国最高水平，是城镇居民人均年总收入以及城镇居民人均可支配收入处于全国最低水平的甘肃省的2.49倍和2.41倍。

表 3-5　东、中、西部及东北地区城镇居民家庭基本情况（2010 年）

指标＼地区	东部地区	中部地区	西部地区	东北地区
调查户数（户）	28 419	11 090	18 100	8 000
平均每人全部年收入（元）	25 773.29	17 302.96	17 309.03	17 688.18
可支配收入（元）	23 272.83	15 962.02	15 806.49	15 940.99
平均每人总支出（元）	21 841.54	14 922.44	15 670.71	16 446.67
平均每人消费性支出（元）	15 972.64	11 100.91	11 780.04	12 075.22

资料来源：《中国统计年鉴（2011）》，中国统计出版社 2011 年版。

（四）不同阶层收入差距

2012 年 9 月 4 日北京国际城市发展研究院联合中国社科文献出版社发布《社会管理蓝皮书——中国社会管理创新报告》中指出，20 世纪 80 年代初，我国基尼系数为 0.275。自 90 年代以来，我国基尼系数在以每年 0.1 个百分点的速度提高，2010 年已达到 0.438，并且存在进一步扩大的可能，其中很重要的原因是不同行业之间的职工工资存在巨大差异。例如，我国行业之间职工工资最高与最低相差 15 倍左右；上市国企高管与一线职工收入差距在 18 倍左右，国有企业高管与社会平均工资相差 128 倍①。全社会的阶层收入差距也在扩大，收入最高的 10% 人群与收入最低的 10% 人群的收入差距，已从 1988 年的 7.3 倍上升为 2007 年的 23 倍。②城镇居民中也呈现出不同阶层收入差距扩大的现象。《中国统计年鉴（2010）》的数据显示，不同阶层收入存在不小的差距。2010 年全国平均每人全部年收入为 21 033.42 元，而最低收入户平均每人全部年收入仅为 6 703.7 元，不足全国水平的 1/3，而同时期最高收入户平均每人年收入为 56 425.17 元，为全国平均水平的 2.69 倍，为最低收入户的 8.4 倍。从可支配收入看，2010 年最低收入户的平均每人可支配收入为 5 948.11 元，远低于全国人均水平的 19 109.44 元。而最高收入户平均每人可支配收入为 51 431.57 元，是最低收入户的平均每人可支配收入的 8.65 倍。不同阶层城镇居民收入之间的差距将对其消费性支出产生影响。2010 年，全

① http：//news.bandao.cn/news_html/201209/20120915/news_20120915_1982613.shtml？i|172129.

② http：//news.bandao.cn/news_html/201209/20120915/news_20120915_1982613.shtml？i|172129.

国城镇居民家庭平均每人全年消费支出为13 471.45元，但是最低收入的人均消费性支出仅为5 471.84元，不足全国平均水平的一半，而最高收入户的人均全年消费支出达到31 761.63元，是最低收入人群的5.8倍。

三、收入分配问题的成因分析

无论是初次分配还是再分配，均应遵循效率与公平并重的原则。我国收入分配能够兼顾效率与公平主要受制于：（1）市场竞争条件。初次分配的效率与公平能否得到合理有效实现主要受制于初次分配的市场竞争条件。也就是说，在不同的市场条件下，初次分配的公平与效率会在同步性上出现差异。在完全竞争条件下，初次分配就能很好地实现公平与效率的同步，但是在不完全竞争条件下，必须通过公平合理的分配制度才能保证初次分配的效率与公平两者的同步①。从我国目前发展状况来看，要素市场的完全竞争条件并不具备，劳动力和资本、技术等生产要素也无法在各个地域和行业之间实现完全流动，加上我国经济体制改革正处于攻坚阶段，因此资源配置的有效性以及按照要素贡献进行初次分配的合理性和公平性难以得到有效保障。因此，要提高劳动者报酬在国内生产总值中的比重，必须进一步深化要素机制改革，使其得到合理的定价和合理的报酬。（2）产业层次。我国之所以出现初次分配中劳动者报酬占国内生产总值比重降低、再分配中劳动者报酬占比较低从而出现社会收入差距、区域收入差距、城乡收入差距以及阶层收入差距，与我国各个区域的产业层次存在差异也有关系。也就是说，产业层次与地区初次分配福利水平正相关，产业层次越高，初次分配福利水平越高，产业层次对初次分配福利水平具有提升作用②。从我国经济发展看，我国沿海地区产业层次总体要高于中、西部地区，因此在收入分配上也就呈现出区域性差异。（3）制度设计和政策实施具体效果。如果将初次分配差异归根于要素流动性差异和地区生产力水平差异的话③，

① 李晓宁：《初次分配效率与公平的关系及其改革路径——基于不同市场竞争条件的分析》，载于《经济体制改革》2012年第4期，第22～26页。

② 丁梓楠、穆怀中：《中国产业层次对地区初次分配福利水平的提升效应》，载于《经济理论与经济管理》2012年第6期，第96～105页。

③ 陈书、刘渝林：《收入差异的“倒U型”假说悖论：初次分配、再分配与政策选择》，载于《财贸研究》2012年第1期，第90～101页。

那么再分配收入结构差异则主要源自于制度设计和具体的政策实施效果差异。作为调节再分配收入结构的重要税种，个人所得税起征点对再分配收入结构产生重要影响。2008 年 3 月到 2011 年 9 月，我国的个人所得税一直以 2 000 元/月作为起征标准，直到 2011 年开始上调为 3 500 元/月。个人所得税起征点经过调整以后，工资阶层纳税比例由目前的约 28% 下降到约 7.7%，纳税人数由约 8 400 万人减至约 2 400 万人①，也就是说近 6 000 万人不再纳税。由此可见，个人所得税起征点的调整，降低了中低收入者税收负担，很好地发挥了税收在再分配收入结构调整中的作用。但是除了提高个人所得税起征点外，我国目前并没有开征在国外得到实践并且能有效调节再分配收入结构的遗产税和赠与税。从企业所得税率来看，在改革开放之初，为了吸引外商直接投资，我国采取内外资企业税率不一致的做法。相比之下，尽管民营企业在吸纳社会劳动力就业上发挥了重要作用，但是我国民营企业却承担了过高的税费负担。随着我国劳动力结构发生变动以及沿海制造业工人工资的上涨，在各种税费负担下，民营企业不得不刻意压低工人工资，使得工人工资性收入受到影响。不仅如此，在农村和城市两大空间上，我国财政再分配政策出现了明显的城市偏向。所谓城市偏向，是指政府在经济社会发展过程中实施偏袒城市的政策，结果有利于城市生产者和消费者，而不利于农村居民②，导致农村居民在再分配收入结构中处于弱势群体地位。所有这些因素都对我国再分配收入结构产生重要影响，以致部分弱化了我国再分配政策对初次分配收入结构进行调整作用的正常发挥。

第二节　消费倾向问题的成因

1936 年英国经济学家凯恩斯在其出版的著作《就业、利息和货币通论》最先提出消费倾向。一般来说，消费倾向可以分为边际消费倾向和平均消费倾向。所谓边际消费倾向是指增加的消费支出占收入增加的比重，而平均消费倾向是指消费在收入中所占的比例。凯恩斯指出边际消费

---

① http://www.cfi.net.cn/newspage.aspx? id = 20110701000194&p = 0.

② 雷根强、蔡翔：《初次分配扭曲、财政支出城市偏向与城乡收入差距——来自中国省级面板数据的经验证据》，载于《数量经济与技术经济研究》2012 年第 3 期，第 1 ~ 14 页。

倾向和平均消费倾向具有递减的规律，而这恰恰是有效需求不足的重要原因之一。鉴于数据的可获得性，本节将重点讨论平均消费倾向。

一、社会平均消费倾向

本书用最终消费率来表示社会平均消费倾向，所谓最终消费率指的是最终消费支出占支出法国内生产总值的比重。1995 年我国最终消费率为 58.1%，从此以后开始逐步上升，到 2000 年达到最大值 62.3%。随后开始呈现出逐年下降的趋势，2001 年为 61.4%，2002 年突破 60%，为 59.6%，2007 年突破 50%，为 49.5%，2011 年的最终消费率为 47.4%，图 3－1 显示了 1995～2010 年间我国最终消费率的变动。从全社会来看，我国平均消费倾向呈现出逐年下降的趋势。全社会消费平均消费率的下降不仅影响国内需求，同时也影响其对国内生产总值的贡献率。《中国统计年鉴（2011）》数据显示，最终消费支出对国内生产总值贡献率在 1984 年达到最高值，为 93.4%，从此以后开始回落，到 2010 年贡献率仅为 36.8%，对国内生产总值的拉动也从 1985 年的 11.5 个百分点逐步下降到 2008 年的 3.8 个百分点。

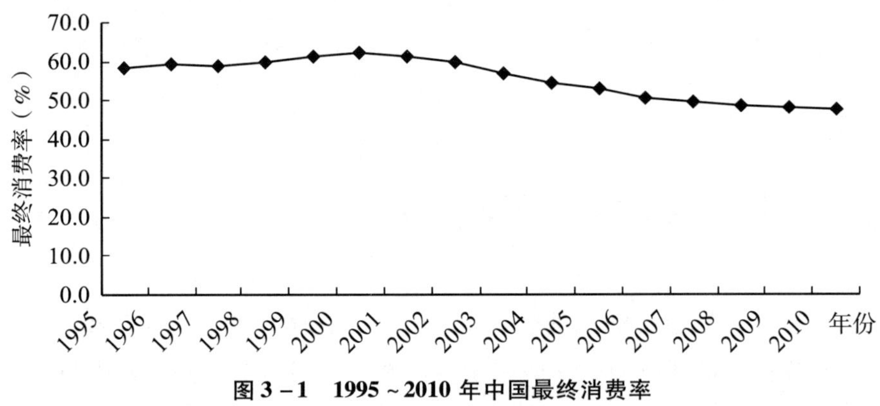

图 3－1　1995～2010 年中国最终消费率

资料来源：《中国统计年鉴（2011）》，中国统计出版社 2011 年版，笔者绘制。

二、政府平均消费倾向

从表 3－6 我们可以看出，2001～2010 年间，作为最终消费支出的重要组成部分——政府消费支出，除了2003年、2004年在我国最终消费支出中的比重稍有所下降外，从2005年开始政府消费支出在我国最终消费支出中的比重呈现出逐年上涨的趋势，从2004年的25.5%提高到2010年的28.7%。需要注意的是，尽管政府消费支出绝对数和其在最终消费支出中所占比重总体呈现出逐年上涨趋势，但是政府的平均消费倾向（即政府消费支出占生产税费净额的比重）却从2006年的93.28%下降到2010年的80.49%，呈现出逐年下降的趋势。

表3－6　　2001～2010年中国居民消费和政府消费支出

年份	最终消费支出							
	绝对数（亿元）				构成			
					最终消费支出＝100		居民消费支出＝100	
	居民消费支出			政府消费支出	居民消费支出	政府消费支出	农村居民	城镇居民
		农村居民	城镇居民					
2001	49 435.9	15 791.0	33 644.9	17 498.0	73.9	26.1	31.9	68.1
2002	53 056.6	16 271.7	36 784.9	18 759.9	73.9	26.1	30.7	69.3
2003	57 649.8	16 305.7	41 344.1	20 035.7	74.2	25.8	28.3	71.7
2004	65 218.5	17 689.9	47 528.6	22 334.1	74.5	25.5	27.1	72.9
2005	72 652.5	19 371.7	53 280.8	26 398.8	73.3	26.7	26.7	73.3
2006	82 103.5	21 261.3	60 842.2	30 528.4	72.9	27.1	25.9	74.1
2007	95 609.8	24 122.0	71 487.8	35 900.4	72.7	27.3	25.2	74.8
2008	110 594.5	27 495.0	83 099.5	41 752.1	72.6	27.4	24.9	75.1
2009	121 129.9	28 833.6	92 296.3	45 690.2	72.6	27.4	23.8	76.2
2010	133 290.9	30 897.0	102 393.9	53 614.4	71.3	28.7	23.2	76.8

注：本表按照当年价格计算。
资料来源：《中国统计年鉴（2011）》，中国统计出版社2011年版。

三、居民平均消费倾向

（一）城镇居民平均消费倾向

城镇居民平均消费倾向是指城镇居民人均消费性支出占城镇居民可支配收入的比重。从表3－7可以看出，随着城镇居民人均可支配收入的提高，我国城镇居民平均消费倾向呈现出下降的趋势。1990年我国城镇居民消费倾向为84.69%，到2000年，城镇居民平均消费倾向为79.59%，下降了5.1个百分点。在“十一五”期间，我国城镇居民的平均消费倾向从2005年的75.7%下降到2010年的70.5%。从表3－6中可以看出，在最终消费支出中，居民消费是主力军，占最终消费支出的70%以上。在居民消费中，城镇居民是主力军，2010年城镇居民消费占居民消费的76.8%。由此可见城镇居民消费在消费支出中的重要性，而城镇居民平均消费倾向的下降必将对我国消费需求产生重要影响。

表3－7　城镇、农村居民平均消费倾向

指标 \ 年份	1990	2000	2009	2010
城镇居民人均可支配收入（元）	1 510.16	6 279.98	17 174.65	19 109.44
农村居民人均纯收入（元）	686.3	2 253.4	5 153.17	5 919.01
城镇居民人均消费性支出（元）	1 278.89	4 998	12 264.55	1 3471.45
农村居民人均生活消费支出（元）	584.63	1 670.13	3 993.45	4 381.82
城镇居民平均消费倾向（%）	84.69	79.59	71.41	70.50
农村居民平均消费倾向（%）	85.19	74.12	77.50	74.03

资料来源：《中国统计年鉴（2011）》，中国统计出版社2011年版，经由笔者计算整理。

（二）农村居民平均消费倾向

从表3－7可以看出，随着我国农村居民人均可支配收入的提高，我国农村居民人均生活消费支出也在逐步提高，但是我国农村居民人均消费倾向却呈现下降趋势。1990年我国农村居民平均消费倾向为85.19%，但是到2000年我国农村居民消费倾向为74.12%，比1990年下降了11.07个百分点。尽管在2009年我国农村居民人均消费倾向有所提高，但是从2010年又开始下降。农村居民平均消费倾向的下降，使得农村需求难以得到提高，农村需求的紧缩又会进一步影响国内消费需求的扩张。

（三）各区域平均消费倾向

从表3－8我们可以看出，从全国来看，最终消费率呈现出不均衡状态，其中西藏自治区的最终消费率最高，为64.3%，天津的最终消费率最低，只有38.3%。从区域来看，我国西部地区省份的最终消费率高于东部和中部地区。

表3-8　　2010年全国各地区最终消费率

地区	最终消费率（%）	地区	最终消费率（%）
北京	56.0	山西	43.8
天津	38.3	内蒙古	39.5
河北	40.8	辽宁	40.5
湖北	45.7	广西	50.7
湖南	47.4	海南	46.2
广东	46.7	重庆	48.1
吉林	41.1	四川	50.1
黑龙江	53.1	贵州	62.7
上海	54.9	云南	59.4
江苏	41.6	西藏	64.3
浙江	45.7	陕西	45.3
安徽	50.3	甘肃	59.1
福建	42.6	青海	53.0
江西	47.5	宁夏	48.8
山东	39.1	新疆	52.7
河南	44.2		

资料来源:《中国统计年鉴（2011)》，中国统计出版社2011年版。

表3-9给出了2010年全国各地区居民、政府消费支出及其在最终消费支出中的比重。从全国范围来看，除西藏居民消费支出在最终消费支出中所占比重低于政府支出在最终消费支出中的比重以外，其他省、直辖市、自治区均呈现出居民消费支出高于政府消费支出的特点，其中江西省的居民消费支出最高，为79%。在居民消费中，上海、北京、天津的城镇居民占居民消费支出的90%以上，内蒙古、辽宁、广东和重庆城镇居民消费占居民消费支出的80%~90%，西藏则成为城镇居民在居民消费支出中所占比重和农村居民在居民消费支出中的比重差异最小的省份，两者相差11个百分点。对我国东部、东北、中部、西部农村居民人均纯收入和消费的关系进行研究后可以发现，我国农村居民的消费倾向具有较强的区域特征，并遵守边际消费倾向和平均消费倾向递减规律，总体上农村

居民边际消费倾向呈“多U型”变动趋势，不同地区农村居民边际消费倾向变化有一定的差异①。

表3-9　　2010年全国各地区居民、政府消费支出

地区	最终消费支出（亿元）			最终消费支出=100		居民消费支出=100	
		居民消费支出（亿元）	政府消费支出（亿元）	居民消费支出	政府消费支出	农村居民	城镇居民
北京	7 907.1	4 648.2	3 258.9	58.8	41.2	7.5	92.5
天津	3 529.7	2 247.5	1 282.2	63.7	36.3	9.3	90.7
河北	8 326.0	5 731.4	2 594.6	68.8	31.2	27.4	72.6
山西	4 030.0	2 855.2	1 174.8	70.8	29.2	29.2	70.8
内蒙古	4 605.4	2 710.6	1 894.8	58.9	41.1	18.7	81.3
辽宁	7 473.9	5 622.1	1 851.8	75.2	24.8	17.2	82.8
吉林	3 754.5	2 510.6	1 243.9	66.9	33.1	23.7	76.3
黑龙江	5 502.4	3 409.6	2 092.8	62.0	38.0	22.6	77.4
上海	9 424.3	7 281.9	2 142.4	77.3	22.7	4.7	95.3
江苏	17 238.1	10 942.8	6 295.3	63.5	36.5	24.5	75.5
浙江	12 670.7	9 701.8	2 968.9	76.6	23.4	21.9	78.1
安徽	6 213.2	4 873.4	1 339.8	78.4	21.6	30.8	69.2
福建	6 299.0	4 710.8	1 588.2	74.8	25.2	24.4	75.6
江西	4 489.2	3 545.5	943.7	79.0	21.0	31.1	68.9
山东	15 331.2	11 059.0	4 272.2	72.1	27.9	25.2	74.8
河南	10 209.8	7 402.6	2 807.2	72.5	27.5	32.1	67.9
湖北	7 389.8	5 136.8	2 253.0	69.5	30.5	27.6	72.4
湖南	7 603.5	5 788.9	1 814.6	76.1	23.9	28.7	71.3
广东	21 500.9	16 722.3	4 778.6	77.8	22.2	12.2	87.8
广西	4 853.5	3 657.1	1 196.4	75.3	24.7	27.6	72.4
海南	953.2	654.3	298.9	68.6	31.4	25.8	74.2
重庆	3 811.9	2 792.3	1 019.6	73.3	26.7	17.9	82.1
四川	8 609.5	6 638.5	1 971.0	77.1	22.9	35.1	64.9
贵州	2 887.1	2 137.4	749.7	74.0	26.0	34.0	66.0
云南	4 291.1	3 082.1	1 209.0	71.8	28.2	35.0	65.0
西藏	326.5	133.2	193.3	40.8	59.2	44.5	55.5
陕西	4 584.5	3 105.8	1 478.6	67.7	32.3	24.7	75.3
甘肃	2 435.4	1 567.7	867.7	64.4	35.6	32.4	67.6

① 刘大勇：《中国农村居民消费倾向的区域特征分析》，载于《统计与决策》2011年第9期，第103~105页。

续表

地区	最终消费支出（亿元）	居民消费支出（亿元）	政府消费支出（亿元）	最终消费支出 = 100		居民消费支出 = 100	
				居民消费支出	政府消费支出	农村居民	城镇居民
青海	715.4	405.1	310.3	56.6	43.4	28.9	71.1
宁夏	824.9	565.7	259.2	68.6	31.4	22.9	77.1
新疆	2 865.6	1 578.9	1 286.7	55.1	44.9	28.9	71.1

资料来源：《中国统计年鉴（2011）》，中国统计出版社2011年版。

（四）消费倾向问题的成因分析

尽管我国社会总消费规模、政府消费总额、居民消费总额绝对数量都在逐年上升，但是无论从社会平均消费倾向、政府平均消费倾向、居民平均消费倾向，还是各区域平均消费倾向来看，总体都呈现出下降趋势。之所以出现这种现象，主要基于以下几个方面的原因：（1）居民收入差距。凯恩斯的绝对收入假说认为，随着收入的增加，平均消费倾向会逐步递减。也就是说收入水平的变化会对平均消费倾向产生影响。在我国现阶段，城镇居民收入分配差距的扩大引起了居民平均消费倾向减小，且其长期影响尤为显著①。从我国发展实际来看，消费倾向之所以下降，居民收入差距是关键性原因②。对于高收入群体来说，其消费能力尽管很强，但是其边际消费倾向和平均消费倾向都比低收入群体要低，而低收入群体尽管有很强的消费意愿，但是受制于可支配收入，因此也不敢随便提高自己的消费能力。（2）消费习惯的形成。所谓习惯形成，就是消费效用在时间上的关联性。尽管预期的收入具有不确定性，但是我国城镇居民期望自己未来的消费都能够随着整个社会的平均生活水平逐年提升，因此在进行当年消费的时候消费者都持谨慎消费的态度③。（3）城市化水平。尽管近年来我国城市化水平在逐步提高，但是从总体上来看，我国城市化水平落后于经济发展水平，导致大部分农村剩余劳动力仍旧滞留农村从事农业生

① 吴晓明、吴栋：《我国城镇居民平均消费倾向与收入分配状况关系的实证研究》，载于《数量经济技术经济研究》2007年第5期，第22～32页。

② 彭志远、康丕菊：《我国城镇居民平均消费倾向研究》，载于《云南财经大学学报》2012年第1期，第57～64页。

③ 杭斌：《城镇居民的平均消费倾向为何持续下降——基于消费习惯形成的实证》，载于《数量经济技术经济研究》2010年第6期，第126～138页。

产和经营活动，因此其收入水平难以得到实质性的提高，并加剧了我国居民收入分配差距，中等收入阶层发展和扩大受到影响。

第三节 消费需求不足的其他成因

一、国家的经济增长目标

我国经济一直处于高速发展状态，国内生产总值增长率在2007年达到14.2%。受2008年金融危机的影响，我国国内生产总值增长率开始下降，但是仍旧达到了9.6%，远远超过世界其他国家和地区。2010年，我国国内生产总值突破10%，实现了10.3%的水平。2011年，尽管国际经济发展态势不太乐观，我国国内生产总值增长率仍实现了9.3%的增速。这么多年来我国经济的高速增长主要通过扩大资本投资来实现，而资本投资的扩大对消费形成挤出效应，最终表现为我国资本形成率（即投资率，用资本形成总额占支出法国内生产总值的比重来衡量）不断提高，但是最终消费支出在国内生产总值中所占比重（消费率）逐年下降。从图3-2中可以看出，在2009年以前，我国投资率几乎与消费率等同。但是从2009年开始，我国投资率达到48.6%，超过消费率1.2个百分点。这种高投资、低消费的经济发展格局势必压缩我国消费需求增长的空间，进而对我国的总消费需求产生影响。

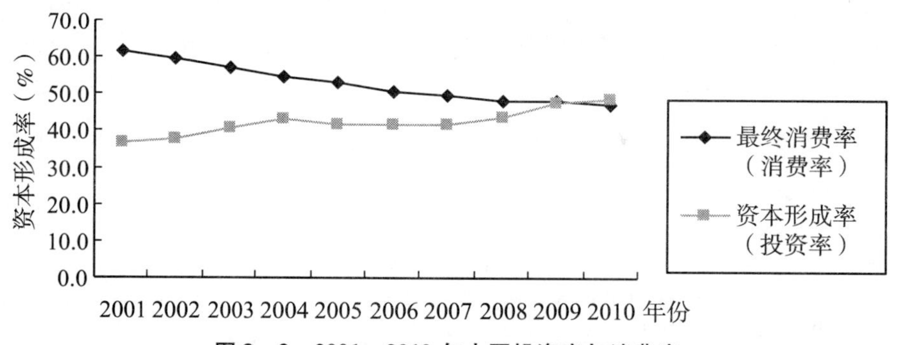

图3-2 2001~2010年中国投资率与消费率

资料来源：《中国统计年鉴（2011）》，中国统计出版社2011年版，笔者绘制。

二、居民的快速致富追求与收入的不确定性

随着我国经济总量规模的提升以及生活水平的提升，人们不再满足于吃饱穿暖，开始追求财富的绝对数量增长以及相应的社会认同感。但是我国居民的收入增长幅度总体来说较小，并且收入面临的不确定性因素增多。快速致富心理的形成，对人们的消费行为和消费习惯产生影响。为了实现财富绝对数量的增长同时克服收入的不确定性，居民开始节省不必要的消费支出，实行谨慎消费的同时，储蓄意识和储蓄动机增强，无论活期、定期还是总储蓄都呈现出逐年攀升的趋势。从图 3－3 中我们可以看出，2001～2010 年我国城乡居民人民币储蓄存款呈现出逐年上升趋势，继 2003 年突破 10 万亿元、2008 年突破 20 万亿元后，2010 年突破 30 万亿元。从城乡居民人民币储蓄存款构成来看，定期存款总量要大于活期存款总量，且两者均呈显著逐年增加的趋势，2006 年之后定期存款和活期存款分别于 2006 年、2009 年突破 10 万亿元大关。

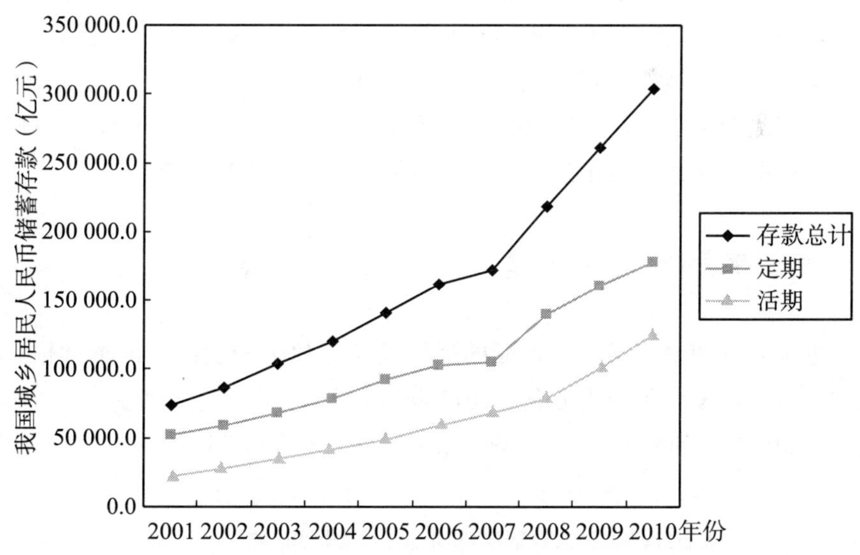

图 3－3　我国城乡居民人民币储蓄存款（2001～2010 年）

资料来源：《中国统计年鉴（2011）》，中国统计出版社 2011 年版，笔者绘制。

三、住房、医疗和教育制度等大额支出和不确定性支出增加

我国经济正处于转型过程中，尽管我国正在深化和推进住房、医疗和教育体制改革，但是对于老百姓来说这些都属于大宗支出并且这些支出具有不确定性。由于预期消费支出具有不确定性，因此居民的预防性储蓄动机增强，而且存在异质性，其中教育程度是预防性储蓄动机的重要影响因素①。现有研究表明，当人均 GDP 达到 800 ~ 1 000 美元时，公共教育支出占 GDP 的比重要达到 4. 07% ~ 4. 25%②，但是我国教育公共支出占 GDP 的比重最高的2002 年仅仅只有 3. 32%，远没有达到4% 的水平。《中国统计年鉴（2011）》数据显示，对于我国城镇居民来说，教育文化娱乐服务是食品、交通和通信之后的第三大消费性支出。我国教育公共支出的不足导致居民不得不为子女的教育问题采取相应的储蓄行为。不仅如此，医疗和住房也是我国居民大额支出和不确定支出的主要组成部分。目前我国参加城镇居民基本医疗保险职工和退休人数为 23 735 万人，比 2000 年增加了近 2 亿人，但是和我国总人口数相比，还有绝大多数人没有进入基本医疗保险，看病难、看病贵等问题使得医疗支出不确定性大大提高。随着我国经济的发展，住房消费已经成为困扰我国城乡居民的大宗支出之一。住房消费在中国居民家庭购买结构中的比重上升，相对压缩了居民的最终消费率，从而导致了近年来的最终消费率出现不断下降③。

四、保障制度不完善

近年来，随着我国人口寿命的逐步延长、独生子女政策的继续推行，我国人口结构发生了重大变化。2011 年我国 65 岁以上老人所占总人口比重由 7. 3% 上升到 9. 1%；15 ~ 64 岁由 70. 3% 上升到 74. 4%；0 ~ 14 岁由

① 邓可斌、易行健：《预防性储蓄动机的异质性与消费倾向的变化——基于中国城镇居民的研究》，载于《财贸经济》2010 年第 5 期，第 14 ~ 19 页。

② http：//finance. ifeng. com/news/special/2012lianghui/20120306/5708223. shtml.

③ 付文林：《住房消费、收入分配与中国的消费需求不足》，载于《经济学家》2010 年第 2 期，第 55 ~ 60 页。

22.4%下降到16.5%，少子化现象越来越明显，特别是像北京、上海这样的大城市，14岁以下孩子所占比重不到10%。[①] 与少子化相对应的是，我国老龄化速度在逐步加快。从国际上来看，主要依据60岁以上人口占总人口的比例达到10%作为判断一个国家或地区是否进入老龄化的标志。预计到21世纪中叶，我国60岁以上的老年人口将超过4亿人，占全国总人口的25%左右[②]。从我国发展现状来看，尽管我国已经在大力推行并开始将农村居民纳入社会保障体系，但是由于缺乏健全的社会养老保障机制以及相应的医疗机构和护理机构，因此在当前阶段实行全面的社会养老不现实。基于对社会保障体制的担忧，许多家庭不得不提前进行财力的准备，应付将来出现的不确定性支出。在有限的可支配收入中，由于养老等预防性支出的增加，导致挤占了当前的消费。

五、市场机制不完善

（一）市场流通效率低，流通成本高

尽管我国一直在深化流通体制改革，并且取得了一定的成效，但是和发达国家相比，我国市场流通效率仍旧比较低，流通成本仍然居高不下，尤其是关系到居民生活的菜篮子——农产品流通更是如此。在美国，农产品流通领域的权利正在向零售商转移，农产品的78.5%从产地通过配送中心直接到零售商，而经由批发市场流通销售的仅占20%左右[③]。也就是说，美国的农产品流通总体来说环节少、流通效率高。相比之下，我国的农产品从产地到消费者手中，需要经过多个环节，不仅增加了流通成本，降低了效率，同时也产生了不必要的损耗，具体体现为损耗率较高。比如，中国的鲜活农产品损耗率在25%左右，在美国只有2%～3%，发达国家只有5%左右[④]。居高不下的流通成本会通过价格传递给消费者，进

① http://gongyi.ifeng.com/news/detail_2012_08/18/16906631_0.shtml.

② http://news.china.com.cn/2012lianghui/2012－03/09/content_24852361.htm.

③ 孟菲、傅贤治：《美日农产品流通渠道模式比较及对中国的借鉴》，载于《中国农村经济》2007年第S1期，第142～146页。

④ 彭磊、孙开钊：《基于“农餐对接”的农产品流通创新模式研究》，载于《财贸经济》2010年第9期，第105～111页。孟菲、傅贤治：《美日农产品流通渠道模式比较及对中国的借鉴》，载于《中国农村经济》2007年S1期，第142～146页。

而提高消费者的生活成本，并对居民生活密切相关的消费者物价指数产生实质性影响。为了应对流通效率低下带来的问题，消费者不得不控制自己在其他方面的支出，因而间接对需求总量产生影响。

（二）市场标价虚高，交易谈判成本高

由于市场机制不够健全，我国市场上不时出现市场标价虚高的现象，如原本十几元一斤的月饼放到十块装的礼盒中，售价就高达四五百元。不仅在食品行业，在我国家电销售、建材甚至医院体检也出现了价格虚高的现象。面对虚高的价格，消费者只有通过货比三家才能进一步做出是否进行购买的决定，但是受制于时间、空间以及销售网点等的限制，并不是所有消费者能够实现在网络上进行价格比较或者与商家就价格进行谈判。所有这些均无形中提高了消费者的购买支出，同时也打击了消费者正常消费行为，在大件商品购买中抱着更加谨慎和理性的消费态度。

（三）假冒伪劣商品充斥，商业欺诈多

尽管我国政府一直在致力于打击假冒伪劣商品，但是屡禁不止。以奶粉行业为例，从最初的阜阳“大头娃娃”到“三聚氰胺”事件，无一不折射出我国的食品安全问题。不仅如此，商业欺诈形式也花样多多，有的通过合同进行欺诈，有的通过广告进行欺诈，比如虚夸产品功能等，有的通过价格进行欺诈，有的则通过服务进行欺诈，这在旅游市场体现得更为明显。无论是哪种商业欺诈，都扰乱了正常的市场秩序，损害了消费者的利益。

（四）消费保障度低，消费者维权难

尽管我国建立了消费者协会并将每年的 3 月 25 日确定为消费者日，但是消费者一旦遇到商品欺诈、价格虚高或者其他损害消费者利益的事件发生，消费者的利益仍旧无法得到有效保障。来自中国消费者协会的数据显示，2011 年我国各级消协组织共受理消费者投诉达到 60.7 万件，这还只是消协有登记在案的，事实上消费者遭遇到的侵权行为远不止如此。2011 年《中国新闻网》曾作过一项调查，结果显示，有 63.817% 的受调者在合法权益受到侵害时选择“默默忍受”，而近七成消费者认为维权成

本太高。① 面对高额的时间成本和消费者维权成本，当许多消费者面对自身权益受到损害时，不得不采取沉默的态度，进一步导致消费者权利无法得到有效保障。

第四节 城乡居民家庭人均年消费支出对比

一、城乡居民消费水平现状

（一）城乡居民消费水平现状

随着经济的快速发展和收入的增长，我国城乡居民消费水平也持续提高。2006～2010年期间，居民平均消费水平由6 263元提高到9 968元，增加了3 705元，年均提高926元。其中，城镇居民消费水平在2006年首次突破万元大关，期间由10 628元提高到15 907元，增加了5 525元，年均提高1 306元。农村居民消费由2 868元提高到4 455元，增加了1 587元。在城乡居民消费水平均逐年提高的同时，尽管城镇居民增加的绝对值远远大于农村居民，但由于增速的差异，城乡居民消费对比数（农村居民=1）由2006年的3.72降到2010年的3.57，城乡居民消费水平差距呈缩小趋势。2006～2010年城乡居民消费水平如表3－10所示。

表3－10 2006～2010年城乡居民消费水平

年份	消费水平（元）			城乡对比（农村=1）	消费水平指数（上年=100）		
	居民	城镇居民	农村居民		居民	城镇	农村
2006	6 263	10 682	2 868	3.72	109.6	108	108.4
2007	7 255	12 211	3 293	3.71	110.7	109.7	108.2
2008	8 349	13 845	3 795	3.65	108.7	107.7	107.1
2009	9 098	15 025	4 021	3.74	109.2	108.5	107.1
2010	9 968	15 907	4 455	3.57	106.1	102.6	107

资料来源：中经数据库：http：//db. cei. gov. cn/。

① http：//economy. enorth. com. cn/system/2012/03/14/008848990. shtml.

（二）城乡居民收入消费性支出现状

城镇居民全年人均可支配收入在2005年首次突破万元，到2010年达到19 109.44元，相对2005年增加了8 616.44元，年均增加1 723.3元。消费性支出由7 942.88元提高到13 471.45元，增加5 528.57元，年均增加1 105.714元。城镇居民可支配收入增加中的64.16%用于消费性支出，城镇居民消费支出占比逐年下降，2010年降到70.5%的水平。农村居民纯收入2005年是3 254.9元，到2010年提高到5 919.01元，增加了2 664元，年均提高532.8元，是城镇居民期间收入增加的30.9%。农村居民消费性支出由2 555.5元提高到4 381.82元，增加了1 826.42元，年均增加365.3元；农村居民平均纯收入增加的65.56%用于消费性支出，消费性支出占比也由2005年的78.51%下降到2010年的74.03%。2006～2010年的城乡居民收入消费支出现状如表3－11所示。

表3－11　2006～2010年城乡居民收入消费性支出现状

年份	城镇居民家庭全年人均			农村居民家庭全年人均		
	可支配收入（元）	消费性支出（元）	消费占比（%）	纯收入（元）	消费性支出（元）	消费占比（%）
2005	10 493	7 942.88	75.70	3 254.93	2 555.4	78.51
2006	11 759.5	8 696.55	73.95	3 587	2 829.02	78.87
2007	13 785.8	9 997.47	72.52	4 140.4	3 223.85	77.86
2008	15 780.8	11 242.85	71.24	4 760.62	3 660.68	76.90
2009	17 174.65	12 264.55	71.41	5 153.17	3 993.45	77.50
2010	19 109.44	13 471.45	70.50	5 919.01	4 381.82	74.03

资料来源：中经数据库：http：//db. cei. gov. cn/。

（三）城乡居民消费结构现状

城乡居民消费在支出结构中包括食品、衣着、家庭设备用品及服务、医疗保健、交通和通信、教育文化娱乐、居住、杂项商品和服务支出八类支出。2006～2010年期间，食品消费支出在城乡居民消费支出中的比重都最高，均值分别是37.18%和42.37%。家庭设备和杂项及服务支出占比均都不高，两类支出占比的和都不到10%，城镇居民为9.86%，农村居民为7.04%。城镇居民消费支出处于第二位的是文化娱乐，占比均值为13.46%，相对农村高出4.31%个百分点；而农村处于第二位的是居住支出占比，占比均值高达18.43%，相对城镇高出8.01%个百分点。城镇居民消费支出占比处于第三位的都是交通通信，期间占比均值分别为11.95%和10.17%。另外，城镇居民衣着消费占比高达10%以上，而农村居民只有不到6%，医疗保健消费占比城乡差别不大，都在6.9%左右。2006～2010年城乡居民家庭人均年消费支出占比均值如表3－12所示。

表3－12　　2006～2010年城乡居民家庭人均年消费支出占比均值

地区	食品	衣着	家庭设备	医疗保健	交通和通信	文化娱乐	居住	杂项
农村	42.37	5.92	4.86	6.93	10.17	9.15	18.43	2.18
城镇	37.18	10.15	6.33	6.98	11.95	13.46	10.42	3.53

资料来源：依据中经数据库相关数据整理。

依据城镇居民各项消费性支出占比排序依次是：食品、文化娱乐、交通和通信、居住、衣着、医疗保健、家庭设备和杂项；而农村居民的排序依次是：食品、居住、交通和通信、文化娱乐、医疗保健、衣着、家庭设备和杂项。可见，城乡居民在消费结构上还存在着较大的差异，城镇居民处于由食和住向行和娱提升阶段，因为文化娱乐、交通和通信与衣着占城镇居民消费支出的比重高达30%以上；而农村居民处于由满足温饱向住行过渡的阶段，因为农村居民居住和交通和通信占比接近30%。当前，文化娱乐消费在城镇居民生活中的重要性无论是绝对性还是相对性都远远高于农村；而居住性消费的重要性对农村居民来说又远远高于城镇，因此，城乡居民消费在结构上还存在本质性的差异，需要引起我们的研究和关注。

二、城乡居民人均年消费变动

（一）城乡居民消费水平变动

2006～2010年期间，居民人均消费水平和城乡居民人均消费水平在绝对值上都保持增长态势。居民人均消费水平由 6 263 元增加到 9 968 元；城镇居民人均消费水平由 10 682 元增加到 15 907 元；同时，农村居民消费水平由 2 868 元增加到 4 455 元。整体上，城镇居民消费水平增速 2007 年以来呈减缓态势，特别是 2010 年，在国际金融危机的冲击下增速猛降到 2%；农村居民消费水平增速 2006 年以来也平缓下降，由 2006 年的 8.4% 下降到 2010 年的 7%。城乡居民消费水平对比值在 3.6～3.7 之间，期间均值是 3.67，即城镇居民消费水平是农村居民的 3.67 倍。可见，2007 年以来在国际金融危机的冲击下，城镇居民消费快速增长的势头受到遏制，而农村居民消费受到的影响不大；但农村居民受到收入较低的约束，短期内其消费水平增速相对城镇居民很难有实质性的改变。近几年，城乡居民人均消费水平增速如图 3－4 所示。

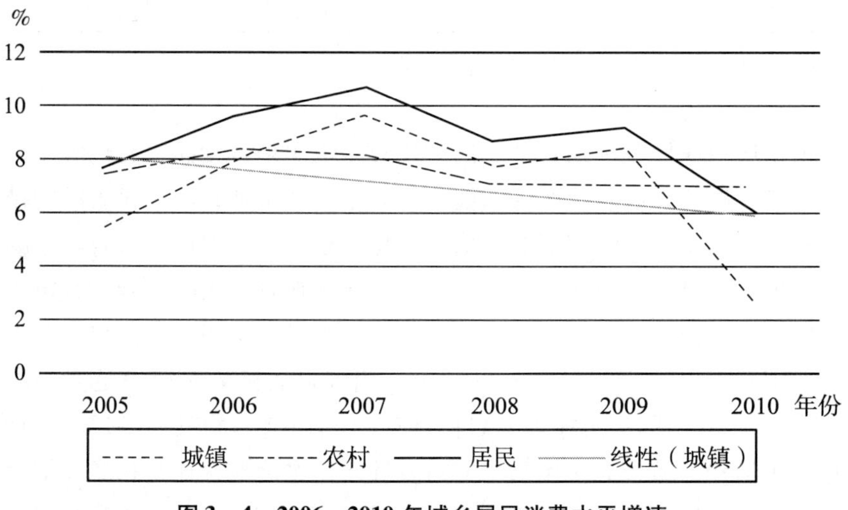

图 3－4　2006～2010 年城乡居民消费水平增速

（二）城乡居民消费支出结构变动

1. 城镇居民消费支出结构变动情况。

2006～2010 年，在城镇居民消费支出的结构中，食品占比由 35.78% 提高到 2008 年的 37.89%，然后经过两年的连续下降，2010 年降到 35.67%。衣着消费占比小幅稳步上升，特别是 2009 年和 2010 年上升较快，由 2008 年的 10.37% 提高到 2010 年的 10.72%。家庭设备及服务占比持续上升，由5.73%提高到6.74%。医疗保健消费占比则由7.14%先平稳降到2009年的6.98%，然后快速下降到2010年的6.47%。交通和通信消费占比由2008年的12.6%快速提高到14.73%，呈高速增长态势。居住性消费占比由10.4%平稳降到9.89%。教育文化娱乐占比经过前两年的快速下滑，近两年保持平稳，2010年占比为12.08%。杂项商品和服务性消费经过前3年的快速增长，到2009年处于3.87%的高位后，到2010年回落到3.71%，基本保持平稳。2006～2010年城镇居民家庭平均每人全年消费性支出结构如表3－13所示。

表3－13　　2006～2010年城镇居民家庭平均每人全年消费性支出结构（占比）

单位：%

年份	食品	衣着	家庭设备用品及服务	医疗保健	交通和通信	文化娱乐	居住性	杂项商品和服务
2006	35.78	10.37	5.73	7.14	13.19	13.83	10.40	3.56
2007	36.29	10.42	6.02	6.99	13.58	13.29	9.83	3.58
2008	37.89	10.37	6.15	6.99	12.60	12.08	10.19	3.72
2009	36.52	10.47	6.42	6.98	13.72	12.01	10.02	3.87
2010	35.67	10.72	6.74	6.47	14.73	12.08	9.89	3.71

资料来源：中经数据库：http：//db.cei.gov.cn/。

从期间结构变动来看，2008年以来，城镇居民食品、医疗保健和居住性消费占比在持续下降；而衣着、家庭设备及服务、交通和通信消费占比呈上升态势；文化娱乐和杂项消费占比基本保持平稳。

2. 农村居民消费支出结构变动情况。

在农村居民家庭每人全年平均消费结构中，食品占比由43.02%先上升到2008年的43.67%，2009年下降到40.97%，2010年又提高到41.09%，呈波动变化态势。衣着占比由5.94%波动上升到6.03%。家庭设备及服务占比由4.47%快速提高到5.34%。医疗保健占比2007年以来也增速较快，由6.52%增加到7.44%。交通和通信占比2008年以来快速增长，由9.84%提高到10.52%。教育文化娱乐占比由10.79%下降到8.37%。居住性消费持续快速增长，由16.58%提升到2009年的20.16%，2010年又回落到19.06%。杂项和服务占比基本保持平稳。农村居民家庭平均每人全年消费性支出结构如表3－14所示。

表 3-14　2006~2010 年农村居民家庭平均每人消费性支出结构（占比）

单位：%

年份	食品	衣着	家庭设备用品及服务	医疗保健	交通和通信	教育文化娱乐	居住性	杂项
2006	43.02	5.94	4.47	6.77	10.21	10.79	16.58	2.23
2007	43.08	6	4.63	6.52	10.19	9.48	17.8	2.3
2008	43.67	5.79	4.75	6.72	9.84	8.59	18.54	2.09
2009	40.97	5.82	5.13	7.2	10.09	8.53	20.16	2.11
2010	41.09	6.03	5.34	7.44	10.52	8.37	19.06	2.15

资料来源：中经数据库：http：//db.cei.gov.cn/。

从期间结构变动来看，农村居民家庭人均全年消费支出中，食品消费占比尽管有所波动，但整体呈下降趋势；另外，教育文化娱乐消费占比持续下降；家庭设备及服务消费占比持续增加；2008 年以来，衣着、交通和通信消费与医疗保健消费占比不断提高；杂项及服务消费占比变动基本保持平稳。

三、城乡居民家庭人均消费结构分解对比分析

（一）城乡食品消费占比均下降、差距缩小，但呈扩大趋势

城乡居民家庭人均食品消费支出占比变动分为两个阶段，即 2006~2008 年的上升阶段和 2008 年以后的下降阶段。在上升阶段，城镇居民食品消费占比提高了 2.11 个百分点；农村居民提高了 0.65 个百分点，远远低于城镇居民幅度，引致城乡居民食品消费占比由 7.24% 缩小到 5.78%。在下降阶段，城镇居民食品消费占比下降 2.22 个百分点，而农村居民食品消费占比下降 2.58 个百分点，超过城镇居民，引致食品消费占比差距进一步缩小到 5.42%。可见，在此期间城乡居民食品消费占比由于上升和下降变动幅度的差异引致食品性消费占比的差距逐步缩小；但从 2009~2010 年的变动趋势来看，由于农村居民食品消费占比保持平稳，城镇居民食品消费占比继续下降，二者差距呈现扩大趋势。2006~2010 年城乡居民家庭人均全年食品性消费支出占比变动如图 3-5 所示。

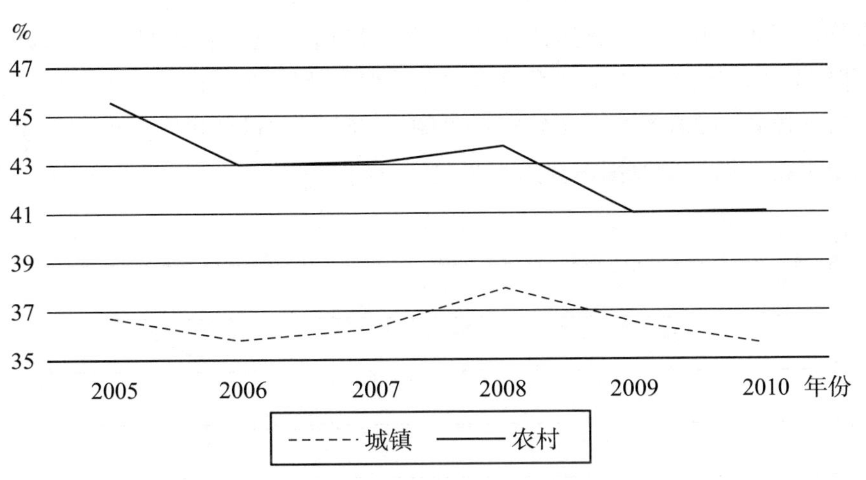

图 3-5　2006~2010 年城乡居民人均食品消费支出占比

（二）衣着消费占比均平稳小幅增加，城镇快于农村

城乡居民家庭人均全年衣着消费占比均平稳小幅上升，且城镇居民衣着消费占比上升略大于农村居民。城镇居民衣着消费占比由 10.37% 提高到 10.72%，增加了 0.35 个百分点；农村居民衣着消费占比由 5.94% 提高到 6.03%，增加了 0.09 个百分点。相比之下，城镇居民衣着消费占比增加快于农村居民，引致城乡居民衣着消费支出占比差距由 2006 年的 4.43 个百分点扩大到 2010 年的 4.69 个百分点。

（三）家庭设备及服务消费占比不高，均呈稳定增长态势

城乡居民家庭人均家庭设备及服务消费支出在全年消费性支出中占比不高（城镇居民均值是 6.21%，农村居民是 5.86%），但都呈稳定增长态势。城镇居民家庭设备及服务支出占比由 5.73% 提高到 6.74%，农村居民由 4.47% 提高到 5.34%，城镇居民家庭设备及服务支出占比增加的速度快于农村居民，城乡居民家庭设备及服务消费支出占比差距小幅增加，由 1.26 个百分点扩大到 1.40 个百分点。

（四）医疗保健消费占比反向变动，城镇居民平稳下降，农村居民快速增加

2007 年以来，城乡居民家庭人均医疗保健消费支出占比呈反向变动

态势。城镇居民医疗保健消费占比平稳、快速下降，由 2007 年的 6.99% 下降到 2010 年的 6.47%；而农村居民消费占比则快速提高，由 2007 年的 6.52% 提高到 2010 年的 7.44%（见图 3－6）。农村居民医疗保健消费近几年来持续增加的原因需要进一步关注分析。

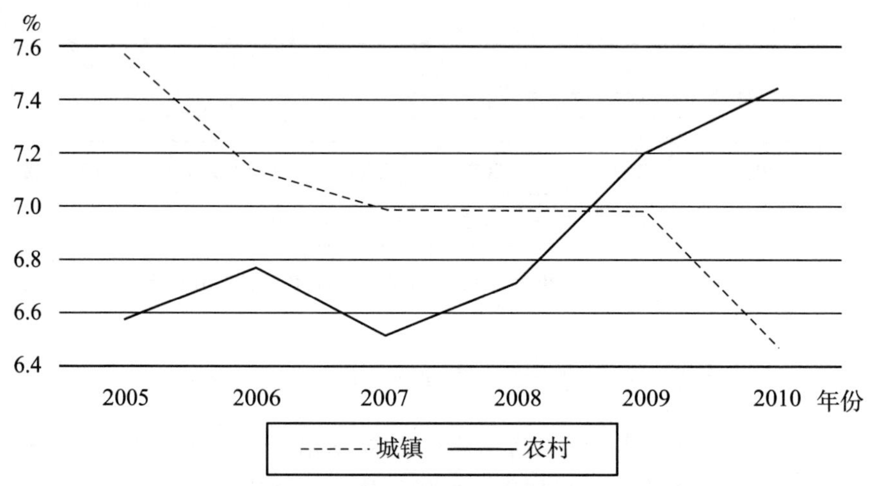

图 3－6　2006～2010 年城乡居民医疗保健消费支出占比

（五）交通和通信消费占比均先下降再提高，城镇居民增速快于农村

2006～2008 年，城镇居民交通和通信消费占比波动下降，由 13.19% 下降到 2008 年的 12.60%，其后快速提高到 2009 年的 13.72% 和 2010 年的 14.73%。农村居民交通和通信则小幅下降到 2008 年的 9.84% 后小幅平稳提高到 2009 年的 10.09% 和 2010 年的 10.52%。由于变动幅度的差异，2008 年以来城乡居民交通和通信消费支出占比呈扩大趋势，由 2008 年的 2.76% 扩大到 2010 年的 4.21%（见图 3－7）。这说明近 3 年来城镇居民通信和交通消费支出快速增长，农村居民交通和通信消费保持平稳增长态势。

（六）教育文化娱乐消费占比快速平稳下降

2006～2008 年城乡居民教育文化娱乐占比均快速下降，2008 年后开始保持平稳。城镇居民文化娱乐消费占比由 2006 年的 13.83% 快速下降到 2008 年的 12.08% 后开始保持平稳态势。农村居民文化娱乐消费占比由 2006 年的 10.79% 快速下降到 2008 年的 8.59% 后继续平稳下降，到 2010 年降到 8.37%。教育文化娱乐消费占比下降的现象也需要引起足够

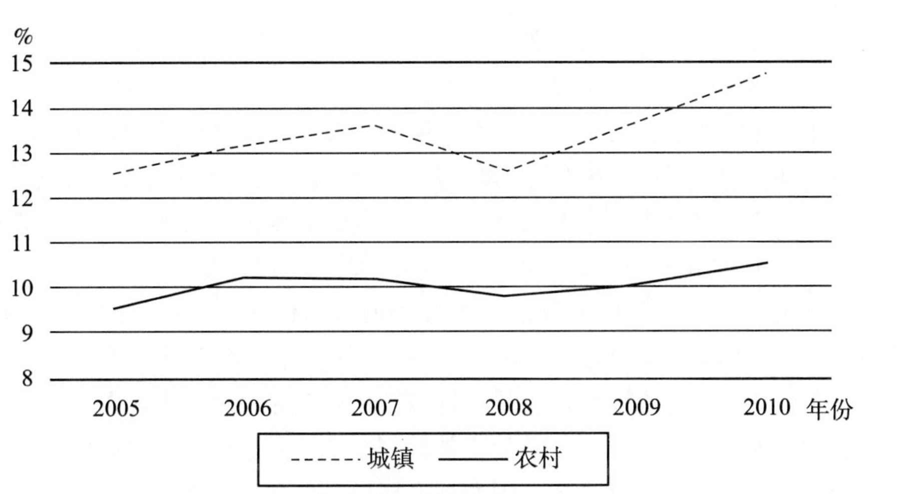

图 3－7 2006～2010 年城乡居民交通和通信消费支出占比

的重视，其下降的成因有待进一步分析。教育文化娱乐消费占比变动情况如图 3－8 所示。

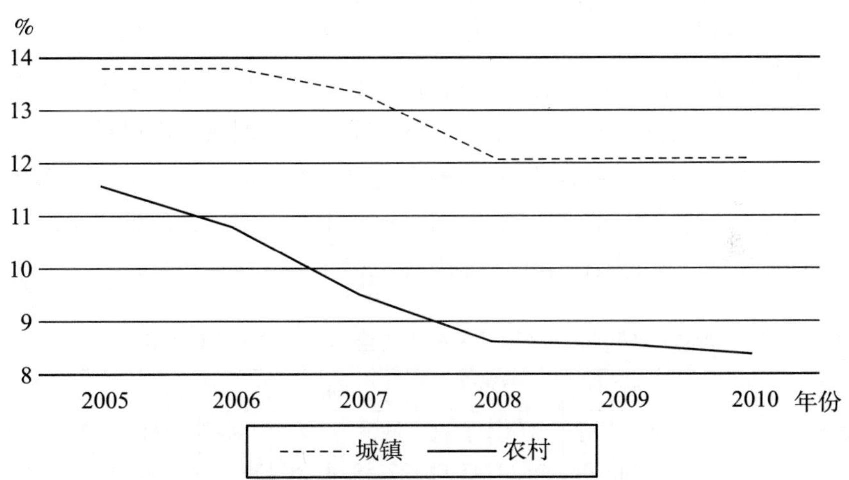

图 3－8 2006～2010 年城乡居民文化娱乐消费支出占比

（七）城镇居民居住性消费占比平稳小幅波动，农村居民居住性消费占比持续提高，2010 年开始小幅回落

在 2006～2010 年期间，城镇居民居住性消费支出占比保持平稳小幅波动，均值是 10.06%，最大值是 2008 年的 10.19%，最小值是 2007 年

的9.83%。农村居民居住性消费支出由2006年的16.58%提高到2009年的20.16%，然后小幅下降到2010年的19.06%。这说明城镇居民居住性消费经过十多年的快速发展已经进入平稳期，而农村居民居住性消费还处于高速发展期，初步能够反映出我国城乡居民居住性消费需求的阶段和特点。

其他杂项消费及服务消费支出占比不高，分别为农村和城镇居民消费支出的2.18%和3.68%，期间波动不大，在此予以忽略。

通过对2006~2010年期间城乡居民消费结构的分析可以发现：在城乡居民人均消费结构中食品消费的比重均在下降、衣着消费比重均在增加，但其内涵却存在一定的差异，即城镇居民食品消费处于由温饱向健康消费过渡阶段，农村居民依然处于数量型温饱消费阶段。城乡居民家庭设备及服务消费比重均在增加，说明城乡居民在衣食得到满足的基础上开始注重改善生活条件。同时，城镇居民居住性消费支出保持平稳，说明经过十多年的住房改革和房地产业的快速发展，城镇居民居住性消费基本得到满足；而农村居民居住性消费依然保持高位，说明农村居民处于改善居住条件的重要阶段。在吃住基本需求条件改善的同时，交通和通信在城乡居民消费结构中占比的上升，表明城乡居民目前更加注重社会交往和建立人际关系，因此，未来一段时间交通和通信消费将是扩大消费需求的一个重要方向。教育文化娱乐占比城乡都呈下降态势，说明城乡居民目前精神文化需求的不足，也从侧面证明对精神文化建设重视的不够，需要引起相关部门和领导的高度重视。对于农村居民医疗卫生保健占比的近年来的持续上升，也需要引起重视和探求其原因（见表3－15）。

表3－15　2006~2010年城乡居民家庭人均全年消费支出占比情况

指标 \ 区域 \ 年份	2006		2007		2008		2009		2010	
	城镇	农村	城镇	农村	城镇	农村	城镇	农村	城镇	农村
食品	35.78	43.02	36.29	43.08	37.89	43.67	36.52	40.97	35.67	41.09
衣着	10.37	5.94	10.42	6	10.37	5.79	10.47	5.82	10.72	6.03
家庭设备及服务	5.73	4.47	6.02	4.63	6.15	4.75	6.42	5.13	6.74	5.34
医疗保健	7.14	6.77	6.99	6.52	6.99	6.72	6.98	7.2	6.47	7.44
交通和通信	13.19	10.21	13.58	10.19	12.60	9.84	13.72	10.09	14.73	10.52
教育文化娱乐	13.83	10.79	13.29	9.48	12.08	8.59	12.01	8.53	12.08	8.37
居住性	10.40	16.58	9.83	17.8	10.19	18.54	10.02	20.16	9.89	19.06
杂项	3.56	2.23	3.58	2.3	3.72	2.09	3.87	2.11	3.71	2.15

资料来源：中经数据库：http://db.cei.gov.cn/。

四、城乡居民家庭五等级收入消费性支出比较分析

城乡居民家庭按五等分，2006～2010 年期间，城镇居民家庭人均收入和消费支出增长低收入家庭快于高收入家庭；而农村居民家庭中等收入家庭人均收入和消费支出增长快于低收入和高收入家庭，并且高收入家庭的收入和消费增长均快于低收入家庭。城镇居民内部贫富差距在缩小，而农村居民贫富差距进一步拉大，呈分化趋势。例如，2006 年城镇居民家庭低收入家庭人均年可支配收入和消费支出分别是 4 567 元和 4 102 元；高收入家庭人均年可支配收入和消费支出是 25 410 元和 17 050 元，分别是低收入家庭的 5.56 倍和 4.16 倍。2010 年，城镇居民低收入家庭人均年可支配收入和消费性支出分别提高到 9 285 元和 7 360 元；高收入家庭分别提高到 31 044 元和 21 000 元，分别是低收入家庭的 3.34 倍和 2.85 倍，相对 2006 年收入和消费支出差距明显缩小。农村居民低收入家庭人均年纯收入和消费性支出分别只有 1 182 元和 1 624 元，收入不足以支撑消费；到 2010 年分别提高到 1 869 元和 2 535 元，收入仍不足以支撑消费支出。而中等以上农村居民家庭人均收入和消费则增速较快，特别是较高收入和高收入家庭的收入和消费增速以高于同类城镇居民家庭的速度快速提高。如农村高收入家庭的纯收入和消费在 2006 年分别是 8 474 元和 5 276 元，到 2010 年分别提高到 14 049 元和 8 190 元，收入已经处于城镇居民较低收入家庭和中等收入家庭之间，消费处于城镇居民低收入家庭和高收入家庭之间。2006～2010 年城乡居民家庭五等分收入消费支出情况如表 3－16 所示。

表 3－16　　2006～2010 年城乡居民家庭五等分收入消费支出

年份			2005	2006	2007	2008	2009	2010
城镇家庭等级	可支配收入（元）	低	4 017.28	4 567.05	6 504.6	7 363.28	8 162.07	9 285.25
		较低	6 710.58	7 554.16	8 900.51	10 195.56	11 243.55	12 702.08
		中等	9 190.05	10 269.7	12 042.32	13 984.23	15 399.92	17 224.01
		较高	12 603.37	14 049.17	16 385.8	19 254.08	21 017.95	23 188.9
		高	22 902.32	25 410.8	22 233.56	26 250.1	28 386.47	31 044.04

续表

年份			2005	2006	2007	2008	2009	2010
城镇家庭等级	消费支出（元）	低	3 708.26	4 102.66	5 634.15	6 195.32	6 743.09	7 360.17
		较低	5 574.32	6 108.33	7 123.69	7 993.67	8 738.79	9 649.21
		中等	7 308.06	7 905.41	9 097.35	10 344.7	11 309.73	12 609.43
		较高	9 410.77	10 218.25	11 570.39	13 316.63	14 964.37	16 140.36
		高	15 575.88	17 050.09	15 297.73	17 888.18	19 263.88	21 000.42
	消费占比（%）	低	92.31	89.83	86.62	84.14	82.61	79.27
		较低	83.07	80.86	80.04	78.40	77.72	75.97
		中等	79.52	76.98	75.54	73.97	73.44	73.21
		较高	74.67	72.73	70.61	69.16	71.20	69.60
		高	68.01	67.10	68.80	68.15	67.86	67.65
农村居民等级	可支配收入（元）	低	1 067.22	1 182.46	1 346.89	1 499.81	1 549.3	1 869.8
		较低	2 018.31	2 222.03	2 581.75	2 934.99	3 110.1	3 621.23
		中等	2 850.95	3 148.5	3 658.83	4 203.12	4 502.08	5 221.66
		较高	4 003.33	4 446.59	5 129.78	5 928.6	6 467.56	7 440.56
		高	7 747.35	8 474.79	9 790.68	11 290.2	12 319.05	14 049.69
	消费支出（元）	低	1 548.3	1 624.73	1 850.59	2 144.78	2 354.92	2 535.35
		较低	1 913.07	2 039.13	2 357.9	2 652.77	2 870.95	3 219.47
		中等	2 327.69	2 567.92	2 938.47	3 286.44	3 546.04	3 963.8
		较高	2 879.06	3 230.35	3 682.73	4 191.25	4 591.81	5 025.58
		高	4 593.05	5 276.75	5 994.43	6 853.69	7 485.71	8 190.38
	占比（%）	低	145.08	137.40	137.40	143.00	152.00	135.59
		较低	94.79	91.77	91.33	90.38	92.31	88.91
		中等	81.65	81.56	80.31	78.19	78.76	75.91
		较高	71.92	72.65	71.79	70.70	71.00	67.54
		高	59.29	62.26	61.23	60.70	60.77	58.30

资料来源：中经数据库：http：//db.cei.gov.cn/。

五、城乡居民人均年消费支出对比分析的结论及建议

（一）分析结论

结论一：城乡居民消费水平随着经济的增长和收入的增长不断提高，且城乡居民消费水平差距呈缩小趋势，但由于收入水平差距导致消费水平差距在3.5以上，依然较大。城乡居民人均平均消费倾向在下降，农村居

民人均平均消费倾向略高于农村。

结论二：受国际金融危机的冲击，城镇居民消费水平增长受到较大的冲击，农村居民消费受冲击的影响较小；但农村居民受收入水平较低的限制，与城镇居民消费水平的差距短期内很难有实质性的改变。

结论三：城乡居民在衣食消费基本得到满足的基础上都开始注重生活条件改善，其各自消费结构的变化既有数量上的一致性和差异性，也有内涵性的差别。城镇居民生活处于由小康向富裕提升阶段，农村居民生活由温饱向小康过渡阶段。城镇居民居住性消费基本得到满足，而农村居民居住性消费处于高涨阶段。

结论四：城乡居民在衣食、居住基本得到保障的条件下，对社会交往和人际关系需求重要性上升，成为日常生活的一项重要消费支出。未来关于人际交往的交通和通信消费支出的重要性将进一步提升。

结论五：教育文化娱乐占比在城乡居民消费结构中都呈下降态势，说明目前城乡居民对精神文化等深层次的消费需求不足，需要引起相关部门和领导的重视。而农村医疗保健消费支出占比的提高，需要引起重视和探求其原因。

（二）建议

建议一：依据消费水平提高的基础是收入增加和城乡居民平均消费倾向下降的特点，建议“十二五”期间将稳定经济增长和提高城乡居民消费倾向作为扩大内需的基础。

建议二：依据国际经济变动冲击对城乡居民消费水平增长影响的差异和城乡居民消费动力不同的特征，建议相应推出提振城镇和农村居民消费不同的政策措施。例如，对城镇居民推出教育文化娱乐消费措施、医疗保健消费措施以及交通和通信与家庭设备及服务消费政策措施等；对农村居民推出收入倍增计划，以及针对衣着、居住、教育文化娱乐消费政策措施等。

建议三：基于人际交往需求的交通和通信具有潜在的巨大需求，是提振消费的重要方向，建议研究制定扩大交通和通信消费的政策措施。

建议四：依据文化娱乐等精神消费需求的不足，建议国家应制定发展支持教育、文化娱乐等精神领域发展和消费的对应政策措施。

建议五：进一步研究城镇居民医疗保健消费占比下降和农村居民医疗消费占比提高的原因。

第四章 我国城镇居民收入及消费水平研究①

第一节 我国城市居民收入水平变动特征

从1978年开始，我国的经济改革已经进行了33年。在这一过程当中，国民经济保持了快速增长，居民的收入水平显著提高，人民生活水平和消费能力大大增强，这三十多年的发展成就了我国的经济奇迹。伴随着改革开放的深入，我国城市居民的生活也经历了一系列的改变，多年的高速经济增长使得居民生活有了较大的改善，但同时社会变革也给老百姓带来了诸如住房、医疗以及教育等压力。在我国“十二五”规划中，已明确提出关于居民收入的政策导向：加快城乡居民收入增长。健全初次分配和再分配调节体系，合理调整国家、企业、个人分配关系，努力实现居民收入增长和经济发展同步、劳动报酬增长和劳动生产率提高同步，明显增加低收入者收入，持续扩大中等收入群体，努力扭转城乡、区域、行业和社会成员之间收入差距扩大趋势。总结改革开放后我国经济发展和城市居民收入和消费的变化，具有以下的系列特征。

一、城镇居民收入持续增加，但收入占比逐步下降

改革开放以来，我国国民经济总量实现了持续、快速、稳定增长。从

---

① 本章受中国社会科学院重大课题项目“‘十二五’期间扩大消费若干重大问题及政策研究”的资助，是其研究成果的一部分。

1978年至2011年间，国内生产总值和人均国民生产总值都得到了大幅度的提高，人均国民生产总值是衡量综合国力的主要标志，说明我国的综合国力正在不断增强。“十一五”期间，我国国内生产总值年平均增长11.2%，2010年我国国内生产总值已达到39.8万亿元（折算为58 793亿美元），已超过日本同年54 742亿美元的GDP数值，成为世界第二经济大国。[①]

经济增长带来了居民收入的持续增加，人民的生活水平与富裕程度显著提高。我国城镇居民人均可支配收入由1978年的343元提高到2009年的17 175元，扣除价格因素，是1978年的5.59倍，年均增长8.54%。在城镇居民家庭人均可支配收入中，工资性收入增长10.7%，转移性收入增长12.8%，经营净收入增长12.1%，财产性收入增长20.5%，可以看出财产性收入在城镇居民收入中所占比重增长迅速。经济增长为居民收入增加提供了坚实的物质基础和必要条件，其原因是多方面的。第一，经济总量扩大有利于国家更有效地协调资源配置，保证国民经济在部门、城乡和区域间的协调发展，缩小居民收入差距；第二，经济增长为国家转移支付和社会保障体系健全提供了物质基础，转移支付和社会保障体系是国家收入再分配的有效手段，有利于维护社会的公平分配；第三，经济增长使国家有能力办好教育，促进了劳动者素质的提高，劳动者教育水平的提高也会增加收入。

虽然近年来居民收入持续增加，但国民收入分配结构中居民收入却呈现下降的趋势。国民收入分配结构即宏观收入分配结构，是指国民收入在居民、企业和政府之间的分配，表4－1显示了改革开放以来这一分配的比重情况。总体而言，2000年以前居民可支配收入/GDP除了1989～1991年略有下降外，基本呈现稳定增长态势；但2000年后开始快速下降，到2008年这一比率已下降到0.572，为30年来的最低值。企业可支配收入/GDP在进入20世纪90年代以后下降到20%以下，并稳定在15%左右，从2004年后这一比率又有所回升，目前在20%左右徘徊。而政府可支配收入/GDP在总体上呈现逐渐上升趋势，在进入21世纪后保持在20%以上（见表4－1、图4－1）。

---

① 按2010年人民币对美元年平均中间价6.7695进行计算。

表 4－1　　　　我国国民收入分配结构

年份	政府可支配收入/GDP	企业可支配收入/GDP	居民可支配收入/GDP
1978	0. 316	0. 191	0. 493
1980	0. 184	0. 234	0. 582
1984	0. 17	0. 195	0. 635
1985	0. 178	0. 164	0. 658
1989	0. 154	0. 217	0. 629
1990	0. 145	0. 238	0. 617
1995	0. 165	0. 167	0. 668
2000	0. 195	0. 157	0. 648
2001	0. 211	0. 151	0. 638
2002	0. 205	0. 143	0. 652
2003	0. 218	0. 155	0. 627
2004	0. 204	0. 218	0. 578
2005	0. 203	0. 215	0. 582
2006	0. 231	0. 179	0. 59
2007	0. 203	0. 219	0. 578
2008	0. 216	0. 212	0. 572

资料来源：根据《中国统计年鉴》（2000 年、2005 年和 2010 年）中的数据整理所得。

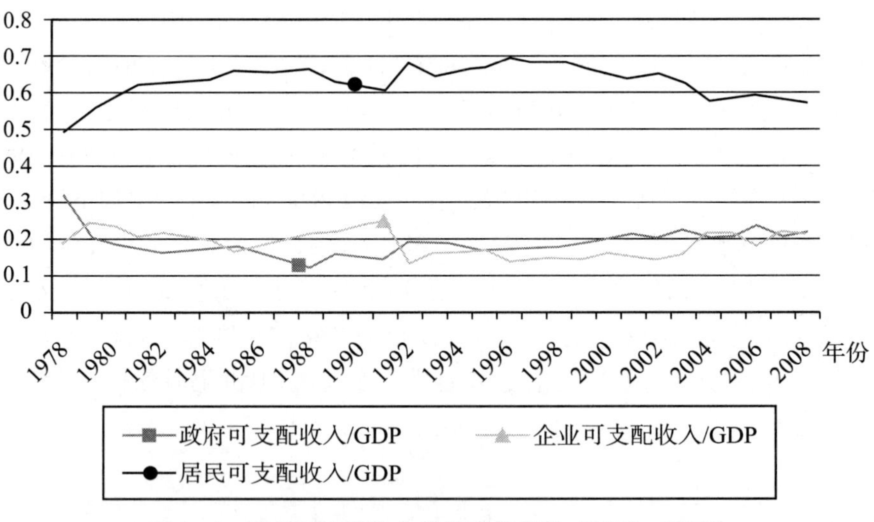

图 4－1　我国可支配收入结构变化趋势（1978～2008）

二、城镇居民收入结构变化显著，内部收入差距逐步拉大

改革开放以来，城镇居民收入的结构发生了许多显著的变化（见表4－2）。其中，工薪所占总收入的份额呈现了先上升再逐步下降的趋势。从1995年开始，工资收入所占份额就逐步下降，2009年仅为65.66%。下降的主要原因应归结于城镇就业总量的减少，一些国有和集体企业不再通过解决就业来保障职工的收入，城镇居民由于下岗而使得工资收入直线下降。私营、外资和个体企业吸纳就业能力的增强解决了部分城镇居民就业，但其就业增长速度仍不足以抵消国有企业、集体企业裁员所产生的就业下降的效应。

经营性收入绝对数额较小，但增长最为迅猛，从1990年的22.5元增加到2009年的1 528.68元，所占份额也从1.48%提高到8.11%，可以看出改革开放后城镇居民通过自主经营创业的方式来提高收入、改善生活。而财产性收入和转移性收入基本没有大的变化，都保持较为平稳的水平。

表4－2　城镇人均可支配收入结构

指标	1990年		1995年		2000年		2005年		2009年	
	数额（元）	比例（%）	数额（元）	比例（%）	数额（元）	比例（%）	数额（元）	比例（%）	数额（元）	比例（%）
工薪收入	1 149.70	75.83	3 390.21	79.23	4 480.50	71.17	7 797.54	68.88	12 382.11	65.66
经营净收入	22.50	1.48	72.62	1.70	246.24	3.91	679.62	6.00	1 528.68	8.11
财产性收入	15.60	1.03	90.43	2.11	128.38	2.04	192.91	1.70	431.84	2.29
转移性收入	328.41	21.66	725.76	16.96	1 440.78	22.88	2 650.70	23.41	4 515.45	23.94
总收入	1 516.21	100	4 279.02	100	6 295.91	100	11 320.77	100	18 858.09	100

而近年来我国城镇居民内部收入差距也明显扩大，我国城镇居民收入差距扩大程度一般以基尼系数来衡量。1981年，城镇居民基尼系数仅为0.15，1988年为0.23，到1997年已超过0.30，至2005年开始我国城镇居民基尼系数已超过0.40的国际警戒值。根据国家统计局调查资料显示，

2009年我国城镇居民10%的最低收入户年收入为5 950.68元，10%的最高收入户年收入为51 349.47元，最高收入层是最低收入层的8.6倍。由此可以认为目前城镇居民收入差距已达到改革开放以来的峰值。城镇居民家庭间收入差距扩大的原因虽然是由市场决定的，但市场化的过程中由于各类劳动、服务的需求和供给弹性的不同而导致家庭就业者间收入上的差异，更重要的是非工资收入，从社会阶层看，部分个体工商户、私营企业主、国有企业的承包者和经营者、外贸企业的中方高级雇员、歌星影星、新办公司的负责人等收入过高。

三、城乡居民收入差距扩大，而地区间差距有缩小趋势

从1978年改革开放以来，我国经济保持高速发展态势，社会财富增长迅速，但财富分配结构不合理，没有实现经济发展成果的均衡共享。1997～2007年，我国GDP年均增长率10.2%，而政府财政税收年均增长16%，城镇居民可支配收入和农村居民人均纯收入年均增速仅分别为8%和6.2%，居民收入增速远远低于政府收入增速[①]。1997～2007年，我国GDP年均增长率10.2%，而政府财政税收年均增长16%，城镇居民可支配收入和农村居民人均纯收入年均增速仅分别为8%和6.2%，居民收入增速远远低于政府收入增速[②]。同时，我国居民内部分配结构也出现失衡，用以表示贫富差距的基尼系数已由改革开放初期的0.3上升到2008年的0.49，处于联合国规定的收入差距较大的范围内。[③]

从表4－3可以看出，我国城乡居民收入的差距在20世纪80年代初期呈缩小的趋势，1985年城乡居民人均可支配收入的比率仅为1.85；从80年代中期开始至1994年为止，城乡收入差距则呈扩大的趋势；而1994～2000年，这个差距又在逐步减小，2000年城乡收入比为2.7；从2001年以后，城乡居民收入差距快速拉大，2009年已达到3.33，为30多年来的最高值。可以认为，我国经过30多年的经济发展，城乡居民收入差距呈现扩大的趋势。

① 陈志武：《政府规模有多大》，载于《经济观察报》2008年2月23日。

② 尚前名：《扩大消费“兵发四路”》，载于《瞭望》2009年12月8日。

③ 按照联合国有关规定，如果基尼系数低于0.2表示收入绝对平均；0.2～0.3表示比较平均，0.3～0.4表示相对合理，0.4～0.5表示收入差距较大，0.5以上表示收入差距悬殊。

表 4－3　　1978～2009 年城乡居民的可支配收入与差距

年份	城镇居民家庭人均可支配收入（元）	农村居民家庭人均可支配收入（元）	城乡人均收入比率
1978	343.4	133.6	2.57
1985	739.1	397.6	1.85
1990	1 510.2	686.3	2.20
1995	4 283	1 577.7	2.71
2000	6 280	2 253.4	2.7
2005	10 493	3 254.9	3.22
2009	17 174.65	5 153.17	3.33

资料来源：根据《中国统计年鉴》（2009～2010 年）的数据整理所得。

近年来，我国东、中、西部地区间居民收入差距有缩小的趋势。根据表 4－4 中数据显示，从 1998 年开始至 2000 年，我国地区间居民收入差距逐步拉大，东部地区居民平均收入的增速要超过中西部地区将近 1 个百分点；2000～2008 年，这个情况发生了转变，中部地区居民平均收入的增长率已超过东部地区，而西部地区居民平均收入的增长率也基本与东部持平。导致地区间收入差距趋势转变的原因是多方面的，2000 年后我国实施的西部大开发区域发展战略性政策，对西部地区居民收入的提高起到了非常重要的作用；2005 年开始的中部崛起新区域发展战略也使得中部地区城乡人均收入迅速提高。

表 4－4　　1988～2008 年三大区域城镇人均收入和平均增长率

年份	城镇居民人均收入（元）		
	东部地区	中部地区	西部地区
1988	1 383	1 030	1 117
1996	5 786	4 090	4 281
1997	6 331	4 370	4 603
1998	6 543	4 516	4 904
1999	7 115	4 855	5 261
2000	7 877	5 165	5 611
2001	8 459	4 643	6 120
2002	9 203	6 380	6 629
2003	11 201	7 039	7 192

续表

年份	城镇居民人均收入（元）		
	东部地区	中部地区	西部地区
2004	11 366	7 822	8 022
2005	12 961	8 752	8 770
2006	14 508	9 819	9 717
2007	16 493	11 442	11 345
2008	18 686	13 003	13 007
时间段	平均增长率（%）		
1988 ~ 2000 年	15. 60	14. 38	14. 40
2000 ~ 2008 年	11. 40	12. 23	11. 08

资料来源：根据相应年份的《中国统计年鉴》整理而得。

四、经济结构升级转型带动城市居民消费结构转变

从 1978 年以来，我国城市经济增长结构就不断发生着转型升级。综观这 30 多年的发展，城镇居民消费基本可以分为以下四个主要阶段：

第一阶段：以普通日用品产业生产和消费为领先增长的时期（1978 ~ 1981 年）。随着农业的发展和人民收入水平的显著提高，长期匮乏的普通生活日用品爆发了强大的需求，进而使得普通日用品产业成为推动国民经济增长的部门。在这一时期，自行车、缝纫机、手表等产业部门发展迅猛，其产量年增长速度分别达到 18. 72%、19. 51%、24. 12%，远高于同期 3. 87% 的国内生产总值增速。

第二阶段：以家用电器、食品和纺织等轻工业生产和消费为领先增长的时期（1982 ~ 1990 年）。当自行车、缝纫机和手表在老百姓中的普及率越来越高的时候，彩电、电冰箱和洗衣机又成为了人们普遍追求的新“三大件”，这也使得家用电器产业成为这一时期国民经济的领先部门。据统计，彩电、电冰箱、电风扇和空调在 1982 ~ 1990 年间的产业平均增长速度分别为 59. 79%、63. 45%、20. 91% 和 37. 17%，比同期我国 GDP 9. 74% 的增速高出数倍。同期，食品和纺织等与居民生活高度相关的行业发展也非常快速，这些产业的发展充分满足了当时我国居民在衣食方面的需求增长。

第三阶段：以家用电器、汽车产业以及通讯设备生产和消费为领先增

长的时期（1991～1999年）。在这一时期，城市居民纷纷淘汰第一代家用电器而购买技术性能更好的家用电器，同时家用电器也随着农民收入增长而进入广泛的农村市场，使得家用电器产业进入了新一轮的高速增长期。据统计，空调在整个家用电器产业中保持较高的发展增速，在这一轮经济周期中平均达到了56.27%的产量增速，其中1991～1993年期间的增长速度甚至分别为161.86%、150.27%和119.21%。在这一阶段中，随着我国公路建设的加快和城镇居民收入水平的提高，家用汽车也开始进入一些富裕家庭。汽车产业能带动钢铁、机械、电子、石化、交通等50多个相关产业的发展，使得汽车产业无可争议的成为促进国民经济发展的新兴产业。在1991～1993年间，我国汽车产业产量增长分别达到38.95%、49.36%和21.73%，远超过同期我国GDP增速。在此期间，手机、寻呼机等通讯设备也开始在我国大规模普及使用。

第四阶段：以汽车产业、房地产业和信息产业生产和消费为领先增长的时期（2000～2009年）。随着我国居民收入和财富的积累增加，家用汽车的需求群体呈现扩大的趋势，逐步由少数富裕者转向普通中产阶级，使得汽车产业从新兴产业转变成为国民经济的重要产业。而由于集成电路、移动通讯和个人计算机产业的快速发展，信息产业逐渐成长为我国国民经济的战略性、基础性和先导性支柱产业。据统计，2000～2007年我国集成电路和个人计算机的年均增长率分别为33.22%和58.26%。除了汽车和信息产业，房地产业在1998年住房制度改革以后就呈现了高速发展的态势；特别是2003年以后，在住房需求与银行信贷相结合的助推下房地产行业出现了“井喷式”的迅猛发展。据统计，2000～2007年房地产业的增加值年均增速为15.74%，增加值总额占全国GDP的比重接近5%。

改革开放后我国经济结构在不断升级变迁，随之带来的是城镇居民消费结构的变化。在本书中，我们采用年均结构变动度指标对我国城镇居民的消费结构进行动态分析。年均结构变动度指标的数学公式为：

$$R = (\sum C_{1i} - C_{2i})/n$$

其中，C_{1i}、C_{2i}分别代表初期和报告期城镇居民i类消费支出占总消费支出的比重；n为考察期的年数。

利用表4－5中的数据，我们可以得到1985～2009年我国城镇居民消费结构变动度。从表4－6中可以看出，改革开放后我国城镇居民的消费结构发生了较大的改变，每个阶段居民的消费意愿都不尽相同。

表 4-5　　1985~2010 年我国城镇居民家庭消费支出构成　　单位：%

项目＼年份	1985	1990	1995	2000	2005	2006	2007	2008	2009
食品	52.25	54.25	50.09	39.44	36.69	35.78	36.29	37.89	36.51
衣着	14.56	13.36	13.55	10.01	10.08	10.37	10.42	10.37	10.47
家庭用品	8.60	10.14	7.44	7.49	5.62	5.73	6.02	6.15	6.42
交通通讯	2.14	1.20	5.18	8.54	12.55	13.19	13.58	12.60	13.72
居住	4.79	6.98	8.02	11.31	10.18	10.40	9.83	10.19	10.02
医疗保健	2.48	2.01	3.11	6.36	7.56	7.14	6.99	6.99	6.98
文教娱乐	8.17	11.12	9.36	13.40	13.82	13.83	13.29	12.08	12.01
杂项	7.02	0.94	3.25	3.44	3.50	3.56	3.58	3.72	3.87

资料来源：根据《中国统计年鉴》（2009~2010 年）的数据整理所得。

1. 1985~1990 年，我国城镇居民消费结构变动为 7.27%，年均结构变动度仅为 1.21%，可以认为这段时间内我国居民消费结构变动不大，而其中食品、衣着和交通通讯变化较大，食品成为城镇居民消费的主要部分，特别在 1990 年达到峰值，占到总消费的 54.25%。

2. 1990~1995 年，我国城镇居民消费结构变动值提高到 10.66%，年均结构变动度 R 为 1.78%。随着国家大力投资公路、铁路等基础设施以及住房、医疗行业改革的启动，我国城镇居民的交通通讯、居住、医疗保健类消费支出所占比重明显上升，成为促进消费结构变动的新因素。

3. 1995~2000 年，住房、医疗改革的进一步深化以及教育体制改革开始启动等，使得居住、医疗保健、文教娱乐及交通通讯这四项消费结构变动值达到了 12.73%，相应的食品和衣着的消费比重明显下降。经过此阶段，我国城镇居民已经从以满足吃、穿为主的生存型消费阶段逐步向发展型和享受型消费阶段转变。在这期间，城镇居民对家庭设备用品及服务的消费支出稳步增加，大型家电消费处于更新换代的时期，城镇居民掀起了新一轮的家电购买热潮，中低档消费品在城镇已达到饱和状态。

4. 2000~2005 年，我国城镇居民消费结构变动值为 11.51%，年均结构变动度为 1.92%。在这一时期，居民交通通讯类的消费结构变动值从前一周期的 3.11% 上升到 4.01%，出现了较大幅度的增长。交通通讯类消费需求猛增的原因是多方面的，有国家加大交通通讯设施的供给，使得基础设施短缺瓶颈得以缓解；同时随着居民收入水平的提高及电子通讯、家用汽车价格的下调，城镇居民也有能力购买移动电话和家用汽车等高档消费品。

5. 2005～2009年，我国城镇居民的消费结构变动趋势趋于平缓，这期间消费结构变动值仅为5.46%，年均结构变动度为1.09%。从分类消费比重的变化来看，交通通讯、医疗保健、住房和教育文化在消费结构升级中的影响越来越大，预计未来这些消费领域的份额将会继续扩大。

表4-6　　我国城镇居民消费结构变动表　　单位：%

时间区间 消费项目	1985～1990年	1990～1995年	1995～2000年	2000～2005年	2005～2009年
食品	2.00	4.32	10.56	2.75	0.18
衣着	1.20	0.19	3.63	0.07	0.39
家庭用品	0.12	0.09	0.44	1.87	0.8
医疗保健	0.47	1.10	3.24	1.2	0.58
交通通讯	1.03	1.66	3.11	4.01	1.17
文教娱乐	0.61	0.06	3.86	0.42	1.81
居住	0.03	2.31	2.52	1.13	0.16
杂项	1.81	0.93	1.05	0.06	0.37
结构变动值	7.27	10.66	28.42	11.51	5.46
年均结构变动度	1.21	1.78	4.74	1.92	1.09

资料来源：根据《中国统计年鉴》(2009～2010年)的数据整理所得。

第二节　我国城市居民消费水平及发展趋势

长期以来，我国经济增长过度依赖投资和出口，消费尤其是居民消费成为经济发展中的最大"短板"。我国居民消费率不仅低于发达国家，也低于一些发展我国家。2008年我国居民消费率仅为35.3%，而同期美国为70.1%，印度为54.7%。扩大居民消费、破除经济增长中的消费短板不仅是当前彻底走出危机、增强经济增长内生动力的应急之策，而且是转变发展模式的长远之计。当前我国实现经济形势总体回升向好，但经济复苏主要靠政府投资和政策推动，民间投资和消费等内生动力和活力仍然不足。2009年前三季度，投资对GDP增长的贡献达到95%，而消费的贡献只有52%。因此，当前亟须扩大居民消费，增强经济增长内生动力，实现经济发展模式从外需依赖转向内需驱动。

城镇居民消费率偏低、消费增长相对缓慢是我国经济运行中主要的结构性矛盾，而消费长期不足的后果是导致国民经济失衡、失稳和经济增长质量下降。同时我国消费率下滑也造成了许多我们称为“民生”的问题，诸如医疗、教育、住房、收入分配以及社会管理方面的问题都与居民消费需求下滑有着密切的关系。积极扩大居民消费需求、促进消费结构优化升级已成为当前政府经济工作中的关键环节。

在我国“十二五”规划中，明确提出建立扩大消费需求的长效机制。把扩大消费需求作为扩大内需的战略重点，通过积极稳妥推进城镇化、实施就业优先战略、深化收入分配制度改革、健全社会保障体系和营造良好的消费环境，增强居民消费能力，改善居民消费预期，促进消费结构升级，进一步释放城乡居民消费潜力，逐步使我国国内市场总体规模位居世界前列。所以对当前我国消费状况以及扩大消费需求进行深入剖析，并据此提出引导居民消费的有效政策，对于“十二五”期间我国转变经济发展方式、建设社会主义和谐社会具有重要意义。

一、我国城镇消费率水平以及趋势

消费率又称最终消费率，是指一个国家或地区在一定时期内所生产的最终产品用于消费的比重，是衡量国民经济中消费水平的重要指标。通常其计算公式为：消费率 = 最终消费支出/GDP × 100%，其中，最终消费支出包括居民消费支出和政府消费支出，而居民消费支出又包括城镇居民消费支出和农村居民消费支出。因而，城镇居民消费率可以表示为：城镇居民消费率 = 城镇居民消费支出/GDP × 100%。根据统计局数据，可计算出1990～2009年间我国城镇居民消费率水平（见表4－7）。从表4－7中可以看出，从2000年开始我国城镇居民消费率就一直处于下降趋势，2008年为47.4%的最低值，而2009年略有回升，达到48%。

表4－7　　我国消费率变化情况　　单位：%

年份	2000	2001	2002	2003	2004	2005	2006	2007	2008	2009
城镇居民消费率	63.6	61.6	64.2	61.8	58.2	55.9	52.7	49.6	47.4	48.0

目前我国城镇居民消费率与世界各国相比，也处于较低的位置。世界各国尽管在经济发展环境、经济总量和经济结构及发展水平等各方面存在差异，但各国在消费总量、消费结构及消费率上显示出共同的特征，即最终消费率同步或略高于 GDP 的增长，呈现稳中趋高的趋势。将我国城镇居民消费率与世界各国消费率比较可以发现，我国城镇居民消费率处于较低水平，并且明显偏离了世界最终消费率的一般变动趋势，具体表现为：我国城镇居民消费率近期低于世界平均水平（70% ~80%）10 多个百分点（见表4 -8）；城镇居民消费率增长率低于 GDP 的增速，与世界其他国家有明显的差异。我国与世界最终消费率的走势不同决定了我国偏离了世界经济发展的一般趋势和与世界最终消费率水平的差距有进一步扩大的趋势。

表 4 -8　　世界各类型国家的消费率　　单位：%

年份 国家和地区	1990	2000	2001	2002	2003
世界	76.8	77.7	78.7	79.1	
低收入国家	82.4	80.3	80.5	80.2	79.7
中等收入国家	73.4	73.5	73.9	72.6	71.7
下中等收入国家	71.9	72.2	71.9	70.9	69.7
上中等收入国家	76.3	76.0	78.1	76.1	76.1
中低收入国家	74.7	74.5	74.8	73.7	72.8
高收入国家	77.3	78.4	79.5	80.3	
我国	64.0	63.6	61.6	64.2	61.8

资料来源：国家统计局：《2005 年国际统计年鉴》。

二、当前影响我国城镇居民消费率水平的主要问题

我国城镇居民消费率偏低是多种因素共同作用的结果。从短期来看，政府虽然对其中某些因素（如历史文化因素、人口结构因素等）难以施加十分有效的影响，但它仍然应该且能够在其他许多方面发挥积极的作用。所以，分析影响我国城镇消费率水平的主要问题，是找到提高城镇居民消费路径的基础。

（一）居民收入差距不断扩大是影响居民消费的根本原因

根据凯恩斯的收入理论，收入是影响居民消费水平的主要因素，目前居民收入差距不断扩大是影响我国城镇居民消费的根本原因。根据国家统计局信息网资料显示，我国最低收入10%的家庭其财产总额占全部居民财产的1.4%，而最高收入10%的富裕家庭其财产总额占全部居民财产的45%，另外80%的家庭占有财产总额的53.6%。收入和财富水平的差距加大进一步导致有效需求的不足，根据对近年我国居民平均消费倾向和边际消费倾向的调查，发现消费倾向呈现下降趋势，并且存在较明显的群体差异。根据表4－9中的数据显示，最低10%的收入组的消费倾向接近于1，这部分人群会把收入基本完全消费掉，表明消费意愿强烈；中间20%收入群体的边际消费倾向有较大的波动，表明这部分人群具有明显的消费过度敏感性，居民消费与预期收入有较强的相关性；最高10%收入群体的边际消费倾向则表现出逐步降低的态势，表明高收入群体其消费欲望相对不足。所以，目前“无钱不能花，有钱不敢花，有钱不想花”的收入结构失衡现象导致了我国消费需求不足。

表4－9　　2005～2008年我国收入群体的消费倾向

年份	合计		最低10%收入组		中间20%收入组		最高10%收入组	
	平均消费倾向	边际消费倾向	平均消费倾向	边际消费倾向	平均消费倾向	边际消费倾向	平均消费倾向	边际消费倾向
2005	0.76	0.71	0.99	0.94	0.80	0.79	0.67	0.68
2006	0.74	0.59	0.96	0.72	0.77	0.55	0.66	0.60
2007	0.73	0.64	0.96	0.96	0.76	0.67	0.63	0.47
2008	0.70	0.56	0.96	0.97	0.73	0.57	0.60	0.45

资料来源：魏贵祥等：《我国城镇居民消费需求分析》，载于《统计研究》2009年第2期。

（二）社会保障措施缺位对居民消费的挤出效应

从1998年开始我国对社会保险、医疗、住房、教育等领域进行改革，目的在于改变计划经济时代缺乏效率的“国家负责、单位包办、板块分割、封闭运行”的国家—单位保障体制，建立独立于企事业单位之外的社会保障体系。但由于我国政府公共服务支出总体不足，社会保障体系的覆盖面不广、保障水平不高、城乡及地域差距较大，迫使居民用自身的收入来支付快速增长的教育、医疗、社保等支出，不仅抑制了居民的其他消费增长，而且强化了居民的预防性储蓄动机，降低了居民即期消费倾向。国务院发展研究中心数据显示，2007 年我国教育、医疗和社会保障三项公共服务支出，占政府总支出的比重合计只有29.2%，与人均 GDP 3 000 美元以下国家和人均 GDP 3 000 ~6 000 美元国家相比，分别低 13.5 个和 24.8 个百分点。

与其他消费不同，居民在教育、医疗等方面的支出除了满足消费者当前需要，还可以提高人们的知识和技能存量以及保持身心健康，以便将来获得更多的收益。同时教育、医疗等方面的支出还有两个重要特性，一是容易产生流动性约束，二是其本身具有很强的不确定性。正由于这两点的作用，在居民排除在社会保障以外或保障力度不够时，消费者特别是中低收入家庭往往会节衣缩食，将收入中更大的比例用于储蓄，以应对将来的不确定性。根据统计局数据显示，20 世纪 90 年代以来，在居民各项生活消费支中，主要消费项目分别为食品、衣着、家庭设备用品及服务、娱乐教育文化服务、住房等。从消费结构来看，1993 年开始，娱乐教育文化支出超过家庭设备成为第三大居民消费支出项目，1995 年以后，住房成为第四大居民消费支出项目；而从增长速度来看，1990 ~2008 年，居民医疗保健支出在所有消费支出项目中增长最快。

（三）政府收入支出的合理性问题

近些年来在政府支出的结构方面，国家对医疗卫生、文化教育和社会保障等民生投资的重视程度不够，义务教育制度、公共医疗卫生体系以及保障性住房制度还远未完善，这就造成了我国人民普遍面临的“三座大山”问题——教育、医疗、住房。在 2009 年我国推出 4 万亿元经济刺激计划支出结构中，调整后的教育、卫生、文化等社会事业和保障性住房建设项目为 5 500 亿元，仅占总投资的 13.75%，政府为了在短期内取得投资拉动经济增长的效果，把大部分的支出都集中于基础设施建设等建设工程上。除了投资方面，政府行政管理费用每年增加相当明显，1978 年我国政府行政管理费为 52.90 亿元，占当年国家财政支出的 4.7%；到 2006 年，行政管理费猛增至 7 571.05 亿元，占当年国家财政支出的比重为 18.7%。[①] 如此

① 由于统计口径的改变，2006 年以后统计数据中已取消了行政管理费指标，所以书中只有使用 2006 年的数据进行说明。

庞大的政府管理开支与社会公共服务资金的缺失，形成了鲜明的对比。

（四）经济转型带来不确定性对居民消费的影响

20 世纪 90 年代以后，我国的经济体制改革不断向纵深推进，各项改革的力度进一步加大。经济转型不仅增加了居民未来收入的不确定性，同时也增加了居民未来支出的不确定性，使得居民必须在储蓄与消费之间重新进行权衡和选择。目前，我国的住房、医疗、养老等社会福利体制改革在不断深入，各项改革的方法和进程虽然有所不同，但基本的趋势是一致的，那就是由原先国家或集体负担的费用逐步转为个人负担或个人、集体与国家共同负担。面对这样的社会保障体系，城镇居民对于自己未来生活的不确定感增加，倾向于增加储蓄以应付未来的不确定性支付，即进行一种自我保障型的积累。

第三节　提高我国城市居民收入与消费的政策建议

目前我国扩大内需政策存在着政策的模糊地带，因为扩大内需既可以是扩大投资需求，也可以是扩大消费需求，从根本上来说，我国目前需要明确扩大消费需求而不是投资内需，尽管投资内需很容易被地方政府通过基础设施建设得以实现。提高我国城镇居民收入和消费水平，应该从以下几点入手。

一、优化城镇居民收入分配格局，加强收入分配调整力度，确立均衡共享模式

要调整分配结构，提高劳动者报酬在初次分配中的比重，确立均衡共享模式。收入是消费的主要决定因素。当前，要深化收入分配体制改革，逐步提高居民收入在国民收入分配中的比重，提高劳动者报酬在初次分配中的比重，提高居民消费能力，特别是提高低收入者的消费能力。要通过提高个人所得税起征标准，调节居民收入差距，规范收入分配秩序，促进居民分配合理化。同时应开征遗产税和财产转移税，将富人的遗产和财产的一部分

转为国家所有，用于社会需要，有利于调节社会财富的分配，缓解目前收入分配差距过大的矛盾。鼓励和发展慈善公益事业，推进第三次分配。要深化金融体制改革，拓宽居民投资渠道，推进国企利润的全民共享，创造条件提高居民财产性收入。

在增加城镇居民收入的大环境下，特别需要努力增加城镇中低收入者的收入。第一，就业是收入的基本来源和保证。要努力提高劳动力的职业适应能力、市场竞争能力和流动能力，采取各种促进就业和再就业的政策措施，促使更多的城镇居民就业和再就业。第二，建立健全与经济增长相适应的工资调节制度、最低工资制度和最低工资标准调整机制，逐步提高城镇中低收入者的工资待遇。同时，确保国有企业下岗职工基本生活费和离退休人员基本养老金按时足额发放。努力增加城镇中低收入者的收入应该成为扩大城镇居民消费的重点。

二、构建我国促进城镇居民消费的政策体系

扩大消费是一项复杂的系统工程，涉及政府的产业政策、就业政策、收入政策、财政政策、货币政策等一系列宏观经济政策。也就是说，单项推进的消费政策的功力是有限的。只有推行广义的消费政策、构建有效的宏观经济政策组合，才有可能收到理想的政策效果。我国有若干政策，而唯独没有一个成体系的消费政策。因此，针对我国长期居民消费在内的有效需求不足情况，深入分析和研究我国消费模式以及特点，同时结合我国消费结构、收入分配、公共物品等因素对居民消费的影响，政府需要构建出一套促进消费的政策体系。

（一）以城镇化为基点，创新城镇化机制、调整城乡结构

截至 2008 年年底，我国城镇人口突破 6 亿人，城镇化率为 45.7%。但按照户籍人口计算我国城镇化率不到 30%，与世界平均水平相比我国至少滞后 20% ~25%。假设我国城镇化率能够达到世界城镇化率 49% 的平均水平，那么将直接增加 5 万亿元的社会消费品零售额。据有关专家估算，如果在未来 10 年我国的城镇人口比重能上升到 2/3，年均社会消费额可以从目前的 10 万亿元增加到 20 万亿元。而截至 2009 年年末我国城镇化水平已经达到 46.6%，但与发达国家和地区 80% 以上的城镇化率相

比仍有较大的差距，城镇化发展的潜力依然可观。因而，加快城镇化发展是未来扩大内需、提升消费的重大战略。

（二）加强消费环境监管和消费基础设施建设

在城市进行基础设施投入中，充分考虑商业设施的规划与建设，避免出现配套商业设施残缺的现象。对于构建农村的公共服务体系，应包括构建农村的生产资料与消费品流通体系，建立信息技术应用公共服务体系，增加政府的消费性支出，特别是农村义务教育、医疗卫生的事业支出，逐步建立城乡统一的公共财政体制。

（三）创新金融服务，培育新型消费文化，完善消费引导机制

目前，国家政策明确鼓励的贷款消费对象仅有住房和汽车两项，可以适度增加贷款消费的范围。消费信贷不仅可以将居民未来收入变现为即期消费，直接将居民潜在需求转化为现实需求，而且对消费需求具有乘数效应，可以间接放大消费需求，同时有利于推动消费结构升级和消费模式转变。我国消费信贷占整个消费比重不到 10%，而美国占 2/3 左右，日本也占 1/3 以上。可见，通过扩大消费信贷构建有利于消费升级的金融服务机制是大有可为的。在刺激居民的住房消费方面，应切实加强对房地产市场的调控，使商品房价格与居民家庭收入水平相适宜，但目前远远超出居民收入承受能力的过高的房价已经成为阻碍住房消费扩大的最主要因素，控制不合理的房价是扩大城镇居民的住房消费的关键。

第五章　扩大城镇居民消费

自改革开放以来，我国经济总体上保持高速增长趋势，但发展模式与发达国家存在显著的差异——表现出高增长、高投资和低消费的粗放发展特征。总体而言，经济拉动主要以高速的投资和进出口为主，消费需求始终不足。而近几年来随着我国经济改革的不断深化，我国居民的收入水平、消费方式及其结构都发生了巨大的变化，本章在对我国城镇居民收入及消费现状新的认识的基础上，探讨消费不足的问题，并以此提出扩大消费需求的相关政策建议。

第一节　我国城镇居民收入现状

一、城镇居民人均收入现状

整体而言，随着我国经济的不断发展，城镇居民人均收入不断增长，生活水平已得到很大提高，图 5-1 是自 1978 年起我国城镇居民人均可支配收入变动趋势图。1978 年我国城镇居民可支配收入只有 343 元，至 2011 年已上涨至 21 810 元，是前者的 63 倍。从增长速度上看，90 年代中期以前，由于受传统体制限制，增长比较缓慢，居民收入水平较低。1996 年后，我国开始进入市场经济，居民可支配收入得到很大幅度的提升。进入 21 世纪，居民可支配收入继续保持稳步上升趋势，从 2000 年至 2010 年期间年增长速度达到 12%，而且居民收入绝对水平也有提升。据统计年鉴数据，我国城镇居民恩格尔系数由 1978 年的 57.5% 下降至 2011 年的 36.3%，这意味着我国城镇居民生活水平已从温饱阶段进入富裕阶段。

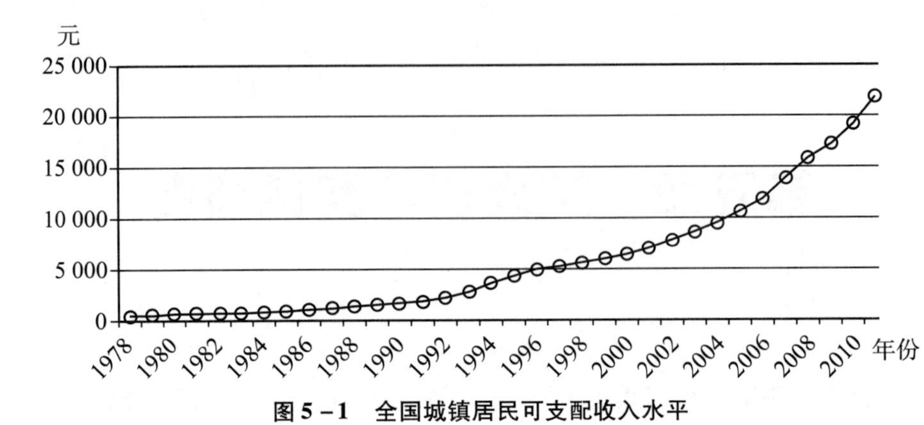

图5－1　全国城镇居民可支配收入水平

二、东部、中部、西部及东北部地区城镇居民人均收入现状

随着全国城镇居民收入水平的逐步提高，我国各区域的城镇居民收入水平也呈现上涨趋势，但是不同地区之间的增长趋势并不同步。本章选取全国31个省市的城镇居民可支配收入数据，对不同区域之间的收入水平差异进行比较分析。本章选取数据皆来自中经网统计数据库，把全国划分为东部、中部、西部及东北地区，其中东部地区包括北京、福建、广东、广西、海南、河北、江苏、山东、上海、天津及浙江等11个省（市、区）；中部地区包括安徽、河南、湖北、湖南、江西、内蒙古和山西等7个省（市、区）；西部地区包括甘肃、贵州、宁夏、青海、陕西、四川、西藏、新疆、云南及重庆等10个省（市、区）；东北部地区包括黑龙江、吉林和辽宁3个省（市、区）。由于西藏自治区和重庆市存在较多数据缺失现象，因此本章选取1999年后各年收入状况进行分析。表5－1是东、中、西及东北部地区的城镇居民人均可支配收入数据。

表5－1　东部、中部、西部及东北部地区的城镇居民人均可支配收入 单位：元

年份	东部	中部	西部	东北部
1996	6 022.125	4 085.581	4 453.994	3 927.023
1999	7 349.809	4 922.7	5 302.07	4 657.9
2000	7 893.209	5 251.403	5 681.113	5 026.89

续表

年份	东部	中部	西部	东北部
2001	8 688. 95	5 715. 103	6 185. 991	5 521. 113
2002	9 427. 56	6 377. 983	6 673. 248	6 295. 08
2003	10 415. 29	7 088. 526	7 202. 672	6 974. 883
2004	11 584. 91	7 920. 293	7 914	7 772. 96
2005	12 900. 25	8 874. 143	8 597. 82	8 690. 233
2006	14 439. 77	9 975. 063	9 428. 46	9 775. 663
2007	16 479. 86	11 732. 06	10 921. 9	11 277. 06
2008	18 765. 74	13 373. 36	12 432. 28	12 934. 47
2009	20 456. 72	14 539. 48	13 545. 16	14 111. 21
2010	22 730. 93	16 167. 06	14 990. 84	15 660. 19
2011	25 770. 71	18 577. 9	17 134. 47	17 986. 53

由表5－1可知，所有地区城镇居民可支配收入皆呈现上升趋势。2011年东部地区居民人均可支配收入已达到25 770. 71元，中部为18 577. 9元次之，其后为东北地区17 986. 53元，最末为西部地区为17 134. 47元。东部地区城镇居民收入水平始终高于中部、西部及东北部地区，且与中部、西部及东北部区域之间的绝对差距呈现扩大趋势，如1996年东部与中部之间的差距为1 936. 54元，至2011年扩大为7 192. 81元。中部地区与东北地区收入水平比较相近，差距很小。西部与中部、东北部之间的绝对差距也较小，2003年之前其收入水平虽略高于中部与东北部，之后由于增长速度小于中部与东北部，收入水平反而小于中部与东北部，成为四大区域中最低。

三、城镇不同阶层人均收入现状

城镇居民收入水平不仅在不同区域间存在差异，对于不同群体而言，收入水平也具有显著的差异。通常将全部城镇居民群体划分为8个等级，分别为困难户（5%），最低收入户（10%），中等偏下收入户（20%），中等收入户（20%），中等偏上收入户（20%），高收入户（10%）以及最高收入户（10%）。图5－2是我国历年来不同收入等级城镇居民可支配收入水平。

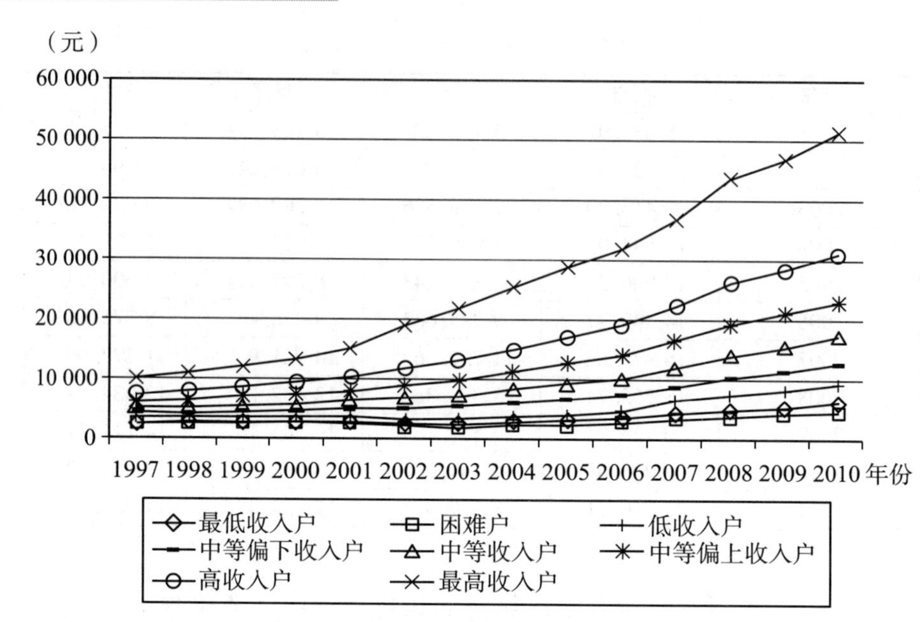

图 5 - 2 我国城镇不同收入阶层居民人均可支配收入情况

从图 5 - 2 中可知，城镇不同收入阶层群体人均可支配收入水平差异明显，并且收入差距有不断扩大的趋势，1997 年最高收入群体可支配收入为 10 250.9 元，是困难户 2 161.11 元的 4.7 倍，至 2010 年最高收入居民可支配收入已达到 51 431.57 元，为困难户群体 4 739.15 元的 10.85 倍，收入绝对差距扩大趋势表现非常显著。就收入增长速度而言，1997 ~ 2010 年期间，困难户到最高收入户之间 8 个收入等级的年收入增长速度分别为 6.68%、7.43%、9.1%、9.47%、10.2%、10.9%、11.64% 和 13.31%。显然，最高收入户具有最高增长速度，其次为高收入户，最末为困难户，收入水平越高的群体收入年增长速度越快。

第二节 我国城镇居民收入结构

一、城镇居民收入结构现状

随着我国经济体制的转变及经济多元化的发展，城镇居民收入不仅得到了大幅提升，居民收入结构也发生很大变化。所谓居民收入结构主要是指收入的各构成要素在其总收入中的比重及其相互关系。据国家统计局统计，我国城镇居民人均收入主要包含工薪收入、经营性净收入、财产性收入及转移性收入。表 5 - 2 列示了自 1990 年以来我国城镇居民收入各项构成的变动情况。

表 5 - 2　　1995 ~ 2011 年城镇居民收入结构　　单位：元

年份	工薪收入	经营净收入	财产性收入	转移性收入	实际收入
1990	1 127.09	22.5	15.6	328.41	1 516.21
1995	3 390.21	72.62	90.43	725.76	4 279.02
2000	4 480.5	246.24	128.38	1 440.78	6 295.91
2001	4 829.86	274.05	134.62	1 630.36	6 868.9
2002	5 739.96	332.16	102.12	2 003.16	8 177.4
2003	6 410.22	403.82	134.98	2 112.2	9 061.22
2004	7 152.76	493.87	161.15	2 320.73	10 128.51
2005	7 797.54	679.62	192.91	2 650.7	11 320.8
2006	8 766.96	809.56	244.01	2 898.66	12 719.19
2007	10 234.76	940.72	348.53	3 384.6	14 908.61
2008	11 298.96	1 453.57	387.02	3 928.23	17 067.78
2009	12 382.11	1 528.68	431.84	4 515.45	18 858.09
2010	13 707.68	1 713.51	520.33	5 091.9	21 033.42
2011	15 411.9	2 209.7	649	5 708.6	23 979.2

从表 5 - 2 中可知，工薪收入在居民人均实际收入中始终占据最大比例，它是居民收入的主要组成部分，1990 年占据实际收入的 74%，至 2011 年比重变为 64%，在居民实际收入中的比重呈现下降趋势。随着我国分配制度的逐渐完善，居民实际收入其他构成部分增长迅速，经营性净收入由 1990 年的 22.5 元上升到 2011 年的 2 209.7 元，所占实际收入的比重从 1.48% 上升到 9.22%，上涨幅度较大。与工薪收入相比，财产性收入所占比重较小，1990 年只有 15.6 元，约占人均总收入的 1% 左右，至 2011 年上升到 2.7%。2003 ~ 2011 年 9 年间财产性收入的年增长速度达 23%，表现强劲，财产性收入开始进入快速增长期。转移性收入在居民收入中比重较为恒定，在 22% 左右，但随着居民整体收入的普遍上涨，转移性收入也在逐年递增，2011 年转移性收入已达到 5 708.6 元。因此，从

我国城镇居民的各项收入构成变动趋势来看，目前居民收入结构正逐渐由原来的单一性向多元化过渡，而且其他收入类型也逐步成为我国居民重要的收入来源。

二、东部、中部、西部及东北部地区城镇居民人均收入结构差异

由于经济发展程度的不同，不同地区居民收入水平及其收入结构都存在显著差异。与上一节划分标准相同，将我国列为 4 个区域进行比较分析。表 5 –3 和表 5 –4 分别是 2002 年和 2010 年我国东部、中部、东北部及西部地区城镇居民收入结构变化情况。

表 5 –3　2002 年我国东部、中部、东北部及西部地区城镇居民收入结构对比

单位：元

年份	工薪收入	经营净收入	财产性收入	转移性收入	实际收入
东部	6 924. 818	397. 2109	138. 5018	2 615. 28	10 075. 81
中部	4 752. 771	291. 1371	85. 44	1 549. 954	6 679. 303
东北部	4 313. 8	398. 08	50	1 837. 36	6 599. 24
西部	5 115. 408	240. 372	56. 736	1 658. 376	7 070. 892

表 5 –4　2010 年我国东部、中部、东北部及西部地区城镇居民收入结构对比

单位：元

年份	工薪收入	经营净收入	财产性收入	转移性收入	实际收入
东部	16 577. 47	1 875. 649	706. 4209	6 029. 639	25 189. 16
中部	11 214. 7	1 463. 997	363. 53	4 452. 586	17 494. 81
东北部	10 473. 9	1 476. 09	171. 8233	5 179. 707	17 301. 52
西部	11 340. 08	1 072. 948	297. 469	3 798. 235	16 508. 73

就全部地区而言，与全国区域城镇居民收入结构变动趋势相似，工薪收入在所有居民实际收入中仍然是主体，如东部地区 2002 ~2010 年期间工薪收入与实际收入比重始终在 65% 以上。相对而言其他收入比重较小，其中从大到小分别是转移性收入、经营性净收入和财产性收入。近几年来随着居民其他收入来源的拓展，工薪收入所占比重在所有区域中都呈现下

降趋势，居民其他收入构成则增长迅速，而其中又以财产性收入增长最快，2002～2010年其与实际收入比重虽处于3%水平之下，与实际收入比重却逐年递增，在居民收入构成中越来越重要。

由于不同地区之间经济发展水平的差距，各地区城镇居民收入构成比例也呈现不同的特征。就东部而言，2002年工薪收入在居民收入结构中所占比重为68.7%，至2010年下降至65.8%，下降幅度较小。工薪收入仍然是东部地区居民重要的收入来源。经营净收入与财产性收入增长迅速，2002～2010年的年平均增长速度分别达到22.2%和23%。尤其是财产性收入，在实际收入中的比重由1.37%上升到2010年的2.8%。转移性收入虽有所上涨，然而其在收入结构中所占比重略微下降，由2002年的25.9%下降到23.9%。中部地区工薪收入在所有收入构成中比重较大，2002年达到71.2%，近两年则开始大幅度下降，至2010年为64%，略低于全国水平。经营性净收入与财产性收入增长快速，然而财产性收入在收入构成中的份额仍然很低，且小于东部地区。转移性收入在中部地区也处于上升期，比重由23%上升至25%。东北部地区工薪收入皆小于其他地区，且其在居民总收入中的比重也最小，2010年比重为60%，经营性净收入则高于中部与西部，略低于东部地区，且在东北部居民收入中所占比重较大，2002年达到6%，财产性收入则非常小，在所有区域中也最低，其在居民总收入构成中只占1%左右，转移性收入则刚好相反，虽略低于东部地区但皆高于中西部地区，其在居民实际收入中比重也较高，2002年已达到27.8%。西部地区工薪收入处于较高水平，居民所获得的劳动收入皆大于中部与东北部地区，在居民总收入中所占比重也较高，2002年比重为72%，经营性净收入在四大区域中最小，财产性收入上升较快，转移性收入在居民收入中所占比重变动很小，在23%左右。

综合上述分析，东部地区优先发展，经济发展水平高，居民各项收入构成皆高于其他地区；东北部地区则随着国有企业的不断改革，居民工薪收入水平较其他地区相对较低，因此可累积的财产性收入也相对较少，但经营性净收入突出，居民所获得国家的转移资助也相对较高；西部地区居民工薪收入水平较高，但这部分居民由于地区经济发展缓慢，居民所能分享的地方政府财政水平也略低；中部地区居民各项收入来源增长快速，尤其是工薪收入与财产性收入上升趋势显著。

三、城镇不同收入阶层收入结构差异

为了对我国不同收入阶层的收入结构现状进行分析，本章采用《2011 年中国城市（镇）生活与价格年鉴》中城镇居民收入结构数据，年鉴中把城镇居民划分 8 个等级，依次为：困难户、最低收入户、低收入户、中等偏下收入户、中等收入户、中等偏上收入户、高收入户及最高收入户。表 5－5 即为 2010 年我国城镇不同收入家庭居民收入结构及其构成比例。

表 5－5　2010 年我国城镇不同收入家庭居民收入结构及其构成比例

项目	工薪收入	经营净收入	财产性收入	转移性收入	总收入
困难户（元）	3 455. 46	603. 96	73. 41	1 350. 27	5 483. 09
构成比例（%）	63. 02	11. 01	1. 34	24. 63	100. 00
最低收入户（元）	4 319. 69	729. 23	82. 77	1 572. 02	6 703. 7
构成比例（%）	64. 44	10. 88	1. 23	23. 45	100. 00
低收入户（元）	6 886. 72	877. 94	114. 45	2 368. 01	10 247. 04
构成比例（%）	67. 21	8. 57	1. 12	23. 11	100. 00
中等偏下收入户（元）	9 350. 23	1 037. 71	156. 85	3 426. 21	13 970. 99
构成比例（%）	66. 93	7. 43	1. 12	24. 52	100. 00
中等收入户（元）	12 563. 32	1 209. 79	290. 74	4 856. 87	18 920. 72
构成比例（%）	66. 40	6. 39	1. 54	25. 67	100. 00
中等偏上收入户（元）	16 709. 65	1 760. 16	530. 55	6 497. 44	25 497. 81
构成比例（%）	65. 53	6. 90	2. 08	25. 48	100. 00
高收入户（元）	22 296. 6	2 562. 41	944. 7	8 450. 93	34 254. 64
构成比例（%）	65. 09	7. 48	2. 76	24. 67	100. 00
最高收入户（元）	35 197. 89	6 247. 31	2 736. 59	12 253. 38	56 435. 17
构成比例（%）	62. 37	11. 07	4. 85	21. 71	100. 00

资料来源：《2011 年中国城市（镇）生活与价格年鉴》，中国统计出版社 2011 年版。

从表 5－5 中可知，不同收入组别的城镇居民的各收入构成之间存在差异，主要表现为：工薪收入在居民总收入中所占比重随着居民收入等级的上升先上涨后下降，在低收入组别中达到最高点 67. 21%，之后居民收入等级越高，工薪收入所占比重则越小，至最高收入户已下降到

62.37%，与低收入组相差将近5个百分点，而就绝对数额差距而言，工薪收入差距随着居民收入等级的上升越拉越大，它是造成居民总收入差距扩大的最主要缘由；经营性净收入所占比重则随着居民收入等级提高先下降后上升，平均而言，低收入组别的比重（在8%以上）略高于高收入组别（除去最高收入组皆在7.5%以下）；财产性收入在不同收入户之间的差距呈现出显著扩大的趋势：处于中等偏下收入水平的城镇居民财产性收入之间差距很小，在总收入中所占比重也略低，在1.2%上下浮动，至中等收入户开始，财产性收入迅速上升，至最高收入户已达2 736.59元，比重为4.85%，其与其他收入阶层差异非常明显；转移性收入在居民总收入中所占份额在所有收入阶层之间差异很小，在21%～26%之间变动，但不同组别之间的绝对差额显著，最高收入户的转移性收入是困难户的9倍，因此转移性收入在不同收入组别之间的绝对数额差距也是居民总收入差距显著的重要因素之一。

第三节　我国城镇居民消费现状

一、城镇居民总体消费现状

近几年来，伴随着城镇居民可支配收入水平的大幅度提高，城镇居民消费支出也在不断增长，图5－3是自1992年来我国城镇居民人均消费支出柱形图。城镇居民消费支出从1992年的1 671.7元逐步上升至2011年的15 161元，增加了8倍，年均增长率达到12.5%。总体而言，城镇居民消费支出表现出稳步上升趋势。

然而与经济发达国家高达65%的居民消费率水平相比，我国居民总消费处于较低水平，其中城镇居民消费支出虽有所增长，但增长过于缓慢，占GDP比重始终处于30%水平之下，2010年只有25.5%。而且近几年来，城镇居民的平均消费倾向在不断下降，居民平均消费倾向从1988年达到最高点0.935后迅速下降，至2011年只有0.695，这在一定程度上恶化了我国居民消费不足的形势。

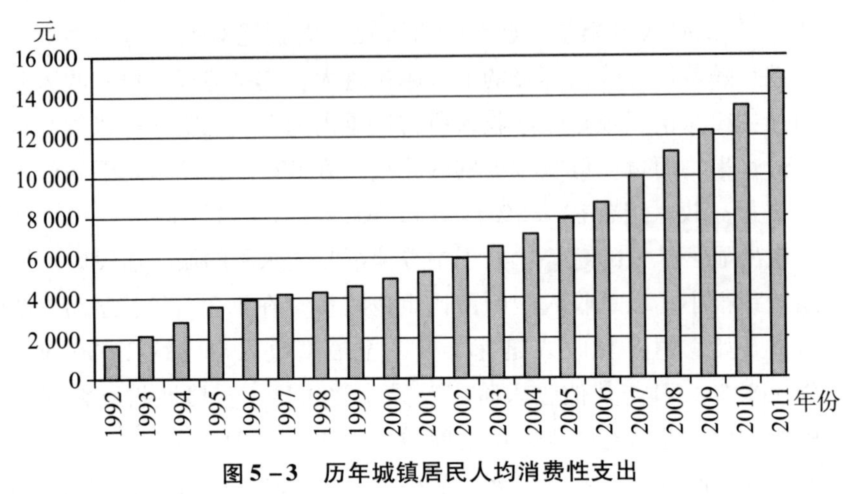

图 5－3　历年城镇居民人均消费性支出

二、东部、中部、西部及东北部地区城镇居民消费差异

我国经济发展不平衡带来了地区之间的巨大差异，不同地区的居民可支配收入具有很大的不同，因而造成了居民消费水平的差异。图 5－4 为我国历年来四个区域，即东部、中部、西部及东北部地区城镇居民的消费支出数据曲线。从数量的绝对水平看，在整段区间内，东部地区的消费远远高于其他三个地区，且自 20 世纪 90 年代中期开始，与其他地区之间消费的差额逐渐增大。中部与东北部地区之间几乎没有差异，消费水平比较相近。西部地区在 2005 年之前阶段始终略高于中部与东北部，而在 2005 年开始低于中部与东北部。从增长速度上来看，东部地区消费曲线的斜率略高于中、西部，尤其是在 1992～1995 年这段期间，东部地区城镇居民消费支出大幅度攀升，导致东部与其他地区之间差距扩大，进入 21 世纪之后，东部地区消费增长有所放缓，而中部与东北部地区居民消费则比以前以更快速率增长，与东部地区的差距有所减少，东部地区 2000～2011 年的平均年增长速度大致为 9.7%，而中部与东北部地区则分别达到 10.7% 和 11.2%。西部地区居民消费后期增长速度最小，2000～2011 年期间年平均增长速度只有 9.1%，因此拉大了与其他地区之间的差距，成为消费需求最弱的区域。东部地区消费增长速率虽然小于中部与东北部地区，然而由于其消费基数较大，因此东部与中部东北部地区之间的绝对差

距仍然会随着经济发展以及居民的收入差距扩大而越来越大。而所有这种地区间消费的差距必然进一步影响地区间消费对经济的拉动作用致使经济的愈发不平衡，因而进一步扩大城镇居民的地区收入差距，分化不同地区居民的购买力。

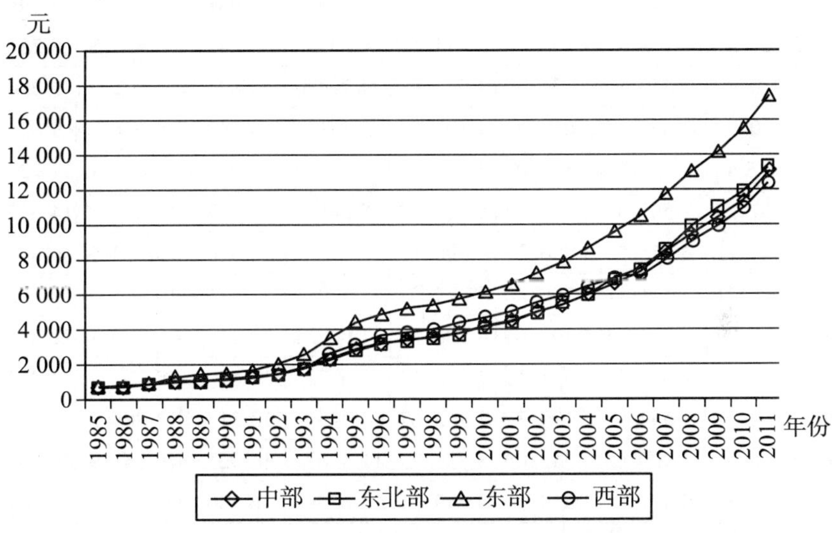

图 5－4　历年东部、中部、西部及东北部地区城镇居民消费支出

三、城镇不同收入阶层居民消费差异

经典消费理论认为，居民消费支出变化主要取决于当前收入变化。由于城镇居民拥有的收入水平的不同，因而居民消费需求总量存在显著差异。城镇居民按收入等级划分为 8 个不同组别的消费性支出的结果如表 5－6 所示。

表 5－6　　我国城镇八个不同收入户的人均消费支出　　单位：元

年份	困难户	最低收入户	低收入户	中等偏下收入户	中等收入户	中等偏上收入户	高收入户	最高收入户
1992	974	1 051	1 251	1 433	1 668	1 890	2 147	2 683
1993	1 183.15	1 261.4	1 528.68	1 770.17	2 055.7	2 404	2 810.32	3 533.49
1994	1 512.7	1 644.6	2 028.8	2 351.56	2 798.1	3 253	3 880.91	4 799.83
1995	1 904.41	2 061	2 516.22	2 934.16	3 446.1	4 046	4 665.91	6 033.1

续表

年份	困难户	最低收入户	低收入户	中等偏下收入户	中等收入户	中等偏上收入户	高收入户	最高收入户
1996	2 175.53	2 327.3	2 780.75	3 265.47	3 816.3	4 482	5 204.35	6 485.78
1997	2 148	2 333	2 895.39	3 427.45	4 064.6	4 822	5 709.54	7 314.81
1998	2 214.5	2 397.6	2 979.3	3 503.2	4 179.6	4 981	6 003.2	7 594
1999	2 327.5	2 523.1	3 137.3	3 694.5	4 432.5	5 347	6 443.3	8 262.4
2000	2 320.4	2 540.1	3 274.9	3 947.9	4 794.6	5 895	7 102.3	9 250.6
2001	2 450.9	2 691	3 064.4	4 197.57	5 131.6	6 242	8 624	9 834.2
2002	2 687.4	2 987.2	2 826.02	4 205.99	5 452.9	6 940	11 023.1	11 224.3
2003	2 237.27	2 562.4	3 066.77	4 557.82	5 848	7 547	12 066.9	14 515.7
2004	2 441.12	2 855.2	3 396.28	5 096.15	6 498.4	8 346	13 753.1	16 841.8
2005	2 656.41	3 111.5	3 708.26	5 574.32	7 308.1	9 411	15 575.9	19 153.7
2006	2 953.27	3 423	4 102.66	6 108.33	7 905.4	10 218	17 050.1	21 061.7
2007	3 447.68	4 036.3	5 634.15	7 123.69	9 097.4	11 570	15 297.7	23 337.3
2008	3 862.72	4 532.9	6 195.32	7 993.67	10 345	13 317	17 888.2	26 982.1
2009	4 256.81	4 900.6	6 743.09	8 738.79	11 310	14 964	19 263.9	29 004.4
2010	4 715.33	5 471.8	7 360.17	9 649.21	12 609	16 140	21 000.4	31 761.6

从表5-6中可知，不同收入水平的城镇居民家庭消费差距明显。1992年困难户人均消费支出974元，最高收入户居民人均消费达2 683元，是困难户的2.75倍。随着我国改革的不断深入，城镇居民收入水平得到很大的提升，居民消费支出也快速增长，然而居民内部之间的消费需求差距也逐渐显现，并且呈现扩大趋势。至2010年最高收入户人均消费支出已达31 761元之多，是困难户人均消费支出4 715元的6.7倍，绝对差距达到27 000元。通过比较分析明显可得，在城镇居民内部，不同收入组别之间的消费差距在不断扩大。

为更好地分析不同收入阶层的消费特征，本章将不同收入组别合并为三大类别，即低收入户、中等收入户及高收入户。低收入户占总家庭人数的20%，中等收入户占60%，高收入户占20%。图5-5是主要年份高中低收入户的人均消费支出及其平均消费倾向比较。

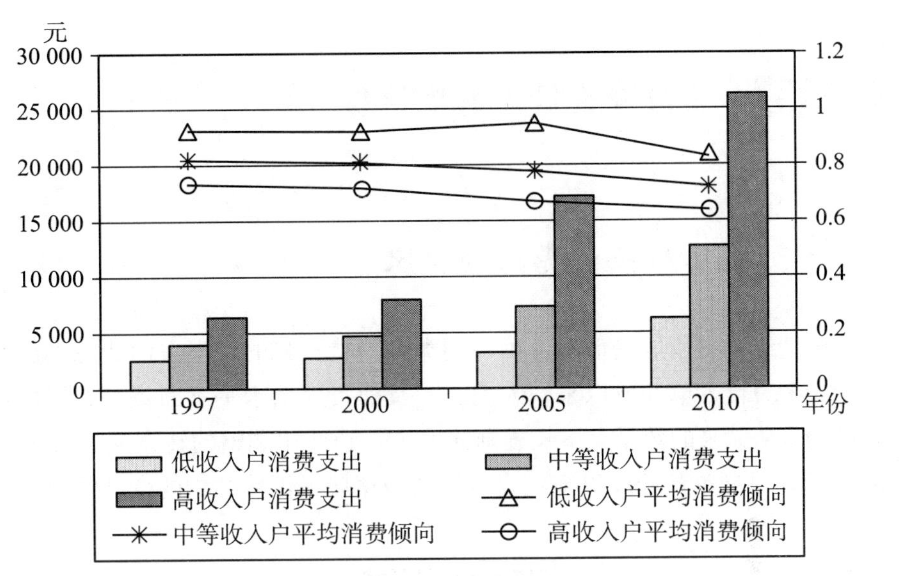

图 5－5　高、中、低收入家庭人均消费支出及其平均消费倾向比较

从图 5－5 中可看出，低收入户居民消费水平最低，而且此类群体因受收入水平限制，消费性支出也较小并且增长缓慢，平均消费倾向很高，2005 年达到 0.954，这意味着居民大部分可支配收入被用于消费支出，一旦居民可支配收入上升将被用于满足低收入户庞大的生活消费需求。因此，低收入户群体将是提升我国消费需求的重要群体。

中等收入户消费水平显然高于低收入户但低于高收入户，由于中等收入户具有比较稳定的收入来源，因此居民消费支出也处于较高水平。而随着居民收入水平的普遍上升，居民消费支出也增长较快，尤其是进入 21 世纪，消费支出由 2000 年的 4 879 元上升至 2010 年的 12 799 元，增长了将近两倍。从平均消费倾向上来看，中等收入户的消费意愿也较高，消费倾向在 0.7～0.8 左右变动，中等收入群体成为我国消费需求的主体。

高收入户收入水平很高，故而消费水平也处于最高水平，而且与低收入户消费水平差异明显。此类群体平均消费意愿一般在 0.7 左右，而且呈现出显著下降趋势，至 2010 年开始进入 0.65 水平之内，这正是因为高收入人群收入水平很高，居民一般消费需求得到满足，而随着居民收入的进一步上涨，居民平均消费倾向偏小且逐渐下降。

第四节　我国城镇居民消费结构

一、城镇居民消费结构现状

消费结构是指居民消费各种不同类型消费资料的支出占消费总支出的比例关系。自改革开放以来，人们收入及消费支出水平不断提高，居民消费结构也从原来的数量上增长逐渐演变进入到优化调整的转型期。表5－7列示了我国自改革开放以来主要年份的城镇居民消费结构的变动情况。

表5－7　我国城镇居民消费构成　单位：%

年份	食品	衣着	设备用品及服务	交通通信	医疗保健	教育娱乐	居住	杂项
1980	56.7	14.7	9.6	1.4	0.6	8.4	4.3	4.2
1990	54.25	13.4	8.5	1.2	2.01	8.8	4.8	3.2
1995	50.09	13.55	7.44	5.18	3.1	9.36	8.02	3.25
1999	41.86	10.45	8.57	6.73	5.32	12.28	9.84	4.96
2000	39.44	10.01	7.49	8.54	6.36	13.4	11.31	3.44
2001	38.2	10.05	7.09	9.3	6.47	13.88	11.5	3.51
2002	37.68	9.8	6.45	10.38	7.13	14.96	10.35	3.25
2003	37.12	9.79	6.3	11.08	7.31	14.35	10.74	3.3
2004	37.73	9.56	5.67	11.75	7.35	14.38	10.21	3.34
2005	36.69	10.08	5.62	12.55	7.56	13.82	10.18	3.5
2006	35.78	10.37	5.73	13.19	7.14	13.83	10.4	3.56
2007	36.29	10.42	6.02	13.58	6.99	13.29	9.83	3.58
2008	37.89	10.37	6.15	12.6	6.99	12.08	10.19	3.72
2009	36.52	10.47	6.42	13.72	6.98	12.01	10.02	3.87
2010	35.67	10.72	6.74	14.73	6.47	12.08	9.89	3.71

如表 5－7 所示，改革开放初期一直到 20 世纪 90 年代中期，恩格尔系数虽略有下降但始终在 50% 水平之上，说明居民消费支出主要以食品消费为主，大多数居民生活仍处于温饱阶段，医疗保健等其他项目支出比重较小，总体而言这一阶段城镇居民主要是以生存型消费为主。

从 20 世纪 90 年代中期至 20 世纪末，城镇居民恩格尔系数开始下降至 50% 以下，意味着居民生活进入小康阶段，消费逐渐由生存型向发展型和享受型转变。这在居民消费结构中主要表现为：食品和衣着支出显著下降，1995 年居民食品支出所占比重为 50.09%，至 2000 年已下降至 39.44%，衣着也由 13.5% 下降至 9.8%；家庭设备用品及服务比重较为恒定，但其绝对数额也随着居民收入及消费水平的提高而保持稳步增长，年平均增长率达 7.4%，居民对家庭设备用品的支出开始由百元级向千元级进行更新换代，例如彩电、冰箱等耐用品逐渐成为家庭日常用品；而随着人们的医疗保健意识增强，现代化的交通迅速发展，人们对教育文化的重视以及住房制度的改革深化使得居民医疗保健、交通通信、娱乐教育服务、居住等用于发展及享受生活的其他项目支出高速发展，所占居民总消费比重不断提高，如 1995 年城镇居民用于医疗保健支出 110.11 元，比重为 3.1%，到 2000 年支出已快速上升至 318.07 元，比重提高至 6.36%。

进入 21 世纪，从总体上来看，城镇居民的恩格尔系数处于持续下降的状态，居民食品支出由 39% 逐渐递减至 35.67%，始终小于 40%，这意味着一部分居民生活水平已达到富裕阶段，居民消费结构进一步优化升级。从表 5－7 中可看出，居民食品及家庭设备用品等支出项目比重在持续下降，而交通通信比重反而持续上涨。居民医疗保健和教育娱乐支出比重先迅速增长达到顶峰后略微有所下降，居住比重则保持在 10% 左右水平。因此与居民消费结构发展的第二阶段相比较，居民有关衣食及家庭用品等项目合计支出继续保持下降趋势，而其他如交通通信、教育娱乐等非生存性消费支出比重则持续增长，尤其是随着居民购买力的增强以及居民消费升级的加快，居民消费结构开始向住房、私人汽车等万元以上消费项目转移，据国家统计局统计，2011 年城镇居民平均每百户家用汽车拥有量为 18.6 辆，是 2000 年（拥有量为 0.5 辆）的 37 倍。

综上所述，伴随着我国城镇居民消费结构由温饱走向富裕，居民吃穿用等消费支出表现出持续下降趋势，交通、通信、教育、娱乐、住宅和医疗等其他项目支出大幅度上升，各项消费支出构成比例之间的差距在逐步缩小。这些现象意味着我国城镇居民消费主要从生存型消费（食品、衣着等）向发展型和享受型（医疗、保健、通信等）的良性转化，居民消费逐步合理化。而消费结构的升级和转化，有利于我国经济的高速健康发展，有利于我国的产业结构调整和升级。

二、东部、中部、西部及东北部地区城镇居民消费结构差异

伴随着我国经济改革的不断深化，不同地区城镇居民消费之间的差异不仅仅在绝对数额上显现，居民消费结构亦存在不同，因此本章对不同区域城镇居民的各项消费资料支出进行了比较，如表 5 - 8 所示。

表 5 - 8　　2010 年不同地区城镇居民消费结构比较　　单位：元

	全国地区	东部	中部	西部	东北部	比例
人均消费	13 471.45	15 545.93	11 433.33	10 912.06	11 881	1 : 0.74 : 0.70 : 0.76
食品	4 804.71	5 529.007	4 022.314	4 257.819	4 070.19	1 : 0.73 : 0.77 : 0.74
衣着	1 444.34	1 433.005	1 415.951	1 317.721	1 588.62	1 : 0.99 : 0.92 : 1.1
家庭设备用品	908.01	1 045.375	818.9529	685.944	704.9033	1 : 0.78 : 0.66 : 0.67
医疗保健	871.77	909.9682	798.5629	733.381	1 066.5	1 : 0.88 : 0.81 : 1.17
交通和通信	1 983.7	2 568.865	1 408.291	1 381.792	1 442.827	1 : 0.55 : 0.54 : 0.56
文教娱乐	1 627.64	1 972.463	1 335.666	1 131.88	1 247.313	1 : 0.68 : 0.57 : 0.63
居住	1 332.14	1 506.035	1 202.697	989.627	1 262.447	1 : 0.80 : 0.66 : 0.84
杂项	499.15	581.2182	430.8929	413.892	498.1867	1 : 0.74 : 0.71 : 0.86

从表 5 - 8 中可知，就人均总消费支出而言，东部地区远高于中部、西部与东北部地区，东北部地区其次，最后是中部和西部。而从居民不同消费资料支出上比较，除食品、家庭设备用品、教育娱乐文化等项目支出，其他居民消费结构支出遵循人均消费支出地区特征，即东部最高，其次东北部，紧接着是中部，最低为西部。而在衣着及医疗保健支出上，由于东北部地区气候恶劣，居民为抵御寒冷，因此造成东北部地区居民在衣着支出上相对较高，同时随着我国医疗保障制度的不断改革深化，不同地区城镇居民医疗保健支出差距相对较小，所以城镇居民的衣着及医疗保健消费支出是所有支出项目中差距最小的。其他项目支出地区差距比例则相

对较大，以下将着重进行分析。

第一，食品消费的绝对数额地区差异比例为 1∶0.73∶0.77∶0.74，与人均总消费支出差距程度相近。东部地区城镇居民食品消费占人均总消费支出比重为 35.6%，中部地区与东北部地区分别为 35.2% 和 34%，三者之间比较相近，极差只有 1.6 个百分点，而西部地区则相对较高，达到 39%，说明西部地区城镇居民平均生活处于相对较低水平。虽然不同地区城镇居民平均恩格尔系数相差不大，然而各地区内部之间的差距不可忽视，如处于东部地区的海南省城镇居民恩格尔系数为 44.8%，山东省城镇居民恩格尔系数则为 32.0%，两者之间相差 12 个百分点；西藏地区城镇居民恩格尔系数高达 50.0%，而同处与西部地区的宁夏回族自治区城镇居民恩格尔却只有 33.2%，地区内居民生活水平相差非常大。所以我国各地区的城镇居民消费及生活水平之间仍然存在较大差距。

第二，关于居民家庭设备用品之间的地区差异：东部地区居民家庭设备用品及服务支出显著高于中部、西部及东北部地区，西部地区最小，各地区之间差距比例为 1∶0.78∶0.66∶0.67。表 5－9 列示了 2010 年城镇居民每百户所拥有的具体耐用品数量。

表 5－9　　2010 年城镇居民每百户所拥有的具体耐用品数量

地区	助力车	家用汽车	洗衣机	电冰箱	彩色电视机	家用电脑	组合音响	摄像机
东部	41.42	17.72	95.82	99.86	146.60	85.13	30.54	10.79
中部	26.54	7.56	96.78	94.91	127.80	56.10	22.07	4.83
西部	10.05	8.76	94.98	90.39	120.97	52.98	26.55	5.19
东北部	5.06	6.57	94.33	91.39	118.19	56.37	18.49	9.29
地区	照相机	钢琴	微波炉	空调器	淋浴热水器	消毒碗柜	健身器材	移动电话
东部	55.40	3.35	69.93	138.97	95.24	22.78	5.47	201.37
中部	31.22	1.60	45.18	88.01	74.40	9.78	2.95	168.53
西部	31.71	1.70	46.13	41.49	71.44	9.70	2.81	178.03
东北部	35.00	2.25	47.83	16.03	52.45	6.56	3.24	182.36

总体而言，东部地区居民每百户所拥有的耐用品数量略大于其他地区，尤其体现在家用汽车、照相机、消毒碗柜、健身器材等高档商品上。则随着我国居民收入的显著提升，居民总体生活水平进入富裕阶段，如洗衣机、电冰箱、彩色电视机等家庭电器则已完全进入普通居民家庭，正如

表5－9中所示每百户城镇居民家庭所拥有的此类耐用品数量几乎达到100，因此地区间的差距也非常小。所以当前城镇居民在家庭设备用品上消费支出的地区差异虽存在但在逐步缩小中。

第三，交通和通信支出的地区差异非常明显，东中西及东北部的差异比例是1∶0.55∶0.54∶0.56，东部地区居民在交通和通信上的消费支出几乎是其他地区的两倍。交通和通信支出在居民消费结构中所占比重也表现出显著的地区差异，在东部地区交通通信支出占总消费支出比例为16.5%，而在中部地区、西部及东北部地区分别只有12.3%、12.7%和12%，相差达到4个百分点。

第四，有关教育文化娱乐支出的地区差异：由于各地区经济水平的快速发展，居民消费水平的上升，人们的消费越来越呈现出对发展及享受类生活资料的青睐，这一点同样体现在对文教娱乐方面的需求，因此随着不同区域消费发展水平的不同步，城镇居民的教育文化娱乐支出也存在非常明显的差异，东中西及东北部地区的比例为1∶0.68∶0.57∶0.63，是仅次于交通通信支出的地区差距较大的项目。

表5－10　2010年各地区城镇居民教育文化娱乐支出及比重

东部地区	文教娱乐（元）	比重（%）	中部地区	文教娱乐（元）	比重（%）	西部地区	文教娱乐（元）	比重（%）	东北地区	文教娱乐（元）	比重（%）
北京	2 901.93	14.56	安徽	1 479.75	12.85	甘肃	1 136.7	11.49	黑龙江	1 001.48	9.37
福建	1 786	12.11	河南	1 137.16	10.49	青海	908.07	9.45	辽宁	1 495.9	11.26
广东	2 375.96	12.85	湖南	1 418.85	12.00	宁夏	1 286.2	11.35	吉林	1 244.56	10.66
广西	1 243.71	10.82	湖北	1 263.16	11.03	贵州	1 254.56	12.47			
海南	1 004.62	9.19	山西	1 229.68	12.56	重庆	1 408.02	10.56			
河北	1 001.01	9.70	内蒙古	1 641.17	11.73	云南	1 014.4	9.16			
江苏	2 133.25	14.86	江西	1 179.89	11.11	新疆	1 012.37	9.93			
山东	1 401.77	10.69				西藏	477.95	4.93			
浙江	2 586.09	14.48				四川	1 224.73	10.12			
天津	1 899.5	11.47				陕西	1 595.8	13.50			
上海	3 363.25	14.50									

如表5－10所示，除个别省市外，东部地区城镇居民文教娱乐支出的绝对量显著高于中、西部及东北部地区，其在居民总消费支出的比重也明显高于其他地区。尤其是北京、上海等经济发展水平高的地区，所

占比重达到14.5%。居民在满足物质生活需求之外更注重精神文化生活，表5-9中居民耐用品数量也显示出东部地区居民对有关如家用电脑、组合音响、健身器材等高档文化娱乐用品的追求，因此进一步加速了东部地区文教娱乐消费支出的增长以及其在家庭总消费支出比重的提高。相对于其他地区，由于经济条件及高档文化消费品设施供给的限制，居民用于文教娱乐的支出较少，其中显著处于较低水平的是西部地区，如西藏、青海等地居民用于此方面的支出不足1 000元，与上海等地相比存在非常显著差距。

第五，城镇居民住房支出的地区差异。由表5-8中可知，东部地区居民用于住房方面的支出高于中、西部及东北部地区，其中与中部及东北部地区差距略小，与西部地区之间差距较大，东部地区居民住房支出是西部地区的1.5倍。究其原因主要在于我国住房制度进行市场改革后，居民不再无偿享受住房分配，而随着东部地区住房价格的大幅上涨，居民的住房消费成本也水涨船高，因此造成东部、西部地区城镇居民住房支出之间比较显著的差距。

三、城镇不同收入阶层居民消费结构差异

由于城镇家庭居民每年所获得的收入总量不同，居民自身的购买力以及对消费品和服务的需求也会很不相同，从而形成了具有显著差异消费结构的不同层次的消费阶层。有学者研究指出，我国消费分层形态呈现出阶梯状的金字塔结构，高端消费群体表现出与其他各消费群体显著差异的消费模式，经济困难人群则保持着具有极低消费水平和基本消费需求的消费模式（李春玲，2007）①。所以本文根据不同收入家庭消费结构数据，深入探讨不同收入等级家庭群体之间的消费结构差异，其特点主要表现为以下几点：

1. 低收入家庭的消费结构特征。低收入户的恩格尔系数比较高，一般处于39%~47%之间。此类群体一般以城镇的下岗失业者和农民为主，收入处于金字塔底端，收入不稳定并且相对较低，可以划分为较贫困阶

① 李春玲：《当代中国社会的消费分层》，载于《中山大学学报》2007年第40期，第9~15页。

层。此类群体主要以满足基本生活需求的生存性商品消费为主，食品、医疗和居住是此类家庭消费性支出中占比重较大的支出项目，而其他有关教育娱乐通信方面的支出比例比较小。受收入限制，低收入群体的消费心理一般趋向谨慎类型，但此类群体为改善生活的消费意愿和需求比较强烈，所以消费潜力较大，改善此类家庭的生活状况将是我国消费得以扩张的重要力量。

2. 中等收入家庭的消费结构特征。中等收入家庭的恩格尔系数大致在30% ~38%之间。处于收入金字塔中端的此类阶层群体收入较为稳定，基本生活需求也已满足，家庭消费水平相对较高，服务性消费支出[①]所占总消费支出比例大致达33%左右，生存性消费比例偏低。此类群体的消费结构正在逐步转型，消费种类也正在从基本的传统型消费向新兴服务型消费转化，他们已不再仅追求数量上的满足而更偏向于更高质量的商品。在消费性支出的八大类中，食品仍然是主要支出项目，不过住房和交通通信类也逐渐变得越发重要，而且在服务性消费中，交通通信和教育娱乐所占比重也在逐渐增大。所以，促进此类群体消费也是保证我国消费持续增长的一大重点。

3. 高收入家庭的消费结构特征。高收入家庭的恩格尔系数一般处于21% ~29%之间，部分省市（如北京）的高收入家庭的恩格尔系数已降至25%以下，达到发达国家水平。总体而言，处于收入金字塔顶端的高收入家庭的消费模式可以称为“富裕型消费”。此类群体人员主要是以中产阶层以及私营企业主为主，所以家庭的服务性消费所占比重较高，如宁夏地区2010年高收入水平家庭的服务性消费占其家庭总消费性支出已达39%。由于收入普遍高于当地平均人均水平，所以家庭一般用于满足基本生活需求的支出方面的消费所占比例较小，此类群体在保持消费商品一定数量的同时更注重质量的高低，追求生活质量和多样化。同时此类群体也是高档商品、奢侈品如高级进口物品的主要消费人群，消费方式也颇具现代化，他们的消费具有引导作用。所以总体而言，精神消费和服务消费是此类群体的关键。

---

① 服务性消费主要包括餐饮服务、衣着加工服务、家庭服务、医疗费、通信服务、文化娱乐服务、教育和交通消费及其他。

第五节　我国城镇居民消费存在的问题及消费提升的瓶颈

一、收入问题

收入是影响我国居民消费的最主要因素，消费理论认为，消费需求主要取决于居民长时期或平均的收入水平，居民消费支出与收入水平之间具有很显著的联动关系。一般而言，居民收入水平高，居民消费需求强劲，反之，则疲软。所以，根据以上对我国城镇居民收入现状的分析，目前我国城镇居民存在的收入问题，主要表现为以下几方面。

（一）收入增长缓慢

总体上，我国城镇居民收入存在增长过慢的问题，它是制约我国居民消费增长的最重要因素之一。随着我国经济体制进一步深化改革，大量城镇职工下岗，居民收入分配差距显著，同时国民收入分配政策向政府和企业倾斜，造成居民收入增长速度远低于经济增长速度。图5－6展示了我

图5－6　历年我国可支配收入增速与GDP增速比较

国自改革开放以来的居民可支配收入增速与 GDP 增速比较情况。从图 5－6 中明显可看出，自 20 世纪 90 年代以来，除少数年份外，我国城镇居民可支配收入增长速度低于 GDP 增长速度。

（二）收入差距扩大

我国城镇居民收入存在的差距问题主要体现在：在不断扩大的不同地区之间和城镇居民内部的收入差距。正如表 5－1 及图 5－2 所示，当前东部地区居民可支配收入水平是中部、西部及东北部地区居民的约 1.5 倍，绝对量的差额年增长率平均达 10% 以上，居民收入的地区差距显著。在城镇居民内部，不同阶层之间的收入差距非常明显，2011 年最高收入阶层居民可支配收入是困难户群体的 10.8 倍。而且收入的差距还存在进一步扩大的趋势，低收入人群收入增长缓慢（如最低收入组为 6.68%）、收入水平低，高收入人群收入水平高且增长快速（如最高收入组为 13.3%）。

我国疆域广阔，自然环境迥异，资源条件亦分布不均。东部地区交通便利，地理位置优越，基础设施完备，工业水平发达，人才充足；中部、东北部地区矿产资源较丰富，交通也较便利；西部地区地处偏远山区，交通信息闭塞，人才不足，资源的差异造成了区域经济发展的不平衡进而导致地区间居民收入水平增长的不同步。同时由于改革开放以来我国实施的一部分地区、一部分人先富起来的发展策略，对东部沿海地区和经济特区优先发展，并且在投资、税收、外资准入、金融等方面给予优惠政策，从而使得东部地区经济迅速发展，居民收入大幅提高。相对而言，其他地区改革比较落后，经济水平相对而言亦处于劣势，所以居民收入增长较为缓慢，这在一定程度上拉大了东中西及东北部地区居民收入差距。

从改革开放以来，伴随着平均主义的计划经济体制的打破，“按劳分配为主，其他多种分配方式并存”的分配制度在我国逐渐被建立起来。部分能力强的人得到充分施展的机会，从而慢慢由贫穷走向富裕，而另一部分人群可能由于能力条件不足等原因而慢慢陷入贫穷的困境，优胜劣汰的市场竞争机制造成了不同人群收入水平上富裕贫穷的差距。另外，国家政策对某些行业的优惠政策，如电信、电力、保险、金融、航空等可能长期受到行政保护，具有垄断经济效应，因此相应的职工工资水平也较高，进一步导致城镇居民内部收入差距的扩大。

二、收入结构问题

我国自从实行社会主义市场经济制度后，过去的按劳分配方式逐渐转变为以按劳分配为主、多种分配方式并存的形式，劳动、技术、资本和管理等生产要素按贡献被参与到市场经济分配当中，居民收入得到很快提高并且来源也日益多元化。然而，由于我国正处于经济体制转型时期，居民收入结构的进一步优化受到了诸多因素的制约。

首先，诚如表5－2中所指出的，在我国城镇居民收入构成比较中，工薪收入始终是最重要的组成部分。所以对于大多数家庭而言，工薪收入仍然是主要的收入来源。然而近几年来，工薪收入增长较为缓慢，2001～2011年期间平均年增长率为11.9%，与GDP平均15.3%的增长率相比较，居民工薪增速处于较低水平。而且自从我国国有企业进行深化改革起，国有企业进行裁撤冗员，大量职工因此被迫下岗，居民失业人数上升，居民可获取的收入水平下降，同时收入的不稳定程度提高，因而居民消费意愿逐渐降低。

其次，居民财产性收入比例有待提高，目前我国居民财产性收入在实际总收入中比重仍然较小，2010年只有2.7%，但其增长速度高于平均工资和可支配收入的增长速度，具有较大的增长潜力。然而财产性收入在不同区域及不同阶层之间的差距巨大，造成了我国不同群体收入差距的进一步扩大。一般而言，低收入群体主要依靠劳动这一生产要素获取收入，因此很难通过资本转化进行升值，从而不能进一步参与社会财富的再次分配；相对而言，高收入群体拥有大部分财富积累，基于高收益率的投资渠道，高收入群体获得很高的财产性收入，财富也因此越来越被集中在这部分人手中，从而使得“贫者更穷，富者更富”，因此进一步拉大了居民收入不均的程度。所以，为改变这一现状，需提高低收入者的收入水平，逐步提高居民财产性收入水平，同时通过税收政策、财政政策等手段缩小居民财产性收入差距。

此外，关于转移性收入，转移性收入指的是国家、单位、社会团体对居民家庭的各种转移支付以及居民家庭间的收入转移。这其中主要包括政府对个人收入转移的离退休金、失业救济金、赔偿等以及单位对个人收入转移的辞退金、保险索赔、住房公积金、家庭间的赠送和赡养等。因此，转移性收入的职能主要在于社会保障功能，通过社会保险、社会福利、社会救济等诸方面的运作，缩小居民收入差距。然而，就目前我国的转移支付力度现状，居民的转移性收入主要受到当地政府财政状况的限制，所以，不同地区的城镇居民在政府转移的分享方面存在较大差异。另外，由于我国的社会保障制度只面对国家机关、事业单位、国有企业和部分大型集体所有制企业的职工，而乡镇企业、私营企业、外资企业的中方员工很少能享受到相应的保障。这种在享受社会保障方面的不均等，也使得城镇居民的收入差距进一步扩大。

三、城镇消费模式问题

（一）不确定性带来的储蓄制约消费水平提升

改革开放以来，我国所有制结构发生着巨大的变化。计划经济中，企业的各项生产运作都按照国家的计划进行：教育费用低，大学学费由国家出资并且毕业后由国家安排工作；个人的住房由单位分配；医疗是公费医疗制度……从出生、教育、就业、住房、医疗到养老，都有国家承担费用，因此个人不必担心未来的支出问题，城镇居民的收入多用于日常消费。

随着改革开放的推进，计划经济转变为市场经济，各项制度也在发生着改变。然而在社会制度转型期间，我国的社会保障制度尚未完善，对于与城镇居民生活息息相关的民生消费问题不但未能得到解决，反而一定程度上加重了居民未来消费支出的不确定性。

城镇住房制度改革之后，原先的福利性住房政策转为市场型住房政策，城镇居民增加了一项住房开支，并且随着房地产市场的发展，日益增高的房价已经超出消费者的承受范围，导致城镇居民不得不“未雨绸缪”，尽早地开始储备住房存款。

医疗制度改革之后，原本的公费医疗转为个人和国家共同支付，然而医疗保险在城镇居民中的覆盖率很小，多数城镇居民未能享有医疗保险的待遇。与此同时，医疗费用、药品费用居高不下，也超出了城镇居民可承受的范围。生老病死乃人之常情，城镇居民选择了减少消费增加储蓄，以防备突如其来的疾病而带来的巨额医疗支出。

教育制度改革之后，为了普及教育提高人口素质，受教育人数增多。

为了提升孩子的竞争力，往往需要投入较高资金对孩子进行学前、学中和学后教育，与此同时，教育设备、教育人才的供不应求，导致各大高校在扩招的同时提升了教育收费，导致城镇居民教育支出连年升高。

综合以上各种原因，尽管改革开放以来城镇居民的收入不断增加，但是由于对未来支出的不确定性同样增加，城镇居民由原来的“不能消费”转变为“不敢消费”，将收入用于储蓄的比例不断增加，用于消费支出的比例降低，限制了城镇居民消费水平的提升。

（二）城镇居民基本消费结构不合理制约消费结构升级

从整体上来看，城镇居民的消费支出可以分为食品、衣着、家庭用品、医疗保健、交通和通信、教育文化娱乐服务、居住以及杂项商品八大类。分析表明，居民消费支出都需要经历从低一级的消费阶段向高一级的消费阶段过渡，其中低一级的消费阶段中，居民消费主要以生存型的消费为主，主要是实物型的消费；在高一级的消费阶段，居民消费则是主要以劳务型的消费为主，主要是享受型和发展性的消费活动。

我国城镇居民消费就是按照这一规律发展的。1990 年，城镇居民消费比例从大到小分别为食品（55%）、衣着（13%）、教育（11%）、家庭用品（10%）、居住（7%）、医疗保健（2%）、杂项商品（1%）、交通通讯（1%）；而 2010 年变化为食品（35%）、交通通信（15%）、教育（12%）、衣着（11%）、居住（10%）、家庭用品（7%）、医疗保健（6%）、杂项商品（4%）。经过 20 年的发展，食品消费仍占据最大部分，但是从 55% 的比例下降到 35%；随着科技的发展，交通与通信设备在城镇居民中广泛普及，相对应的交通通信设备比例上升，排名第二；随着生活水平的提高，居民开始从实物型消费转向享乐型消费，教育文化娱乐消费和医疗保健消费的比例也有所增加。

尽管我国城镇居民消费已经逐渐开始从低一级的实物型消费向高一级的劳务型消费过渡，但是与发达国家的居民相比仍有很大差距。在发达国家，食品、衣着、医疗、教育方面的消费支出所占比例较小，而居住、交通以及娱乐消费支出所占的比例较大，说明发达国家已经不再以温饱而是以提高生活质量为主要的消费目标。而我国城镇居民消费的恩格尔系数虽然开始有所降低，但是仍高达 35% 左右。同时以粮油肉为代表的物价上涨、房地产市场过热导致房价高悬不降，使得我国城镇居民在食物、住房等方面的消费并未减少反而增加，住房开支给城镇居民消费带来了巨大的压力，严重影响了我国城镇居民消费结构优化升级。

从不同的消费层次来看，在城镇居民中，少数高收入人群的消费逐渐倾向于享受型消费，他们在食物、衣着上的支出很大，但在其总体消费中所占的比例相对较小，并且掌握着大部分社会财富的少数居民的需求减少；而多数低收入人群的消费仍是以实物为主的低一级消费，或是开始向享乐型消费过渡，他们具有很大的消费需求，但掌握着小部分的社会财富限制了他们的消费。这样少数的高收入与多数的低收入人群之间的消费层面就形成了严重的断层消费，总体需求降低，不利于城镇居民消费结构的升级。

第六节　提升或扩大城镇居民消费的对策建议

一、提高城镇居民收入水平，减少居民收入差距

（一）提高居民稳定性收入

收入是限制居民扩大消费最根本的因素，提高城镇居民收入，是从根本上解决居民“不消费的问题”。不仅要提高收入，而且要加快收入提高的速度。改革开放以来，我国城镇居民的收入水平本身就在提高，但是提高的速度要慢于经济发展的速度，所以虽然绝对收入上升了，但是相对收入却是在下降。与此同时，为了稳定居民的相对收入上升，需要继续加强宏观调控，稳定物价防止反弹。

（二）增加居民非稳定收入

在发达国家，资本市场和房地产市场较为发达，且投资选择多种多样，居民习惯并擅长将部分收入投入到其中，以获取更多的额外收入。我们应当以此作为参考，发展我国的资本市场，丰富现有的金融产品，稳定并提高金融投资收入；完善金融市场法制监督，严惩利用金融资本投机倒把的行为，增强居民对金融市场的信心；加强房地产市场的宏观调控，保

证其健康有序的发展；加强对城镇居民理财投资知识的培训，提高城镇居民的知识水平，培养城镇居民投资理财的能力，以增加资本财产的收入。

（三）合理利用税收政策，减少收入差距

改革开放初期，为了拉动整体经济的发展，政策倡导“要一部分人先富起来”，以先富带动后富，最后取得共同富裕，这在发展的初期的确是取得了预期的效果。然而随着经济的快速发展，收入差距不仅不再是经济发展的动力，反而导致了居民收入两极分化——少数高收入者占有大量的财富资源，但是消费需求不高；而多数的低收入者消费需求高，但是收入却不支持其消费。最终导致了居民整体过低的消费需求，从而阻碍了经济的发展。因此，应在提高城镇居民收入的同时，加大对高收入者的税收调节，继续推动对垄断行业高收入的调控，减少居民收入的差距。

（四）加强监督管理，减少灰色收入

灰色收入也是造成收入两极分化的重要因素，主要产生于财政资金和其他公共资金的流失、金融腐败普遍存在、行政许可和审批中的寻租行为、土地收益流失，以及垄断行业收入。要建立健全国家法律制度，加大对灰色收入处罚的力度；加强法制监督，对垄断行业、政府等实行公开化、透明化的监督管理。

二、完善社会保障机制，减少城镇居民对未来消费的不确定性

经济体制的改革增加了城镇居民对未来消费的不确定性，导致城镇居民的储蓄消费占了总体消费的很大一部分。而发达国家中社会保障制度比较完善，发达国家中储蓄与我国相比较低，但消费比例较高，甚至不乏通过信用卡透支消费的现象，提升了其居民的消费水平，拉动了经济增长。因此，我们应当继续推动我国的社会主义体制改革，完善我国社会保障制度，增强居民的安全感，从而提升当前消费甚至超前消费。

温家宝在十一届人大五次会议上所作的政府工作报告中指出，2012年的主要任务之一就是“切实保障和改善民生”，“实现好、维护好、发展好最广大人民的根本利益是以人为本理念的具体体现。要把保障和改善

民生作为政府工作的重要任务。”

完善社会保障制度，需要做到以下几个方面：

首先，规范失业、养老保障制度。中国特色的社会主义分配制度决定了劳动收入占居民收入的大部分。因此保障就业，规范失业制度，提高失业人员、离退休职工的最低生活收入有助于保持居民预期劳动收入的稳定。

其次，完善医疗保险制度。加强医疗监督，深化医疗改革，减少巨额的医疗支出，有助于稳定居民的相对收入；扩大医疗保险的覆盖范围，保证城镇居民都能享受医疗保险，降低城镇居民整体的医疗支出。

最后，继续进行房地产市场调控。加强房价控制，增加普通商品房的建设，使住房与城镇居民的收入相匹配；改革房地产税收制度，促进房地产行业稳定的发展；健全金融信贷政策，帮助低收入的居民通过贷款消费完成购房工作。

三、发展消费信贷市场体系的建设

发达国家已经建立了较为完善的信贷市场体系，居民通常是先消费、后付账，推动了居民消费结构的升级。我国信贷市场体系起始于 20 世纪 80 年代中期，随着经济的发展，信贷总额不断升高的同时，信贷消费领域也扩大到个人贷款、助学贷款、住房贷款、医疗贷款、旅游贷款等多个领域。目前，信贷消费已是国家倡导的一种消费模式，然而信贷消费在城镇市场中却尚未普及，信贷总额较低，信贷领域较少，仍具有很大的发展潜力。考虑到我国城镇居民目前的消费能力较低，无法满足其个人消费需求，发展信贷消费有助于挖掘居民潜在的消费需求，优化消费结构。

首先，鼓励金融机构对信贷消费产品进行创新，针对城镇居民的收入和消费特色开发适合的金融产品；其次，强化对城镇居民的信贷知识培训，增加城镇居民自身的信贷消费技能；最后，选择与城镇居民消费匹配的消费渠道，配备齐全的营销、售后、管理、技术人员，银行与各信贷消费终端如房地产开发商、学校、消费终端进行业务链接，为城镇居民信贷消费开发“一条龙”服务，方便其信贷消费。在法律方面，健全信贷市场体系的法律及相关规章制度，建立合理的居民消费信贷记录，加强对信贷行业的监督，保证消费者的利益。

四、开发旅游、教育文化等享乐型消费点，优化消费结构

城镇居民收入提高后，按照传统的消费结构，会出现有些居民“想花钱”但是“不知道怎么花”的现象。此时应当引导居民扩展消费领域，增加消费点，例如，开发以服务业为主的第三产业，丰富居民的闲暇生活；发展当地旅游事业，或加大旅游宣传营销，鼓励城镇居民“走出去”；推动全民教育，发展技能培训机构，提高城镇居民自身素质；重视汽车、住房、高科技产品的发展和营销，拉动高收入城镇居民的消费等。总之，应推动城镇居民从传统的实物型消费向享乐型、发展型消费过渡，优化消费结构，促进消费升级。

第六章　促进我国农村居民消费

第一节　农村居民消费演变趋势

从20世纪80年代中后期到21世纪初期，我国农村居民消费的基本旋律是：生活消费支出增长缓慢，消费结构长期停留在较低水平，城乡居民消费差距不断扩大。但自2004年以来，农村居民消费所蕴藏的巨大潜力正在释放，出现了重要“转折期”或“拐点”，呈现快速增长的势头。

一、近年来消费支出加快

30多年来，我国农村居民人均生活消费支出的增长速度大致可以划分为五个阶段（包括三个高增长期和两个低增长期）。三个高增长期分别是1980~1985年、1994~1996年和2004~2010年；两个低增长期分别是1986~1993年连续8年和1997~2003年连续7年的低速增长期。在两个低增长期，农村居民消费增速极为缓慢，甚至在1989年和1998年出现负增长①（见图6-1）。

在三个高增长期中，前两个时期都具有体制变革的时代和政策的特殊性，因而不具有持续性。第一个高增长是基于农村经营体制（包括产权体制、价格体制等）的变革；第二个高增长期是得益于政府大幅提高大宗农产品价格。从2004年开始，我国农村居民消费支出明显加快，呈现

---

① 分别为-5.9%和-0.7%。

持续快速增长的势头。

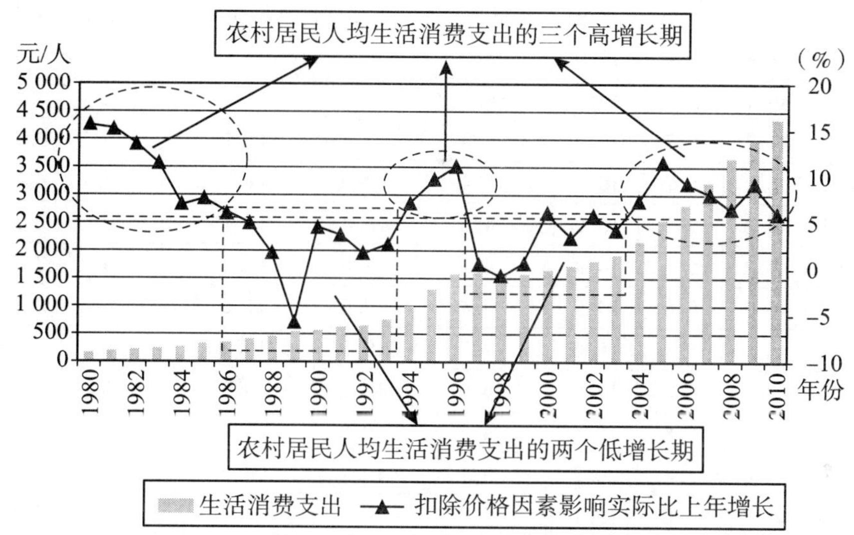

图6-1 农村居民人均生活消费支出及增长率变动

资料来源：国家统计局农村社会经济调查司：《中国农村住户调查年鉴·2011》，中国统计出版社2011年版，第64页。

二、消费结构优化

1980年以来，我国农村居民消费结构持续优化，主要表现如下：一是食品支出占总支出的比重（即恩格尔系数）继续稳步下降（见表6-1），反映生活水平稳步提升；二是与生活质量密切相关的“住”和“行”的消费支出占总消费支出的比重持续上升；三是文教娱乐支出占比开始下降；四是医疗保健支出占比基本停止了增长（见图6-2）。这表明，近年来，农村居民消费结构优化和消费升级呈长期趋势。

表6-1　　中国农村居民生活消费支出构成变动　　单位：%

年份	食品支出	衣着支出	居住支出	家庭设备用品及服务支出	交通通讯支出	文教娱乐用品及服务支出	医疗保健支出	其他支出
1980	61.8	12.3	13.8	2.6	0.4	5.1	2.1	2.0
1985	57.8	9.7	18.2	5.1	1.8	3.9	2.4	1.1
1990	58.8	7.8	17.3	5.3	1.4	5.4	3.3	0.7

续表

年份	食品支出	衣着支出	居住支出	家庭设备用品及服务支出	交通通讯支出	文教娱乐用品及服务支出	医疗保健支出	其他支出
1995	58.6	6.9	13.9	5.2	2.6	7.8	3.2	1.8
2000	49.1	5.7	15.5	4.5	5.6	11.2	5.2	3.1
2001	47.7	5.7	16.0	4.4	6.3	11.1	5.5	3.2
2002	46.2	5.7	16.4	4.4	7.0	11.5	5.7	3.1
2003	45.6	5.7	15.9	4.2	8.4	12.1	6.0	2.2
2004	47.2	5.5	14.8	4.1	8.8	11.3	6.0	2.2
2005	45.5	5.8	14.5	4.4	9.6	11.6	6.6	2.1
2006	43.0	5.9	16.6	4.5	10.2	10.8	6.8	2.2
2007	43.1	6.0	17.8	4.6	10.2	9.5	6.5	2.3
2008	43.7	5.8	18.5	4.8	9.8	8.6	6.7	2.1
2009	41.0	5.8	20.2	5.1	10.1	8.5	7.2	2.1
2010	41.1	6.0	19.1	5.3	10.5	8.4	7.4	2.1

资料来源：国家统计局农村社会经济调查司：《中国农村住户调查年鉴·2011》，中国统计出版社2011年版，第72页。

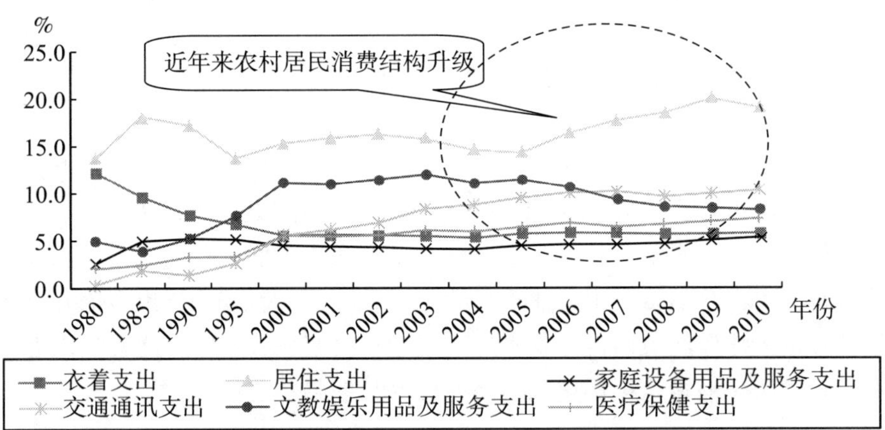

图6－2　农村居民生活消费支出构成变动（不包括食品支出和其他支出）

资料来源：根据《中国农村住户调查年鉴·2011》（第72页）整理。

三、城乡消费差距不断扩大的趋势开始扭转

无论是从城乡社会消费品零售总额、城乡居民消费水平及年度增长

率、城乡居民家庭恩格尔系数、城乡居民住房消费对比，还是从城乡主要耐用消费品拥有量对比来看，城乡居民之间的消费差距都曾经历了一个不断扩大的时期。但是，城乡消费差距不断扩大的趋势近年来有所缓解，城乡差距开始有相对缩小的趋势，[①] 具体表现为：

（一）城乡社会消费品零售总额相对消费差距缩小

传统上，一般将“县及县以下”的社会消费品零售总额看成“农村地区”的社会消费品零售总额，据此得出农村地区消费占比不断下降的结论。但是，如果换一种统计口径，如不考虑农村购买力外流和农民工在城镇消费，比较城镇人口比率与“城镇”社会消费品零售总额占全国社会消费品零售总额的比率间接衡量城乡居民消费相对差距的变动可以发现：进入 21 世纪以来，城镇人口比率与“城镇”社会消费品零售总额占全国社会消费品零售总额的比重之间的差额，虽然仍然维持在一个较高的水平上，但出现了持续下降的趋势，这在一定程度上反映出城乡居民商品消费差距扩大的趋势有所扭转。[②] 如图 6 – 3 所示。

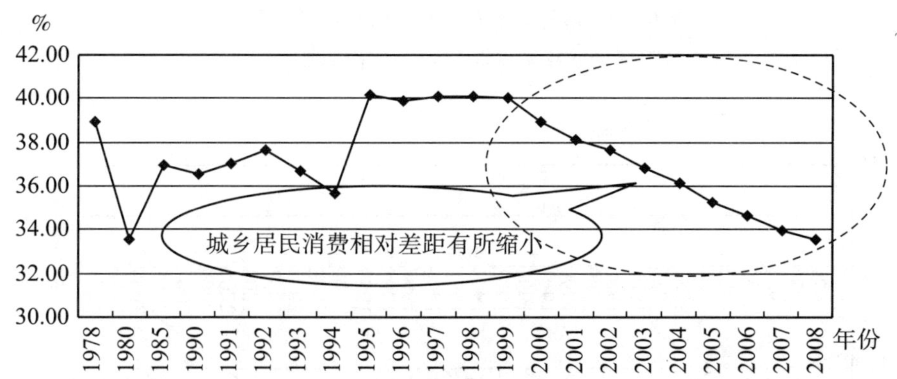

图 6 – 3　城镇人口比率与社会消费品零售总额中市及县所占比重之间的差额

资料来源：根据《中国统计年鉴（2009）》计算整理。

---

① 不过，综合各种因素，按照可比价格计算，农村消费水平整体上要落后于城镇 15 年左右。

② 这是在不考虑农村购买力外流和农民工在城市消费影响的情况下得出的结论。即便如此，仅从数值上来看，2008 年两者的差额仍然高达 33.54%，只是比 1995 年时的 40.18% 有所下降而已。

（二）城乡居民消费水平相对差距有所缩小

城乡居民人均消费水平的绝对差距一直在不断扩大，相对差距也基本上维持了不断扩大的趋势，但从2004年开始，这种势头有所缓解。另外，从城乡居民消费增长率的对比（见图6－4）和城乡居民消费增长率差距（见图6－5）均能看出类似的趋势。

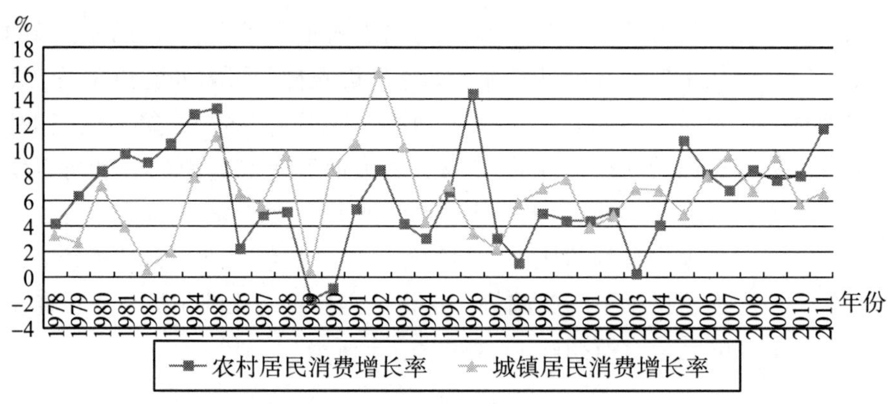

图6－4　城乡居民人均消费增长率对比变化

资料来源：根据《中国统计年鉴（2012）》计算整理。

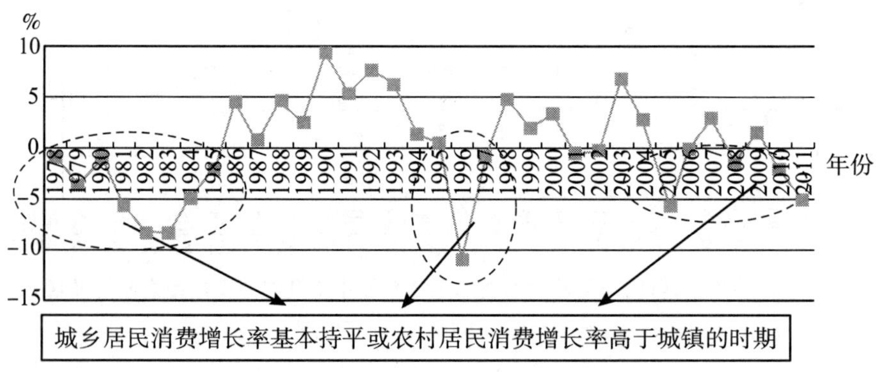

图6－5　城乡居民人均消费增长率差距变化

资料来源：根据《中国统计年鉴（2012）》计算整理。

实际上，“城镇居民人均消费水平”在很大程度上与农村居民人均消费水平不可比。我们主张使用“城镇居民人均消费性支出”同农村居民人均消费水平作比较。通过比较可以发现，从2003年开始，城乡居民消费差距不断扩大的势头有所扭转，至少其相对差距有所缩小（见表6-2）。

表6-2 **城乡居民消费支出比较**

年份	农民人均生活消费支出（元）	城镇居民人均消费性支出（元）	城乡居民消费支出对比（农村居民消费=1）
1980	178	489	2.7
1981	201	521	2.6
1982	223	536	2.4
1983	250	558	2.2
1984	287	618	2.2
1985	349	765	2.2
1986	378	872	2.3
1987	421	998	2.4
1988	509	1 311	2.6
1989	549	1 466	2.7
1990	560	1 596	2.9
1991	602	1 840	3.1
1992	688	2 262	3.3
1993	805	2 924	3.6
1994	1 038	3 852	3.7
1995	1 313	4 931	3.8
1996	1 626	5 532	3.4
1997	1 722	5 823	3.4
1998	1 730	6 109	3.5
1999	1 766	6 405	3.6
2000	1 860	6 850	3.7
2001	1 969	7 161	3.6
2002	2 062	7 486	3.6
2003	2 103	8 080	3.8
2004	2 319	8 912	3.8
2005	2 657	9 593	3.6
2006	2 950	10 618	3.6
2007	3 347	12 130	3.6
2008	3 901	13 653	3.5

续表

年份	农民人均生活消费支出（元）	城镇居民人均消费性支出（元）	城乡居民消费支出对比（农村居民消费 =1）
2009	4 163	14 904	3. 6
2010	4 700	16 546	3. 5
2011	5 633	18 750	3. 3

资料来源：根据《中国统计年鉴》（2012）整理。

（三）恩格尔系数差距有所缩小

恩格尔系数是反映消费水平最重要的指标。从城乡居民家庭恩格尔系数来看，我国农村居民的消费水平至少落后城市 10 年以上。2011 年，我国农村居民家庭的恩格尔系数为 40. 4%，大致相当于城镇居民家庭在 1999 ~2000 年时的水平。不过，当观察城乡居民家庭恩格尔系数的变动及两者之间的差额的变动时，却能发现自 2004 年以来，城乡居民家庭恩格尔系数的差额不断缩小（见图 6 –6），反映出城乡居民消费差距不断扩大的势头有所缓和。①

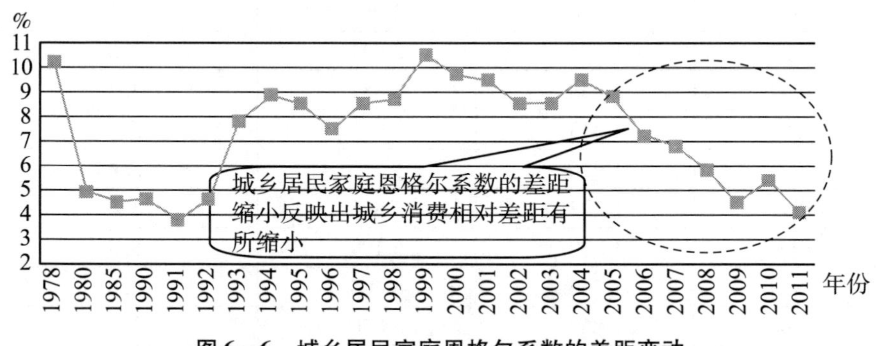

图 6 –6　城乡居民家庭恩格尔系数的差距变动

资料来源：根据《中国统计年鉴（2012）》整理。

（四）城乡居民耐用消费品普及率差距全面缩小

如果就耐用消费品的普及率进行比较，2011 年年底，城乡居民之间

① 从中国经济过去 30 年的发展经验看，凡是城乡居民家庭恩格尔系数差额明显缩小的时期，都是农村消费高速增长的时期，同时也是城乡关系比较协调的时期。

虽然存在着全面差距，但是，几乎所有耐用消费品的普及率差距都在不断缩小，其中，彩色电视机、洗衣机、电冰箱等传统家用电器和移动电话的普及率差距则在加速缩小（见表6－3）。

表6－3　　城乡居民家庭平均每百户年底耐用消费品拥有量的变化

指标	2000年			2011年		
	农村	城镇	农村拥有量为城镇的百分比（%）	农村	城镇	农村拥有量为城镇的百分比（%）
洗衣机（台）	28.6	90.5	31.60	62.6	97.1	64.47
电冰箱（台）	12.3	80.1	15.36	61.5	97.2	63.27
彩色电视机（台）	48.7	116.6	41.77	115.5	135.2	85.43
移动电话（部）	4.3	19.5	22.05	179.7	205.3	87.53
照相机（部）	3.1	38.4	8.07	4.6	44.5	10.34
家用计算机（台）	0.5	9.7	5.15	18.0	81.9	21.98
空调（台）	1.3	30.8	4.22	22.6	122.0	18.52
热水器（台）	5.1	49.1	10.39	—	—	—

资料来源：根据《中国统计年鉴（2012）》计算整理。

（五）城乡居民住房消费有所缩小

城乡居民住房方面的差距，主要在于质量方面，如果从数量方面来看，农村居民的住房消费还略胜于城市（见表6－4）。近年来，随着农村居民日益注重房屋质量和卫生条件，随着政府在农村自来水、电力、清洁能源方面的投资持续增加，城乡居民住房消费方面的质量差距也有所缩小。

表6－4　　城乡新建住宅面积和居民住房情况

年份	城镇新建住宅面积（亿平方米）	农村新建住宅面积（亿平方米）	城市人均住宅建筑面积（平方米）	农村人均住房面积（平方米）
1978	0.38	1.00	6.7①	8.1
1980	0.92	5.00	7.2②	9.4
1985	1.88	7.22	10.0③	14.7
1990	1.73	6.91	13.7④	17.8
1995	3.75	6.99	16.3⑤	21.0
2000	5.49	7.97	20.3⑥	24.8
2005	6.61	6.67	27.8	29.7

续表

年份	城镇新建住宅面积（亿平方米）	农村新建住宅面积（亿平方米）	城市人均住宅建筑面积（平方米）	农村人均住房面积（平方米）
2006	6.30	6.84	28.5	30.7
2007	6.88	7.75	30.1	31.6
2008	7.60	8.34	30.6	32.4
2009	8.21	10.21	31.3	33.6
2010	8.69	9.63	31.6	34.1
2011	9.49	10.26	32.7	36.2

资料来源：①、②、③、④、⑤、⑥来源于《中国统计年鉴（2009）》，其他数据来自于《中国统计年鉴（2012）》。

四、不断扩大的内部消费差距有所缩小

农民内部由于收入水平、消费条件、基础设施等诸多因素的影响，其消费水平和消费结构均存在较大差距。2011 年相对于 2003 年，不同收入水平的农村居民之间的人均生活消费差距有所缩小。从人均生活消费总支出看，2003 年高收入户是低收入户的 3.53 倍，而 2011 年降为 2.76 倍；2003～2011 年，低收入户的人均生活消费总支出增长了 3.1 倍，而高收入户只增长了 2.44 倍。从食品消费支出来看，2003 年，高收入户是低收入户的 2.48 倍，2008 年降为 2.20 倍。从恩格尔系数的变动来看，2003～2011 年，低收入户、中低收入户、中等收入户、中高收入户和高收入户恩格尔系数的降幅分别为 0.093 个、0.081 个、0.068 个、0.057 个和 0.024 个百分点（见表 6－5），其基本趋势是，收入水平越高的农村居民家庭恩格尔系数降幅越小。

表 6－5　按收入五等分的农村居民家庭平均每人生活消费支出

项目	年份	低收入户	中低收入户	中等收入户	中高收入户	高收入户
生活消费总支出（元）	2003	1 064.76	1 377.56	1 732.74	2 189.27	3 755.57
	2011	3 312.59	3 962.29	4 817.91	6 002.88	9 149.57
食品支出（元）	2003	575.66	714.11	840.82	999.23	1 429.05
	2011	1 485.44	1 729.89	2 010.66	2 395.46	3 264.36
恩格尔系数（%）	2003	0.541	0.518	0.485	0.456	0.381
	2011	0.448	0.437	0.417	0.399	0.357

资料来源：根据《中国统计年鉴（2012）》和《中国统计年鉴（2004）》计算整理。

五、教育和医疗支出占比有所下降

从20世纪80年代中期开始直至21世纪初期，农村教育[①]和医疗支出[②]均保持了持续快速增长势头，表现为文教娱乐用品及服务支出和医疗保健支出占总消费支出的比重持续上升。但是，近年来这一趋势有所转变，农村教育和医疗支出高速增长的势头得到初步遏制，并在农村居民生活消费中的占比出现了明显下降的趋势（见图6－7），这在很大程度上体现了上届和本届政府在农村教育、农村医疗等领域增加投入、改革体制的持续努力开始显示出重要效果。

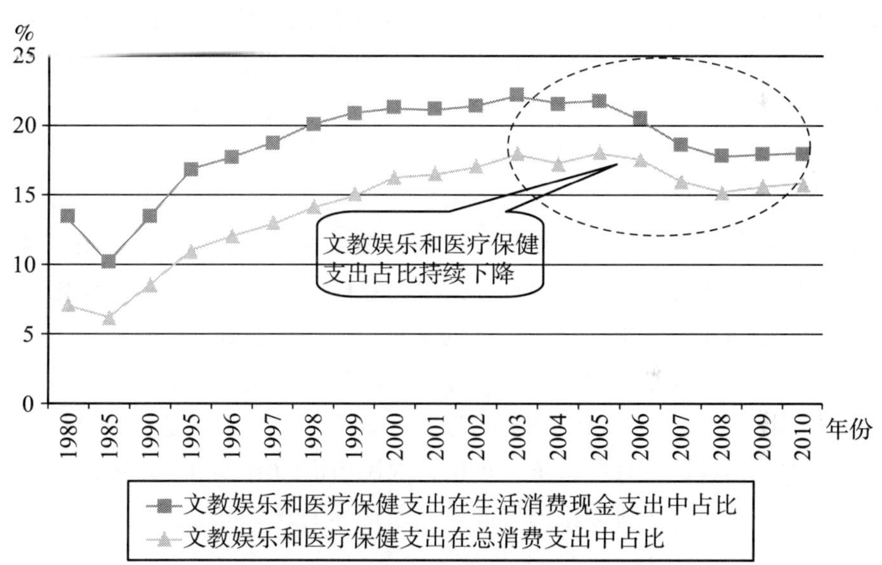

图6－7　农村居民文教娱乐和医疗保健支出占生活消费现金支出比重的变动

资料来源：根据《中国农村住户调查年鉴·2011》（第72页、第80页）整理。

① 由于大多数农村居民绝大多数的“文化娱乐”方面的“消费”，基本上是用于子女教育费用的支付，因而可以将农村居民用于“文化娱乐用品及服务支出”大致等同于教育支出——当然这样做并不严谨。

② 把教育和医疗支出作为“消费”支出，或许在根本上就是错误。正如舒尔茨（1990，第12页）所言，教育本来是一种投资，所以把所有教育支出当作通常意义上的消费，是一个严重的错误。这个错误源于教育仅是一种消费的假说。它使人们错误地认为，有关教育的公共开支是“福利”开支，资源的使用有减少“储蓄”的效果。相同的错误也发生在公共和私人的卫生开支上。实际上，考虑到教育和健康是人力资本最重要的方面，教育和医疗支出在表面上作为“消费”支出的同时，实际上是典型的人力资本投资。

六、消费倾向近年来持续提升

国家统计局综合司课题组（2004）的经验研究表明，农村居民的边际消费倾向高于城镇居民的边际消费倾向（分别为0.72和0.85），表明农民将当期增加收入的更大比例用于了消费支出。近年来，这一趋势不仅没有发生改变，反而在总体上形成了稳步上升的格局。

1980～1988年，农民纯收入增长速度非常高，但农村居民的平均消费倾向则一直低于城镇居民。[①] 1989～1996年，农村居民的平均消费倾向则一直高于城镇居民，这并非表明农村经济的全面好转，而恰恰是农村居民收入增速全面放缓的表现，较高的消费倾向是由农民过低的收入导致的。1997～2004年，农村居民的平均消费倾向一直低于城镇居民。[②] 而从2005年开始，农村居民的平均消费倾向开始高于城镇居民（见图6－8），这反映出农村居民生存状况的好转。

总之，近年来，中国农村居民消费正处在一个非常重要的转折时期。首先，农村居民生活消费支出呈现持续高速增长势头，其增长速度之高，其增长持续时间之长，史上少有。其次，农村居民消费结构有所优化，消费升级趋势明显，与生活质量相关的支出占总消费支出的比重持续上升。教育和医疗卫生支出虽然仍在一定程度上“挤出”其他消费，但它们占总支出的比重却呈现出持续下降的趋势。另外，城乡居民之间的消费差距不断扩大的趋势近年有所缓解。再次，农民内部的消费相对差距也有所缩小。最后，较高的农村居民消费倾向开始持续上升。

---

① 其基本原因在于：在20世纪80年代，政府对城镇居民的“照顾”非常全面，从教育、医疗、住房、就业、养老，城镇居民享受着极其全面的保障，与之相比，农村居民几乎没有任何保障。

② 在这段时期，国内有不少文献（如刘建国，1999；朱国林、范建勇、严燕，2002）都对“农户收入低消费倾向也低”的现象进行了分析。“农户收入不稳定性、农户预期收入增长慢于预期支出的增长、农村内部的收入分配差距大于城镇、流动性约束以及社会保障制度的不足”等因素被认为是农民的消费倾向低于城市居民的主要原因（刘建国，1999）。王检贵（2002）则在很大程度上否定了“农户收入低消费倾向也低”的现象。按照王检贵（2002）的逻辑，由于城镇居民纯收入被大大低估，因此根本就不存在农户消费倾向低的“问题”。从2005年开始，即便城镇居民纯收入被大大低估，农村居民的消费倾向也开始超过城市居民。原来被认定是“问题”的现象就更不成为一个“问题”了。

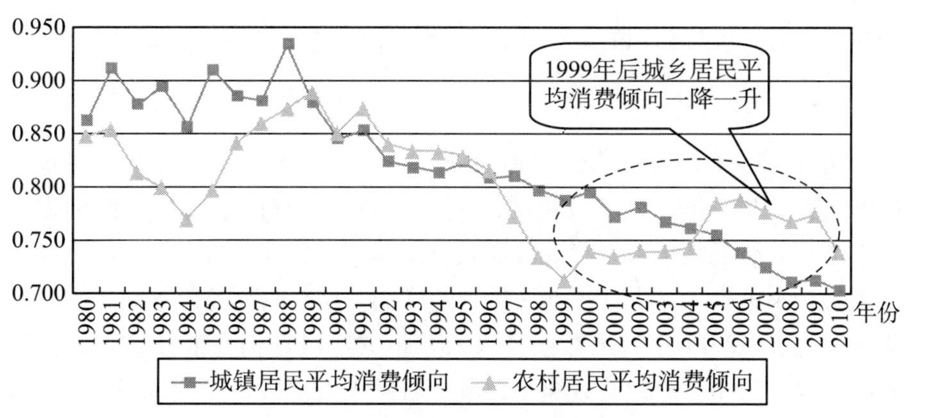

图6－8　城乡居民平均消费倾向比较

资料来源：根据《中国农村住户调查年鉴·2011》计算整理。

第二节　农村居民消费增长的支撑因素

农村居民无论是收入还是支出预期等都远远好于若干年前，再加上消费结构升级加快，消费观念和行为逐步与城镇居民"接轨"，农村居民消费表现出了巨大的增长潜力。

一、增收能力提升与增收环境改善的"引擎"效应

（一）农民收入增长加快且内部差距扩大势头有所缓解

2004年中央政府取消了农业税和农业特产税，紧随其后，一系列有利于农民、农村和农业发展的政策连续密集出台，包括连年提高主要粮食作物的最低收购价，推出并连续提高各种涉农补贴，大力加强农业和农村基础设施建设，大幅增加农村基础教育的财政投入，大幅增加了对新型农村合作医疗的补助力度。再加上政府10多年来在农村电力设施、农村通信等方面的持续投入，农业综合生产能力不断增强，农民增收的能力持续提升，增收环境不断改善。自2004年以来，我国农村居民收入呈现快速增长态势且收入分配差距扩大的趋势有所缓解。农村居民收入增加环境的改

善和税费支出的不断下降成为支撑农村居民消费不容忽视的重要因素。①

（二）城乡收入差距不断拉大的势头有所缓解

从城乡居民收入的实际增幅来看，自1986年以来，除极个别年份（1995年、1997年）外，农村居民纯收入增长一直低于城镇居民可支配收入增长。但近些年来，我国各级政府尤其是中央政府惠农支农的力度空前加大，农民收入又出现了新一轮快速增长，城乡收入差距不断扩大的势头有所缓解。2011年，虽然城乡收入差距的绝对额仍在继续扩大，但城乡居民收入的相对差距略有缩小，城乡居民收入比从2007年的3.33∶1微降至2011年的3.13∶1（见图6－9）。

（三）农村居民收入结构不断优化

农村居民人均纯收入的结构优化主要体现在：首先，从收入形态看，农村居民现金纯收入占比不断上升，实物纯收入占比不断下降。其次，从收入来源看，家庭经营收入占比重逐渐下降，工资性收入占比不断上升。伴随中国工业化、城市化的不断加速，家庭经营收入占纯收入的比重下降和工资性收入占纯收入比重上升的趋势还将维持相当长一段时期。②

---

① 税费支出一度是影响农村可支配收入的重要因素。根据国家统计局农村社会经济调查司的数据，税费支出一度达到农村居民现金支出的5.2%（1990年）。即便是在全国水灾极为严重的1998年，这一比例仍高达5.1%。实际上，根据作者对1998年遭受水灾最严重的江汉平原南部地区的调查，发现当年农村居民税费支出占农村居民现金支出的比例远远高于此数。在湖北省荆州市下属的公安县、石首市和监利县的很多村庄，税费支出甚至高达350元/亩（“亩”在这些县的计量标准为1亩=960平方米），按户均10亩计算，每户的税费支出高达3 500元（如果按1998年4.3人/户来计算，则人均税费支出超过800元/人），即便是按户均5亩计算，每户的税费支出也高达1 750元（如果按1998年4.3人/户来计算，则人均税费支出高达407元/人）。而按照国家统计局农村调查司的数据，当年农村税费支出仅为98元/人。我们没有全国范围内的调查数据，但是，这一数据显然远远低于江汉平原的水平。换而言之，一些中部地区在20世纪90年代后期被过度剥夺了多年，其严重程度远甚于全国平均水平。或者也可以推测，国家统计局的数据可能在很大程度上低估了农村税费支出水平。不过，笔者对江汉平原近年来的连续调研表明，农村居民的人均直接税负水平的确大幅下降，以至于可以在农村居民现金支出中予以忽略。如果考虑到农村居民获得各种涉农补贴，农村居民的直接税负水平实际上为负数。

② 这种趋势持续发展的必然结果是，农民增收问题将越来越转化为农民工的收入持续增长问题。在一个城乡分割的体制背景下，我们不得不直面“三个中国”：除了“城市的中国”和“农村的中国”之外，还有一个年复一年迁徙于城乡之间、既非城里人也非乡下人、既是城里人也是乡下人、既非农民也非市民、既是农民也是市民的“农民工的中国”。其中，“农民工的中国”越来越值得研究，因为根据国务院研究室（2006）的估计，如果加上本地乡镇企业的农村劳动力，中国农民工总数大约有2亿人。

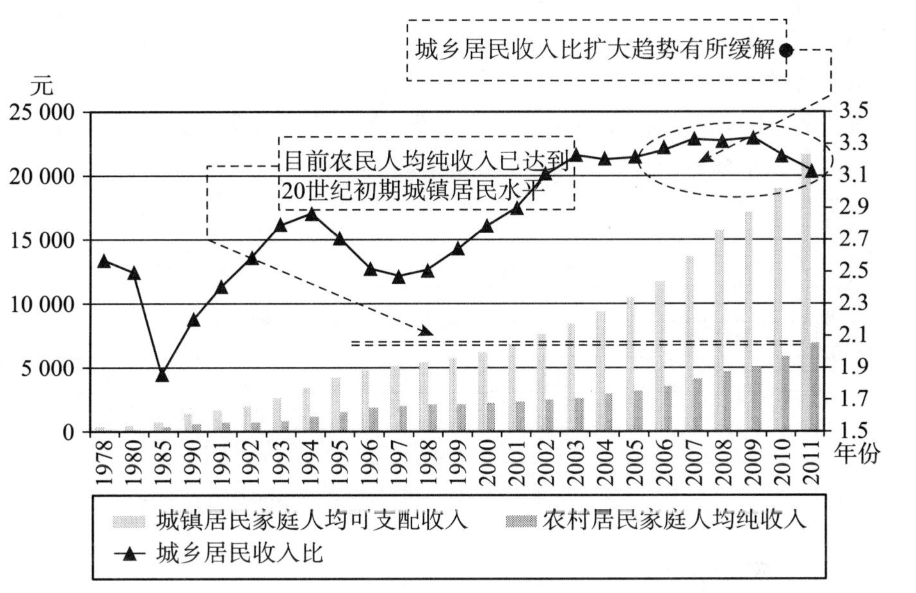

图6－9　城乡居民人均收入及收入对比变化

资料来源：根据《中国统计年鉴（2012）》计算整理。

另外，自2002年以来，在农村居民家庭人均纯收入中，转移性收入占比出现持续上升，从2000年的3.5%上升到2008年的6.8%，2010年再进一步升至7.7%（见图6－10）。如果将家庭经营收入进一步细分，不难

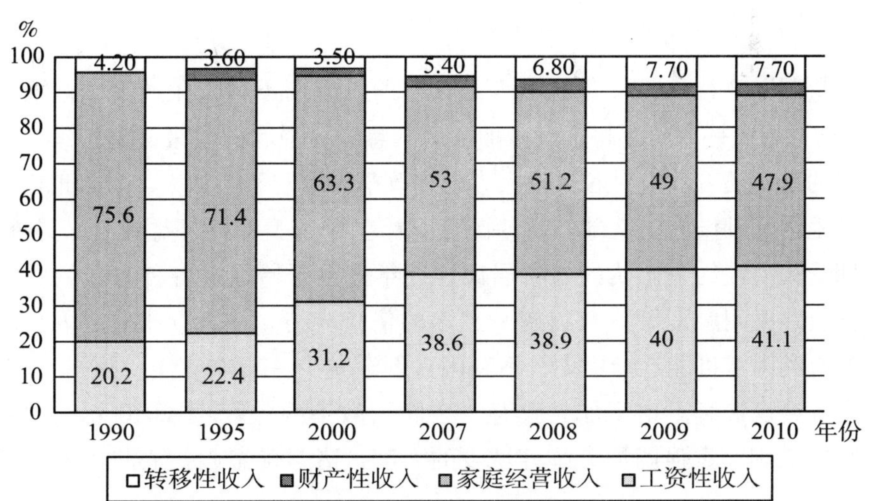

图6－10　农村居民家庭人均纯收入构成变动情况

资料来源：根据《中国农村住户调查年鉴（2011）》数据整理。

发现，“农业收入”（即种植业收入）占纯收入的比重不断降低。这样，一方面是种植业收入占纯收入的比重不断降低；另一方面则是工资性收入尤其是外出务工收入占纯收入的比重不断提升。2010 年，工资性收入占纯收入的比重已经高于种植业收入占纯收入的比重的 12 个百分点（见图 6－11）。

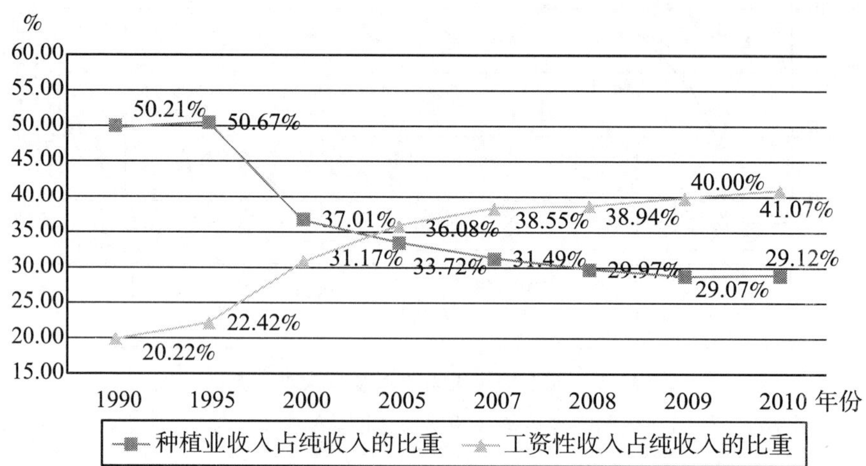

图 6－11　农村居民种植业收入和工资性收入占纯收入的比重变化

资料来源：根据《中国农村住户调查年鉴（2011）》整理。

（四）国内宏观环境有利于农民增收

长期以来，我国政府重视“三农”的大方向不会发生改变，政府对“三农”的支持力度必将进一步加大，其惠农、强农的政策必将持续。更重要的是，随着政府对农村投入力度和改革力度的不断加大，农村地区的生产生活基础设施、基础教育、医疗、社会保障等都将日益健全。另外，长期受流动性约束困扰的农村居民，近年来也开始通过各种方式（如小额信贷、民间融资等）获得越来越多的信贷支持。从近期来看，农民增收的有利因素可能逐渐增多，不利因素逐渐减少。2009 年 10 月份，国务院常务会议继续重申了加大政府“三农”政策的力度①，2010 年的“一号文件”则着重强调加大统筹城乡的力度，诸多优惠政策必将有利于继

① 具体包括：加大补贴政策力度，保护农民种粮积极性，稳定秋冬种植面积；加强宏观调控，稳定农产品市场价格，保护农民利益等。

续确保农民转移性收入和家庭经营性收入的较快增长。

二、公共服务与基础设施改善的“挤进”效应

（一）城乡居民家用电器消费跨越时代比较的启示

我国城镇居民消费是农村居民的未来景象。为了更好地分析农村居民商品消费的发展潜力与路径，需要分析我国城镇居民的消费演变史。城市居民的消费增长史表明，社会保障健全和基础设施完善是城市居民在20年前就开始大规模购买家用电器的基础。1990年，城镇居民每百户年底洗衣机、电冰箱和彩色电视机的拥有量已分别达到78.41台、42.33台和59.04台。[①] 相比之下，2011年年底农村居民家庭平均每百户洗衣机、电冰箱和彩色电视机的拥有量才分别达到62.6台、61.5台和115.5台。通过城乡居民电器消费的跨时代的比较不难发现，公共服务与生活基础设施的水平，是造成城乡居民家电消费巨大差距极为重要的原因。

（二）公共服务与基础设施改善是提升农村居民消费的基础

改善农村基础设施“拉动”农村居民消费的路径主要有二：一是直接影响消费水平。基础设施水平所决定的消费环境也是影响消费的一个极其重要的因素，与此同时，电、自来水、气等基础商品（服务）的终端价格也在很大程度上影响着居民消费。[②] 二是间接影响农村居民消费。良好的基础设施能有效降低生产生活成本，有利于农民增收，从而有利于农村居民增加消费。如果能够逐渐建立健全基本福利和社会保障，同时加大农村基础设施建设的投入力度，必然有利于改善其收支预期，有利于“挤进”和拉动农村居民增加消费支出。总之，无论是基于间接影响，还

---

① 在这些商品开始进入城镇家庭的1985年，城镇居民人均可支配收入只有739.1元；到这些商品开始大规模进入城镇家庭的1990年，城镇居民人均可支配收入也仅为1 510.2元。

② 根据国家统计局农调队和北京大学中国经济研究中心于1999年12月对全国18 796个农户所做的抽样调查和计量分析，农村电价调低0.1元，对彩电需求的刺激作用相当于农村人均纯收入提高370元，对电冰箱需求的刺激作用相当于农村人均纯收入也提高了667元，对洗衣机需求的刺激作用相当于农村人均纯收入提高了909元（转引自林毅夫：《2001年中国宏观经济形势与政策选择》，http：//www.ccer.edu.cn/，6月11日）。

是基于直接影响，无论是其长期效应，还是短期效应，加强农村教育、农村医疗和农村社会保障的政策性投入，加强农村基础设施建设，都具有重大意义。

（三）农村公共服务持续强化对农村居民消费的“挤进”效应

为全面解决农村义务教育的困难，我国政府通过变革体制、出台政策在缩小城乡义务教育差距中发挥了重要作用。近年来，农村地区与城镇差距日益缩小。2000～2010 年，生均占有预算内教育事业费支出的结构发生了重大变化，中小学生均预算内教育事业费支出有了大幅提高。普通小学从 492 元上升到 4 013 元，增长了 715.7%；普通初中从 680 元上升到 5 214 元，增长了 666.8%（见表 6－6）。从政府对义务教育投入的增长率来看，进入 21 世纪以来，农村持续高于城市。① 义务教育体制的完善和政府投入的持续增加，对于农村居民而言，“实惠”直接体现在子女在接受义务教育阶段学杂费的大幅度降低。从农村居民人均生活消费支出和人均生活消费现金支出来看，文教娱乐用品及服务支出（对于农民而言主要是子女接受教育的各种费用）占比均在 2003 年达到历史峰值之后开始持续下降，农村居民的教育负担不断减轻。

表 6－6　　中国生均占有预算内教育事业费支出　　单位：元

学校类别＼年份	2000	2010
普通高校	7 310	9 590
普通高中	1 315	4 510
普通初中	680	5 214
普通小学	492	4 013

资料来源：《教育部　国家统计局　财政部关于 2010 年全国教育经费执行情况统计公告》。

农村医疗体制改革的加快，普遍覆盖的新型农村合作医疗开始为农村

① 2000～2004 年，全国小学生人均预算内公用经费城乡之比由 2.6∶1 缩小到 1.4∶1，初中生由 2.4∶1 缩小到 1.3∶1（参见国家教育督导团：《国家教育督导报告（2005）》，载于《教育发展研究》2006 年第 5 期）。

居民节省巨额的医疗经费，为农村居民带来了明显的实惠。国家统计局农村调查司近年来的相关统计数据也表明，农村居民的医疗保健负担明显减轻。无论是从农村居民人均生活消费支出还是人均生活消费现金支出来看，医疗保健支出占比均在2006年达到历史峰值之后开始逐步下降。2009年1月，国务院总理温家宝主持国务院常务会议审议并原则通过了《关于深化医药卫生体制改革的意见》和《2009～2011年深化医药卫生体制改革实施方案》，基本医疗保障制度全面覆盖城乡居民、居民就医费用负担明显减轻成为2009～2011年的基本工作目标。[①] 这些意见如果能够顺利付诸实施，应该有利于加大政府对农村医疗卫生的投入力度，并最终有助于农村居民医疗负担的减轻。

（四）农村基础设施改善对农村居民消费的“拉动”效应

近年来，农村的道路系统、电力系统、供水系统、电信系统等基础设施在过去的几年间已经发生了革命性的变革。随着农村地区各种基础设施水平普遍大幅度提高，农村居民对各种家用电器、家用电脑、摩托车甚至汽车产生大量现实需求。用水用电环境的改善必然会进一步带动农村地区冰箱、热水器、洗衣机、空调等家用电器的消费。移动通讯网络向农村延伸及农村通讯资费的不断下调，移动电话机及相关消费在农村地区增长很快。互联网大规模向农村地区延伸，农村居民购买电脑的比例正在迅速增长，这又会进一步带动信息传输、游戏、数码相机、摄像机及相关商品和服务的消费。另外，随着农村地区道路的通达性和道路级别不断提高，在摩托车逐渐普及之后，汽车消费已经开始在部分比较富裕的农村地区提上议事日程。

---

① 会议决定，2009～2011年，重点抓好五项改革，包括加快推进基本医疗保障制度建设、初步建立国家基本药物制度、健全基层医疗卫生服务体系、推进基本公共卫生服务均等化、推进公立医院改革。3年内各级政府预计投入8 500亿元人民币，且主要部分用于基层，促进基本公共卫生服务逐步均等化。另外，在增加的8 500亿元医改投入中，中央投入了3 318亿元，其他需要地方政府投入，中央和地方比例大体为4∶6。而过去的3年，中央和地方政府投入比例为27∶73。

三、新一轮建房浪潮的“带动”效应

（一）农村地区新一轮建房浪潮正在到来①

近年来，农村居民居住支出在其生活消费支出中的比重出现了稳步增长之势，农村新建住宅面积也呈现逐年高速递增的态势。表6－8中的数据表明了新一轮建房浪潮的几个基本特征：（1）每年新建房屋面积持续增长，从2005年的0.83平方米/人增长到2011年的1.30平方米/人。（2）新建住房价值不断提升，从2005年的373.31元/平方米增长到2011年的804.51元/平方米。（3）住房质量不断提高，表现为钢筋混凝土结构所占比重不断增加，砖木结构持续下降。2005年，在当年新建房屋中，钢筋混凝土结构为0.51平方米/人，砖木结构为0.29平方米/人；到2011年，钢筋混凝土结构和砖木结构分别为0.92平方米/人和0.34平方米/人（见表6－7）。在建房热潮的推动下，农村居民的居住条件尤其是卫生条件也得到了大幅度的改善。2011年年末，农村居民人均住房面积已达36.24平方米，居住质量正在不断提高，卫生条件也在不断改善，多层化、别墅化、精装修化、家具家电配套化的趋势已开始在一些地区凸显，开始逐步向城市居民看齐。

表6－7　　农村居民家庭各年度新建房屋的住房情况

项目＼年份	1990	1995	2000	2005	2010	2011
面积（平方米/人）	0.82	0.78	0.87	0.83	0.80	1.30
价值（元/平方米）	92.32	200.30	260.23	373.31	673.35	804.51
住房结构（平方米/人）						
#钢筋混凝土结构	0.23	0.33	0.47	0.51	0.56	0.92
砖木结构	0.47	0.37	0.36	0.29	0.21	0.34

资料来源：《中国统计年鉴（2012）》，中国统计出版社2012年版。

① 根据国家统计局农村社会经济调查司的解释，居住消费支出指与农村住户居住有关的所有支出，包括新建（购）房屋、房屋维修、居住服务、租赁住房所付的租金、生活用水、生活用电、用于生活的燃料等支出。官方统计数据和国内学界一般都将住房的修建和购买看做为“消费”，但在主流经济学看来，住房修建和购买应该是典型的投资行为。在本书中，为与国内通行的“说法”保持一致，仍将本应是典型的“投资”行为的住房修建和购买作为“消费”，这并不表明本书赞成住房的修建和购买属于“消费”。

（二）农村新一轮建房浪潮的连带消费

农村新一轮“住房热”正在兴起。这一轮“住房热”带来农村居民的住房、家电、装修、建材等方面的消费有了巨大的变革。很多农村家庭日益注重在厨房、洗澡间、厕所方面投入大量资金，甚至出现了一种前些年很少见的新现象：有些家庭在翻修住房时仅仅改扩建厨房、厕所和洗澡间。越来越多的农村居民开始认识到，对其生活质量影响最大的，恰恰是厨房、洗澡间和厕所这些过去长期不为人们重视的“小间”。对这些村庄的典型调查发现，农村居民新建或改扩建住房的过程中，除带动卧室革命和客厅革命（以彩色电视机、空调及家具购买为代表）外，也带动了农村的厨房革命、洗澡间革命和厕所革命①，由此带动热水器②、燃气灶、冰箱、洗衣机甚至微波炉、烤箱、面包机、抽油烟机等过去城市居民才考虑购买的电器和家用电脑的消费，也带动了液化气、陶瓷、卫浴、塑管、型材、整体橱柜、窗帘布艺、装修装潢、建筑服务③、网络服务等商品和服务的消费。④

四、消费升级潮的“联动”效应

我国农村居民消费除居住消费外，其变化最大的就是家用电器等耐用消费品和交通通讯方面的消费，很多农村地区居民消费正加快升级。

（一）农村耐用消费品巨大的增长潜力

每百户城乡居民家庭的耐用消费品拥有量差距非常大，如空调、照相

① 与大多数城市建筑不同的是，农村的洗澡间和厕所一般都是分离的——因为农村住房不需要考虑空间的严格节约。

② 其中，很多居民选择了比电热水器和燃气热水器价格高得多的太阳能热水器，表明农村居民在购买时充分考虑了使用成本。

③ 在新一轮的建房潮中，很少有上一轮建房潮流行的由房主自己请一批人来帮忙建房的情形，而主要是由包工队来实施“一条龙”的建筑服务。

④ 这正好在很大程度上印证了世界银行副行长林毅夫先生在世纪之交的一段预言：“如果做到农村居民用电和城市居民同网同价，在农村安装卫星电视地面接收装置做到村村通电视，建水塔实现村村通自来水、修下水道改善卫生条件，农村地区将会很快出现一个家用电器的消费高潮……水、电等和生活有关的基础设施问题解决后，农村地区还会自发地掀起厨房革命、厕所革命等和改善生活质量有关的建设高潮……”

机、家用计算机等耐用消费品拥有量比值接近或超过了5倍。城乡居民在洗衣机、电冰箱等耐用消费的差距也非常明显：2011年，农村居民洗衣机和电冰箱的普及率分别仅为城镇居民的64.5%和63.3%。当前每百户农村居民耐用品拥有量与城镇居民的时间差距至少超过了10年，部分耐用消费品拥有量的时间差距甚至超过了20年。这些差距还仅仅是数量方面的，城乡居民在耐用消费品质量和档次方面的差距，至少不亚于数量方面的差距。从总体上而言，对于绝大多数耐用消费品，农村居民的消费档次远逊于城镇居民，表明农村居民耐用消费品消费增长潜力巨大。

（二）耐用消费品加快普及

城市居民开始大规模购买家用电器等耐用消费品大致起始于20世纪90年代，当然，不同的家用电器的主要购买时间并不一致。农村居民购买耐用消费品的时序与城镇居民高度接近，只是在时间上滞后了若干年。传统的三大件（洗衣机、冰箱和彩色电视机）在城镇的需求已基本接近饱和，但对于大多数农村地区而言还有相当大的成长空间。城镇居民对移动电话、家用计算机、空调、热水器等新兴耐用消费品方面的大规模消费起始于90年代末期。随着农村居民的收入陆续达到当初城市购买不同类型的耐用消费品的水平，对于耐用消费的消费将达到需求爆发性增长的关口。通过比较城乡居民的家电普及率可以发现，农村居民消费需求的长期潜力巨大（见表6-8）。农村对信息化和农村互联网设施的进一步完善对农村家用计算机的普及率在未来几年将有深远的影响。

表6-8　　农村居民耐用消费品增长潜力（2011年年底）

消费品	农村家庭平均每百户耐用消费品拥有量	城镇家庭平均每百户耐用消费品拥有量	农村居民耐用消费品增长潜力
家用计算机（台）	18.0	81.9	355%
空调（台）	22.6	122	440%
照相机（部）	4.6	44.5	867%
热水器（台）	—	89.1	—
电冰箱（台）	61.5	97.2	58%
洗衣机（台）	62.6	97.1	55%
移动电话（部）	179.7	205.3	14%
彩色电视机（台）	115.5	135.2	17%

资料来源：根据《中国统计年鉴（2012）》计算整理。

（三）耐用消费品升级换代的消费需求

目前，农村地区的彩色电视机存量中，传统的 CRT 电视仍占绝对统治地位，在部分比较富裕的地区，农村居民也开始考虑其彩色电视机、洗衣机等“大件”的升级换代。未来几年，随着平板电视技术更新换代速度加快和售价的逐渐降低，平板电视将在农村有相当大的成长空间。随着农村道路的进一步改善和农民收入的提高，家用小汽车的消费也将逐渐成为一种潮流，不过，这一潮流在短期内还不会出现；但是，部分比较富裕的农村地区已经开始具备购买经济型轿车的实力，少部分农户已经购买了小轿车。

（四）农村交通通讯和衣着消费的增长潜力

农村居民交通通讯支出呈持续快速增长态势。2008 年交通通讯支出已在各项支出中排名第三位，这既是农村居民收入和生活水平逐步提高必然产生的需求，也是政府持续增加相关投入的结果。伴随中国信息化的渗透和汽车时代的逐渐逼近，农村交通通讯支出还有快速提升的潜力。另外，在过去 30 年来，衣着支出在生活消费支出中的比例总体上维持了稳步下降的格局，比例由 1980 年的 12.3% 下降到 2008 年的 5.8%，在消费比例序列中也由 1980 年的第三位下降到了 2008 年的第六位。但是，从 2000 年开始，这一比例基本维持在 5.5% ~6.0% 之间，这与城镇居民相比是一个较低的水平。随着农民收入的大幅增长，部分先富起来的农民日益重视服装的质量、款式、品牌、品位等。因此，农村居民的衣着支出在生活消费支出中的比重可能还会有一定程度的上升。

五、消费方式货币化与“城镇化”进程的“推动”效应

（一）农村消费市场化程度不断提高

农村的市场化进程加快，越来越多的农村居民用的是自来水，看的是付费的有线电视，骑着摩托车（极少数农村居民才开始开着汽车），用着

热水器中的热水，烧着液化气灶，以及网络等，都有别于过去的生活方式：使用不花钱的井水、看不付费的电视节目、骑着不烧汽油的自行车、洗用不花钱的秸秆烧热的水。前一种生活方式处处都需要花钱，但这正是农村消费逐步市场化的过程①，也是社会现代化的一个侧面。② 两种生活方式的生活质量有着非常大的差别，如今，富裕农户的消费层次与中小城市甚至大城市居民的生活已经看不出太大区别了。

（二）农村居民消费方式正在加速向城镇看齐

当前，农村家庭正在逐步走向小型化，农村居民消费的决策主体正在发生变化，“70后”、“80后”开始成为家庭的“当家人”，“90后”也将在不久的将来成为主要决策者。农村消费决策主体正在由上了年纪的中老年人转向受到了更多教育、观念也更为开放的青年人群体中。这一代农村居民掌握了更多的文化、知识和信息，更重要的是，这一代人大多都有在城市生活的经历，对城市消费方式耳濡目染，即便他们返回农村，也很难再回到过去农村那种传统的“不花钱”的消费模式。无论是从建造住宅，还是购买家用电器，或者购买摩托车，都可以发现，那些常年在外务工的人，都显得比那些常年待在农村的人要前卫得多。新一代农村居民具备更开放的消费观念，消费行为模式也将随之发生微妙的转变。一个非常重要的特征就是农村居民的消费日益向城市尤其是当地县城的消费看齐，基础设施的改善又进一步加快了农村居民生活方式城镇化的速度。

六、企业加大开拓农村市场力度的“促进”效应

当前，中国经济在整体上已经站在新的历史起点上。越来越多的工商企业管理层开始认定，广大农村市场将成为其未来增长的重要动力来源，相关行业（尤其是家用电器、客货汽车、摩托车、建筑材料、装修材料、

---

① 即便在农村各种红白喜事操办过程中，也发生了非常明显的市场化过程。比如酒席，过去向来都是事主亲自操办，现在一般都倾向于外包给专业化的酒席制作班子（该班子配备所有厨具、餐具甚至餐桌椅凳）。

② 对于这一过程，徐勇、邓大才（2006）总结了一个有趣的路径：生产生活消费社会化—货币支出压力—货币收入最大化—分工和专业化、外出务工经商—带动社会化水平的再提高—促进生产、消费社会化。

建筑服务等行业，还包括一些批发零售企业）中的很多企业都积极地在农村地区拓展分销渠道，空前加强了营销攻势。另外，由于农村基础设施不断完善，农村物流的效率得到相当大的提升，不仅工业品的流通网络和流通效率都有了较大的提升，产品质量与售后服务水平都有大幅提高，农产品的流通也大幅度提高。这些对于加快农村居民消费必然有相当的促进作用。

七、政府诸多政策刺激的“催化”效应

近年来，每年的中央“1号文件”均有不少内容与扩大农村消费、搞活农村流通有关。2008年国务院专门出台了《关于搞活流通扩大消费的意见》，其中强调要进一步健全农村流通网络，进一步扩大品种，加大“家电下乡”推广力度等。2009年的“1号文件”又进一步重申了以上要求，并明确提出“积极开拓农村市场”。[①] 遵照中央政府的以上精神，包括商务部等在内的中央部委及地方政府纷纷采取了各种措施，策划和出台了一系列重大项目，如“万村千乡市场工程”、“农超对接”、“双百市场工程”、“家电下乡工程”、“汽车下乡工程”、“5520工程”等，实施了包括税费减免、资金扶持、贴息、补贴等在内的重要政策支持，其中一些政策还带有常态化、制度化的趋势。各级政府和有关部门为“搞活流通”、“扩大消费”所出台的种种政策、工程、项目、措施，虽然其行政成本极其高昂[②]，但是，对于刺激农村消费，多多少少还是有一些贡献的。

第三节 农村居民消费健康发展的制约因素

近年来，中国农村居民消费出现了少见的高速增长势头，但与巨大的消费潜力相比，仍然存在相当大的开拓空间；但农村居民消费健康发展还

---

① 并提出要“支持流通企业与生产企业合作建立区域性农村商品采购联盟，用现代流通方式建设和改造农村日用消费品流通网络”，指出要扩大“农家店”覆盖范围，重点提高配送率和统一结算率，改善农村消费环境。

② 诸如很多地方在落实中央政策时存在跑、冒、滴、漏，假冒伪劣产品混入农村市场等现象，只是高昂的行政成本的某些表象而已。

存在一些制约因素。

一、增收基础不稳固，收入差距仍有扩大的可能

（一）农民增收基础仍不稳固，增收的不确定性较大

在全球金融危机和欧债危机的冲击下，全球经济复苏的不确定性，不但对我国经济增长产生很大的影响，也对我国农产品的需求和农民家庭经营收入增长造成冲击；同时，农民工可能回流农业，工资性收入尤其是外出务工收入增速和稳定性也有可能受到影响，农民增收的基础和形势不太乐观。国际国内为了应对金融危机释放的大量流动性可能会侵蚀宏观经济稳定的基础，整体经济面临衰退或滞涨的威胁，在此情形下，农民增收的基础不稳。

（二）收入差距对农民消费倾向和农民消费的影响

当前，中国农村地区间差距、城乡收入差距以及不同收入组的农民内部差距仍然较大，显然不利于农村居民扩大消费支出。首先，农村地区间农民收入差距较大。从东、中、西部和东北地区农村居民人均纯收入水平来看，如表6－9所示，2011年，最贫穷的西部地区仅为5 246.75元，而最富裕的东部地区则达到9 585.04元，前者仅相当于后者的54.7%。同时，地区间农村收入结构也存在着较大的差距。最富裕的东部地区，其农民纯收入中工资性占比高达52.32%，而东北地区和最贫穷的西部地区的这一比重分别只有25.94%和34.52%。东北地区农村居民家庭经营收入占比高达59.94%。从长期来看，农民的收入水平，将越来越取决于农民非农就业机会所决定的工资性收入。

表6－9 东、中、西部及东北地区农村居民家庭基本情况（2011年）

项　目	东部地区	中部地区	西部地区	东北地区
平均每人纯收入（元）	9 585.04	6 529.93	5 246.75	7 790.64
工资性收入（元）	5 014.77	2 809.46	1 811.41	2 020.90
家庭经营纯收入（元）	3 444.65	3 184.39	2 780.82	4 669.71
财产性收入（元）	407.24	111.03	137.29	407.14
转移性收入（元）	718.39	425.05	517.23	692.89

续表

项　目	东部地区	中部地区	西部地区	东北地区
人均纯收入构成				
工资性收入占比（%）	52.32	43.02	34.52	25.94
家庭经营纯收入（%）	35.94	48.77	53.00	59.94
财产性收入（%）	4.25	1.70	2.62	5.23
转移性收入（%）	7.49	6.51	9.86	8.89

资料来源：《中国统计年鉴（2012）》，中国统计出版社 2012 年版。

其次，城乡收入差距仍然较大。从 1989～2003 年的 15 年内，只有极少数年份（1992 年、1995 年和 1996 年）农民纯收入的实际年增长率超过了 5%。从 2004 年开始，农民收入增速虽有所加快，城乡居民收入相对差距有所缩小，但农民纯收入增速仍然远低于 GDP 的增速，也持续低于城镇居民收入的增速（见图 6－12）。

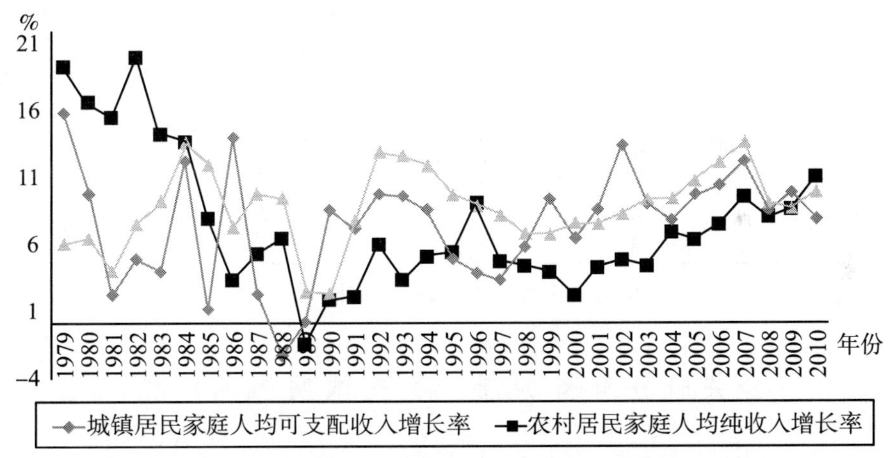

图 6－12　城乡居民人均净收入增长与人均国内生产总值增长率比较

资料来源：根据《中国农村住户调查年鉴・2011》计算整理。

城乡收入差距和农村居民内部收入差距的不断扩大，会降低整个社会和农村的消费倾向。收入差距的不断扩大成为中国农村居民消费快速增长的重要障碍。因此，如果要促进农村居民消费的更快增长，一个重要的方面是如何合理控制收入差距不断扩大的势头。当前整个社会的收入财富开始日益向城镇集中，而农村社会的收入和财富则开始日益向高收入群体集中，这显然不利于农村消费市场的快速增长。

（三）农民的财产性和转移性收入占比过低

2011 年，农村居民纯收入的构成中，家庭经营收入与工资性收入之和占比超过 90%，只有不到 10% 的收入来源于财产性收入和转移性收入。与城镇居民相比，农村居民的转移性收入占比要低很多。当前农民的财产性收入主要表现为租金，例如房租和地租等。但能获得租金的基本都是城市的郊区农民。对于绝大多数农村居民而言，其财产性收入只能寄希望于农地交易，但受到当前农地制度的约束，农民往往难以从农地交易获得太多好处（见表 6－10）。

表 6－10　　城镇居民家庭人均年收入结构

项目＼年份	1990	1995	2000	2010	2011
平均每人全部年收入（元）	1 516. 21	4 288. 09	6 295. 91	21 033. 42	23 979. 20
工薪收入（元）	1 149. 70	3 385. 30	4 480. 50	13 707. 68	15 411. 91
经营净收入（元）	22. 50	77. 53	246. 24	1 713. 51	2 209. 74
财产性收入（元）	15. 60	90. 43	128. 38	520. 33	648. 97
转移性收入（元）	328. 41	734. 83	1 440. 78	5 091. 90	5 708. 58
转移性收入占总收入的比重（%）	21. 7	17. 1	22. 9	24. 2	23. 8
财产性收入占总收入的比重（%）	1. 0	2. 1	2. 0	2. 5	2. 7
经营净收入占总收入的比重（%）	1. 5	1. 8	3. 9	8. 1	9. 2
工薪收入占总收入的比重（%）	75. 8	79. 0	71. 2	65. 2	64. 3

资料来源：根据《中国统计年鉴（2012）》计算整理。

二、公共服务有待加强，收支预期仍不乐观

农村公共服务体系不仅长期落后于城市，而且严重滞后于农村社会经济发展，对农村居民消费水平和生活质量与消费水平的提高造成了诸多负面影响。①

① 根据《中国统计年鉴（2009）》，2008 年，城乡居民用于医疗保健的支出占其纯收入（城镇居民为可支配收入）的比重达到 6. 7%，而城镇居民仅为 7. 0%。如果考虑到城镇居民实际可支配收入的低估，农村居民用于医疗保健的支出占纯收入的比重必然超过城镇居民。以上推论的一项旁证是，由中国社会科学院社会学所近年对中国城乡居民的一项大型调查显示，在医疗、教育等公共服务领域，农村家庭的消费支出比例要高于城市（中国社科院“中国社会状况综合调查”课题组，2009）。

（一）公共服务不到位“挤出”其他消费

农村居民较高的教育支出和医疗支出，虽然在某种程度上反映了农村居民消费结构的升级趋势[①]，但同时也表明，农村家庭的教育、医疗支出相对于农村居民的收入水平仍然过高，在很多农村地区，还普遍存在“因学致贫”和“因病致贫”的情况。如果考虑到中国农村居民消费结构整体偏低，高额的教育、医疗支出或许主要揭示的是一种典型的“挤出效应”，即由于农村地区的基本公共服务（尤其是基础教育、基本医疗）薄弱，农村居民在教育、医疗领域的私人负担比率过高，影响了农村居民消费水平和生活质量的提高。因此，如果能够在下一轮教育体制和医疗卫生体制改革中，把减轻农村家庭的教育和医疗费用负担作为基本目标，应该能够在很大程度上促进农村消费，并持续提升农民生活质量的改善。

（二）农村基础教育体系依然比较滞后

农村教育体系的基本问题在于：一是长期以来教育的公共投入严重不足。根据世界银行的数据，2003 年公共教育经费占 GDP 的平均比重，经合组织（OECD）国家为 5.5%，发展中国家为 4.2%，世界平均水平为 4.7%，而中国仅为 2.8%。二是本来有限的公共教育经费主要投在城市，农村获得的公共教育经费太少。近年来，各级政府虽然加大了对农村教育的投入力度，但城乡之间在义务教育的经费投入、办学条件和教师水平等关涉质量的方面存在着不小的差距。此外，农村教育经费也非常匮乏。目前中国的农村税费改革虽有效减轻了农民负担，促进了农村和农业发展，但也因此切断了“农业教育附加费、乡村教育统筹和集资”为渠道的教育经费来源。经费严重短缺的结果，是导致学校运转陷入种种困境，学校正常的办学条件也难以改善。

（三）农村医疗卫生体系仍然滞后

自 2000 年以来，政府开始承担更大的医疗卫生支出责任，中央政府

① 即在基本解决温饱问题之后，民众并没有马上开始“享受”生活，而是更加注重其人力资本方面投入（即教育、健康方面的消费支出）。

也开始在医疗卫生领域发挥更大作用，政府预算卫生支出占卫生总费用的比例逐年有所增加。但直至 2008 年，政府的卫生支出仍然不到 GDP 的 1%[①]，我国医疗卫生领域长期存在的“看病难，看病贵”问题一直未能得到真正的解决，相当比例的居民在患病后选择了“自我诊疗”。[②] 这种困境对于城乡居民而言是共同的，但农村居民所拥有的公共医疗卫生资源更少。我国的医疗卫生资源分布在城乡间严重不平衡，更准确地说是严重不公平。医疗卫生领域的高新技术、先进设备和优秀人才基本集中在大城市的大医院，40% 的城市人口消费 95% 的医药品，而 60% 的农村人口消费的医药用品仅为 5%。近年来，个人卫生支出占卫生总费用的比例已经从 2000 年的 59% 下降到 2006 年的 49.8%，但这一比例对于中低收入群体尤其是农村中低收入群体而言仍然不堪重负，以至于很多农村居民在患病后应就诊而不就诊。在很多农村地区，看病难、买药难、有病不看、大病等死已成为见怪不怪的事实。

（四）基本社会保障依然严重滞后

农村居民社会保障至少存在三大问题：第一，形式过于单一。大多数农村居民只有最低生活保障、社会养老保险、新型合作医疗，只有个别地区农村居民享受尚在试点中的农业保险。第二，保障人数少、水平低。2007 年，参加农村社会养老保险的人数为 5 172 万人，占全国乡村人口的比重只有 7.1%。第三，农村地区的养老设施严重落后。目前 1/3 的乡镇没有敬老院，与快速增长的农村老龄化现象不符。社会保障不足必然强化人们储蓄以备不时之需，从而降低农民的即期消费。[③]

农村现阶段养老保障的核心特征是，以家庭保障和土地保障为主，社会基本上不承担养老的责任。

（五）失地农民的基本公共服务困境

大多数农民失去土地后，都没有稳定的经济来源，原本由土地承载的

---

① 根据第二次全国经济普查结果，2008 年中国大陆 GDP 数据修订为 314 045 亿元，当年医疗卫生领域的财政性总额为 2 825.56 亿元，仅占当年 GDP 的 0.90%。

② 2003 年第三次全国卫生服务调查显示，两周患者未就诊率（应就诊而未就诊的比例）从 1993 年的 36.4% 上升到 2003 年的 48.9%（转引自联合国开发计划署编，2008，第 44 页）。

③ 参见中国社会科学院农村发展研究所、国家统计局农村社会经济调查司，《中国农村经济形势分析与预测（2008～2009）》，社会科学文献出版社 2009 年版，第 215～216 页。

社会保障功能消失；同时又无法享受与城市居民同等的基本公共服务权利，这使得失地农民遭遇风险时陷入贫困的概率上升。根据韩俊先生2005年的一项针对失地农户共7 187名劳动力的调查，征地时安置就业197人，仅占2.7%；外出务工约占25%；一半以上被迫在当地从事农业或第二、第三产业；失业在家约占20%。在征地中普遍实行货币补偿后，失地农民自行解决养老、医疗、失业等社会保险待遇，但有些农民由于征地补偿少，承担不起相关保险费用，失地农民社会保障覆盖率总体较低。另外，在严格的计划生育政策下，大量失地农民养老既得不到家庭保障，也得不到社会保障。如何将失地农民逐步纳入城镇社会保障体制，为其提供义务教育、养老、公共卫生和基本医疗、失业保险等基本公共服务，是中国逐步实现基本公共服务均等化面临的一个重大挑战（参见联合国开发计划署编，2008，第84页）。

三、基础设施尚待完善，消费环境还须改良

（一）农村基础设施的总体水平还有待进一步提高

近年来，由于中国政府高度重视社会主义新农村建设，农村基础设施和消费环境均获得大幅改善，但就农村和农业固定资产投资（在很大程度上反映农村基础设施投资的情况）总量而言，其在全社会固定资产投资中的比重有不断下滑之势。这种下滑态势虽然在近年来有所缓解，非农户投资占比也有所提高（参见图6－13和图6－14），但投资力度仍显不足。

总体而言，农村地区的交通、电力、供水、供气、电信、网络等影响消费水平快速增长的基础设施均有待于进一步改善：首先，农村交通设施还须进一步改良。其次，农村电力、供水、垃圾处理等基础设施仍然比较落后。最后，农村地区的电信和网络等基础设施还有待进一步加强。

（二）基础设施的建设与维护机制尚有重要缺陷

当前，农村的基础设施还有相当的改进余地。例如，在农村道路建设方面，断头路非常多，村与村之间的硬化路没有做到很好的衔接。应该说，在前一个阶段，各级政府在农村基础设施方面投入了大量的资源，下

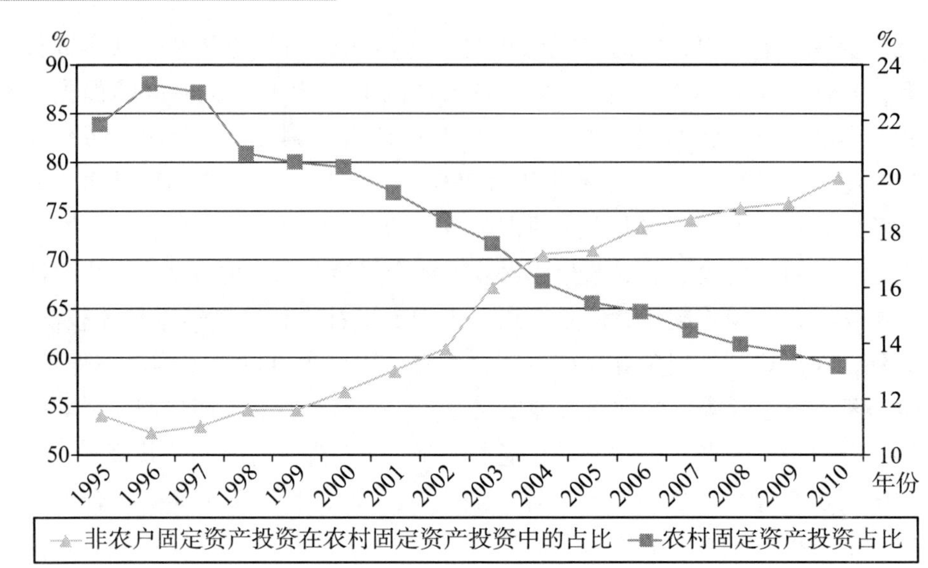

图 6－13　农村固定资产投资占比与非农户固定资产投资在农村固定资产投资中的占比

注：2012 年年鉴不再区分城乡，故只更新到 2011 年。
资料来源：根据《中国统计年鉴（2011）》计算整理。

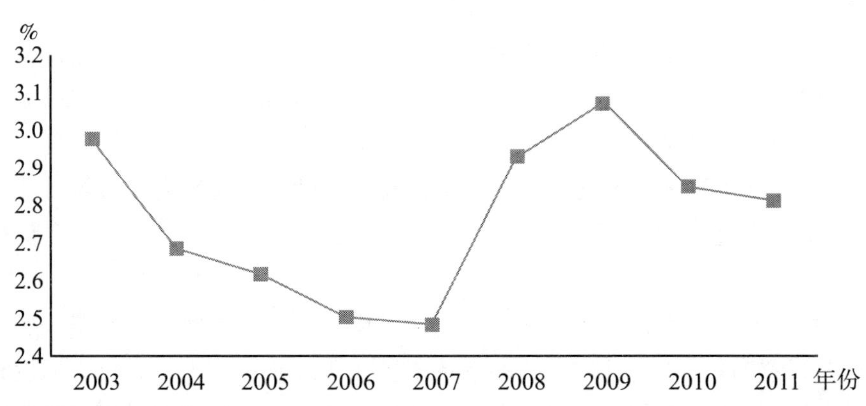

图 6－14　近年来农、林、牧、渔业固定资产投资占固定资产投资总量的比重变化

资料来源：根据《中国统计年鉴（2012）》计算整理。

一阶段就是如何将农村道路更好地整合、衔接，这些方面的投资将远远小于前一阶段的道路投资，但是也更需要在体制和机制方面的创新。我们认为，村庄之间的道路衔接应该由县政府甚至更高层次的政府来负责规划和组织，使得农村道路更加科学、合理。

另外，农村基础设施专项建设“地方配套”体制也亟须改革。根据作者对安徽北部农村地区的调研，在财力薄弱的地区，“地方配套”体制往往使一些中央政府支持的重点工程最后沦为“半拉子”工程，也使得农村道路、农田水利基本建设等极其重要的基础设施无法顺利获得正常投入。

（三）对农村信贷的歧视导致严格的流动性约束

长期以来，我国信贷市场就存在“贷城不贷乡，贷富不贷贫，贷多不贷少，贷长不贷短”等现象，农村信贷市场更是存在制度不健全，覆盖面小，农民贷款难等问题。[①] 农村信贷发育的严重滞后，不仅使得农民消费缺乏有效的金融支持，也导致农村生产缺乏必要的金融支撑，导致农民可用于消费的支出萎缩。农村居民往往是受信贷约束最为严重的群体，农村居民所拥有的各种可以变现的财富（如储蓄、有价证券等）很少，同时很少能够从正式金融系统获得必要数量的贷款，而民间信贷的利率又非常高，这样必然影响农村居民通过变现部分财富或通过信贷以“平滑”其消费的可能，从而，无论是耐用消费品还是非耐用消费，都受到年度收入波动的巨大影响。若能通过促进农村金融市场的发展以有效缓解农村居民的流动性约束，当然有利于拓展农村消费市场。[②]

（四）农村消费环境还需进一步改良

当前，农村地区的消费环境较差，商品分销效率较低，分销成本高昂导致农村地区同等质量商品的零售价格普遍高于城镇，而且，假冒伪劣商品较多，消费安全存在隐患。农村地区商品分销效率较低，可以从城乡居民消费价格指数的变动中得以佐证。2001～2011 年，农村居民消费价格指数持续高于城市居民消费价格指数（见图 6－15）；从 2011 年各月份的情况来看，农村商品零售价格指数也持续高于或等于城市商品零售价格指数（见表 6－11）。这意味着农村居民的实际消费水平还将进一步大打折扣。

---

① 参见中国社会科学院农村发展研究所、国家统计局农村社会经济调查司：《中国农村经济形势分析与预测（2008～2009）》，社会科学文献出版社 2009 年版，第 216－217 页。

② 正如万广华、史清华、汤树梅（2003）所言，农村居民的流动性约束将继续存在。农村金融市场的发展，尽管需要一定的时间并需要在政策上精心设计，但其确实对拓宽农村消费市场，启动国内需求市场有很大的帮助。

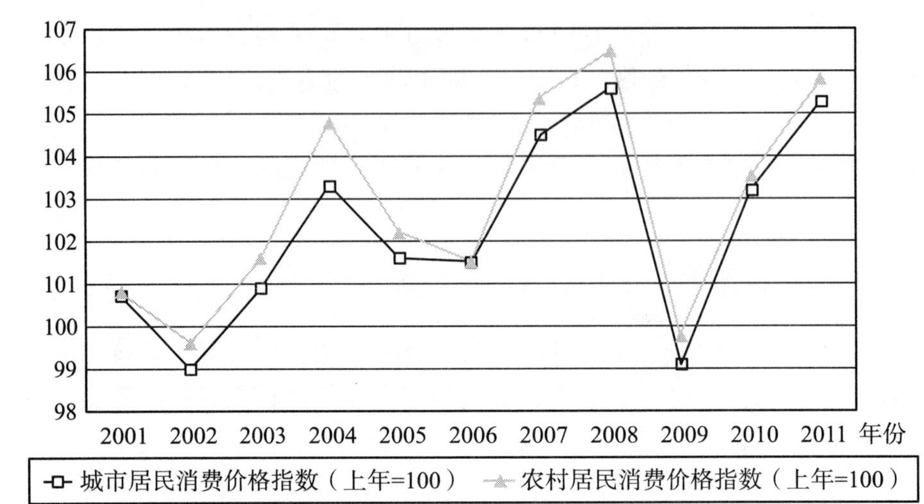

图 6－15　城乡居民消费价格指数变化

资料来源：根据《中国统计年鉴（2012）》和国家统计局网站在线数据整理。

表 6－11　　2012 年各月份中国城乡商品零售价格指数（上年同月＝100）

月份	城市	农村
2012 年 1 月	103. 9	104. 5
2012 年 2 月	102. 8	103. 0
2012 年 3 月	103. 4	103. 7
2012 年 4 月	103. 0	103. 3
2012 年 5 月	102. 4	102. 7
2012 年 6 月	101. 3	101. 5
2012 年 7 月	100. 7	100. 8
2012 年 8 月	101. 0	101. 1

资料来源：国家统计局网站在线统计数据。

四、农产品流通不畅、农资价格偏高

与城镇居民不同的是，农村居民拥有生产者与消费者的双重身份，其生产决策与消费决策是不可分割的。就中国现阶段而言，农产品市场化程度有待进一步提高，其市场范围有待进一步拓展，农产品价格仍有相当幅度的波动；与此同时，一些重要农业生产资料的流通体制存在严重缺陷，导致一些重要农业生产资料价格偏高。以上现实会引发两个基本问题：第一，农产品流通不畅必然影响到农民家庭经营收入的提高，从而影响消费；第二，偏高的农资价格会对其他消费形成“挤占”。

（一）农产品流通效率低下影响农民增收

关于农产品流通效率低下影响农民增收的研究，仅国内文献就堪称汗牛充栋，本书不再赘述。在广东商学院王先庆教授看来，农产品流通与农村消费实际上是同一问题的两个不同方面，农产品销售困难是正是引发农村消费疲软的重要原因。对于传统农区而言，农产品流通效率的提升在很大程度上成为开拓农村消费的基本前提，而农产品流通效率低下必然影响农民增收从而必然影响农村居民消费的扩张。

（二）农业生资价格上涨过快导致生产性消费“挤出”生活消费

近年来，以化肥为代表的农业生产资料价格多次出现大幅上涨直接对中国农业综合生产能力产生消极影响，也在很大程度上抵消中国政府诸多支农惠农强农政策的效果，不利于传统农区农民家庭经营收入的持续增长，从而必然影响农村居民生活消费水平的提高。另外，农业生产资料价格过快上涨也在很大程度上“挤占”了农村居民的生活消费支出。在农村家庭经营费用支出中，最为重要的支出是第一产业支出。农村家庭经营费用支出在农民现金支出中的比重持续上升提示两个重要方面：一是农业生产资料领域的反垄断显得日益迫切；二是不断上升的农资价格在很大程度上成为挤占农村生活消费最重要的因素。

五、农村人口“未富先老”、养老保障不足

伴随着中国经济社会的快速转型，尤其是农村大量青壮年人口向城镇加速迁移，加上中国大多数农村地区实行比较严格的计划生育政策，以及医疗水平的持续提升，中国农村地区的人口结构正在经历前所未有的剧烈转变，农村人口老龄化问题必然日益严重。人口的老龄化对于任何社会都是重大挑战，对于社会保障体制不健全的我国农村地区而言更是如此，其中一个重要方面是对农村居民消费的健康发展产生负面影响。

农村老龄化速度将快于城镇。根据《中国人口和就业统计年鉴》严格的抽样调查数据，乡村人口的老龄化程度高于镇和城市，乡村地区无论在总扶养比、少儿扶养比还是老年抚养比方面，都大大高于镇和城市

（见表6－12）。实际上，农村人口的实际老龄化程度要远远高于统计年鉴中公布的数据。原因在于，以上数据主要是按户籍统计的。在中国绝大多数省份的农村地区，越来越多的农村户籍人口常年在外务工，这就导致了农村地区实际老龄化程度的严重低估。农村老龄化比城镇发展得快，但却没有城镇那样的稳定的社会保障制度给予生活和养老保障。在缺乏必要保障前提下的老龄化必然对农村消费造成消极影响。

表6－12　2009年中国城市、镇和乡村人口年龄构成和抚养占比的情况

区域	人口数（人）	0～14岁	15～64岁	65岁及以上	65岁及以上老人占比（%）	总抚养比（%）	少儿抚养比（%）	老年抚养比（%）
城市人口	296 289	37 258	229 592	29 439	9.94	29.05	16.23	12.82
镇人口	251 189	42 905	185 037	23 247	9.25	35.75	23.19	12.56
乡村人口	617 508	116 354	440 641	60 513	9.80	40.14	26.41	13.73

资料来源：根据《中国人口和就业统计年鉴（2010）》中的表2－8～表2－10整理和计算。

六、工商企业忽视农村市场

长期以来，不少工商企业的经营主要是面向城市和国外的消费者，这些企业很少对农村市场进行必要的市场调查，其生产的商品在农村不能适销对路并不奇怪。① 另外，对城镇居民有效的广告和营销方式，对于农村居民也不一定有效。很多企业只是在其产品销售遇到困境时才想到去开拓农村消费市场。但是，正如姜长云（2009）所言，在当前外需不振的情况下，尽管通过引导和扩大农村消费，可以拓展部分行业的市场空间；但在此方面，切忌缺乏战略眼光，如果只是在城市企业出现严重的产能过剩或出口滞销问题时，才想到农村，则迟早要被农民、被农村拒绝。

① 据有关机构在世纪之交之际，对20多家全国著名的消费品生产企业的生产调查，只有10%对农村市场进行过系统调查，8%设有专门的农村市场营销部（转引自王宏伟，2000）。这一现象至今并没有发生根本变化。

七、城乡居民权利不平等

一些学者认定农村居民“消费观念滞后”构成了中国农村消费的重要障碍。然而，就其本质而言，农村居民消费观念的形成，乃是由其所处的特定社会环境、收入水平、基础设施配套、收支预期、基本权利等各方面共同决定的。与其他很多学者一样，作者也承认观念和文化等“社会意识”因素对消费的重要影响，但同时也坚持认为，更关键的问题在于基本权利所决定的收入、财富、体制等“社会存在”因素。[①] 农村居民消费观念不是“滞后”，更不是“落后”，而是由于城乡居民在收入、财产、消费和生活质量方面存在巨大的基本权利差距造成的后果。正如秦晖（2009）所言：“拉动内需”不能仅仅在经济政策上做文章。与当前的“支农惠农”政策相比，城乡统筹的教育、医疗、社会保障等社会领域改革显然更加意义深远，为在社会领域推进城乡统筹的深层次改革，户籍—行政—财政—司法体制可能都需要进一步加快改革。[②]

在城乡二元格局之下，由于在城市买不起房，也租不起高质量的住房，大多数到城市务工、做生意或那些非正规就业者，大多选择租住在质量低劣的郊区平房，在那里，基础设施一般较差，即便想提高生活质量，也没有提高的条件。在农村，由于常年不在家居住，也不愿意改善居住条件。如果不对城乡二元格局进行根本变革，农村剩余劳动力在城、乡两头都有“家”，两头都不是真正的“家”的困境得不到根本改变，农村居民消费很难真正有效启动。

城乡之间的公共财政资源严重不对称是影响城乡居民基本权利不平等，尤其是引发农村公共服务供给不足的重要原因。过去的十多年中，乡镇财政收入和财政支出占全国财政收支的比重实际上在不断下降（见表6－13）；然而，乡镇人口占全国总人口的比重超过50%，其结果必然影

---

① 即便消费观念对消费影响重大，但“撼山易，转变观念难”，试图在短期转变居民的消费观念，谈何容易？

② 陈志武教授直言，民主才能拉动内需。如果能够在“为自由而限权，为福利而问责”这两个方向上不断取得进展，逐步改变如今这种依靠“低人权优势”展现“竞争力”、GDP增长虽然迅速但成果分享方面的缺陷却日益严重的状况，才能真正成为一个内有凝聚力、外有感召力的大国（秦晖，2009）。

响农村基层政府提供公共服务的资源和能力。[1]

表 6－13　　乡镇财政收支及其占全国财政收支比重变动情况

指标	单位	1996 年	2006 年	增减变化	增长（%）
乡镇财政收入	亿元	1 352	6 310	4 958	366. 7
乡镇财政支出	亿元	1 219	5 265	4 046	332. 0
全国财政收入	亿元	7 408	38 760	31 352	423. 2
全国财政支出	亿元	7 938	40 423	32 485	409. 3
乡镇财政收入占全国财政收入的比重	%	18. 25%	16. 28%	—	—
乡镇财政支出占全国财政支出的比重	%	15. 36%	13. 02%	—	—

注：没有第三次全国农业普查，故没有更新。

资料来源：根据《中国第二次全国农业普查资料综合提要》（第 248 页）和《中国统计年鉴》（2009）计算整理。

在相当长的时期内，政府并没有真正充分认识到基本公共服务和基础设施对于农村经济的日益突出的重要性，各级政府对农村的教育、医疗、农业基础设施（尤其是农田水利基础设施）、交通、供水系统的投资极为不足。这一问题由于县乡财政能力的弱化而变得尤其严重。在现行的财政体制和行政体制下，大多数基层政府都不愿意将“稀缺”的公共资金投往那些“落后”的农村地区，即便是在中央反复强调将基础设施的投资重点转向农村地区之后，仍然有很多急需提供的基础设施和公共服务未能普及到农村地区。随着农村经济和整个国民经济的持续快速发展，滞后的公共服务和基础设施对经济社会的协调发展造成了日益严重的困境。现行的行政体制和财政体制必然引发的问题是：现代文明社会公认应由政府负责或主要由政府负责的领域（如农业基础设施、基础教育、基本医疗），政府并没有真正做好——要么由于缺乏激励，要么由于缺乏提供这些基本的公共服务所必需的各种资源，因此，难以缓解城乡居民基本权利不平等格局。

① 正如世界银行东亚与太平洋地区（2008，第 84 页）所言，相当数量的地方政府（尤其是中西部地区的地方政府）缺乏充足的资源来改善农村地区的公共服务。

第四节 促进农村居民消费健康发展的建议

当前中国农村居民消费的症结已不在于农业、农村和消费者本身，而在于整个经济体制和行政体制。因此，必须跳出“三农”和“消费”审视农村居民消费。

一、基本前提：推动城乡居民基本权利平等化

城乡居民基本权利的不平等，在很大程度上与农村居民在现行的行政—政治体系[①]中缺乏必要的话语权密切相关。为从根本上推动城乡居民基本权利平等化的进程，必须尽快推动城乡居民政治权利的平等，确保“公平正义”是持续拉动内需的基本前提，否则，很有可能陷入“拉美化”陷阱。

（一）政府应将“公平正义”作为执政的基本立足点

“公平正义”不仅是人类发展的基本前提，也是人类发展的应有之义，没有“公平正义”就不可能有真正的发展。为实现有包容性的可持续发展，我国需要将积极的公平和亲贫政策全面贯彻到未来国家宏观经济框架中（参见中国发展基金会、UNDP，2005，前言）。只有真正将“公平正义”作为执政的基本立足点，才有可能尽快减少直至消除对农业、农村和农民系统化、长期性的制度性歧视，并最终实现城乡居民基本权利的平等化。更加公平地对待农村居民，对社会上每一个人都有好处。相反，让农村居民这样的弱势群体变得更弱，到头来只会损害整个社会的利益。因此，即便从维持政权的角度，政府也应该将“公平正义”作为执政的基本立足点。

（二）适当调低增长率，着力“惠民生”和“调结构”

在追求高增长目标的情况下，必然会忽视农业、农村、消费、民营企业、服务业、中小企业、劳动密集型企业和市场的力量。目前，需要大胆承认现行经济—政治体制与“保增长”与“调结构”和“惠民生”存在着诸多难以调和的矛盾。在“保增长”已经取得阶段性胜利的大前提下，

① 不仅包括政府，而且也包括党委、人大、政协。

应该尽快将“惠民生”和“调结构”提升至政府经济工作的首位，应该果断将过高的增长目标降下来，逐步改变“高增长偏好”。与其让大多数民众在高增长中获得较少的实惠，不如在次高增长中让大多数民众获得较多实惠。这样，才有可能扩大国内消费需求（包括农村居民消费），从而真正获得可持续发展，否则，不仅农村居民消费市场的开拓没有可能，就连中国经济按原先的轨迹继续前行也会非常困难。

（三）尽快消除对服务业、民营企业和中小企业的制度化歧视

每种经济发展方式都将有不同的就业吸纳力。过去20年的重大成就是实现了史无前例的高增长，但是，在最大限度地吸纳就业和最大限度地促成民众生活质量提升方面却存在相当的不足。当前，我国经济仍然在很大程度上重复着依靠巨额投资促成高速增长以实现快速增长的动机。

中国农村居民的增收潜力越来越与就业机会紧密联系在一起，而缺少足够的就业机会，不仅是很多农村居民收入增长缓慢甚至陷入贫困的直接原因，也是农民增收缓慢的间接原因。因此，努力增加就业机会，尤其是增加城镇的就业吸纳力，不仅直接有利于农民，而且间接有利于农民增收，从而更有利于实现城乡居民基本权利平等化。为了最大限度地提升城市的就业吸纳力，为了最大限度地促进农民增收，也为了最终有利于加快推动城乡居民基本权利平等化进程，必须尽快消除对服务业、民营企业、中小企业和劳动密集型企业的制度化歧视，实现“益贫式”增长。[①]

（四）加快推进政府体制改革

中国经济已经站在一个新的发展阶段上，无论是从国内还是从全球来看，均是如此。无论是在经济上，还是在政治上，目前都具备了加速推动城乡居民基本权利的条件，也是推动平等化的较好时机。当前，政府需要深化改革，实现从经济建设型政府、追求GDP增速的政府向服务型政府转变，切实改变目前政府介入经济过深的状况。政府的改革必然会触动一批既得利益者的利益，将会遇到重重阻力，但必须坚定不移地加以推进，设法使政府

① 正如中国发展基金会、UNDP（2005，第17页）所言，劳动密集型产业的发展和劳动密集型技术的应用，增加民间投资，发展中小企业，发展农业和促进农业经济增长等措施都将有助于缓解贫困和缩小收入差距。

真正成为经济转型和发展方式转变的重要推动力量（参见张卓元，2010）。

二、根本措施：增强农民增收能力，改善增收环境

农村居民的可支配收入不提高，其消费不可能增加。

（一）增加农民收入是扩大农村消费的原动力

需求与市场规模的不断扩张，要么来自源源不断的出口需求增长，要么源自不断成长的国内市场。[①] 而需求的扩张，显然有赖于居民收入水平的提高。如果没有农村居民纯收入的持续提高，农村居民消费需求就不可能持续扩张，整个经济也就不可能实现可持续协调发展。

（二）稳健而积极的城市化是农民增收的根本出路

增加农民收入必须在城市化和工业化的大背景下才能得以真正的解决。为避免城镇化过程中陷入“拉美陷阱”，需要有鼓励创业和就业的软环境，需要有大量微型和中小型企业的迅速发展，需要有服务业快速发展，这些企业一般都是劳动密集型企业，这些劳动密集型产业的迅速发展很好地解决了经济迅速增长过程中需要提供大量工作岗位的难题。[②] 我国过去30年的经验证明，凡是城镇化进程比较顺利的时期，往往也是农民收入增长较快的时期。而在城镇化进程因为种种原因受阻的时期，农民收入增长也会随之放缓。[③]

---

① 美国历史上的土地轮种制、对牲畜更有效的使用以及高产种子提高了农业生产率，而真正使这些新技术和新产品充分发挥效率的，是不断成长的国内和国际市场。证据同样显示，只有当需求快速增长时，才能实现最优生产率……更加复杂的机器，如轧棉机以及后来的脱粒机和拖拉机，显著地提高了生产率。然而，是国内市场及出口市场对美国产品的强大需求创造了革新与投资的动机（马德里克，2003，第85～86页）。

② 此处的分析受到中共中央党校政策研究室副主任周天勇教授2006年4月在中国社会科学院研究生院的博士生必修课“经济学前沿专题”课上的一次题为《制度逆向安排：劳力剩余、失业严重和分配不公的深层症结》的讲座的启发。

③ 1985年到20世纪80年代末，乡镇企业迅猛发展，吸收了1.2亿农村劳动力到非农产业就业，出现邓小平同志所说的“第二个意想不到”。从80年代末到90年代中期，则有大约1亿农民工进城。但是从1997年起，农村产业、就业出现了逆向调整，乡镇企业大量停工、破产，1998年、1999年农村工业从业人员净减少1 000万人左右，而农业从业人员不减反增，农民收入也就出现增长缓慢，农村、农民问题因而转为严峻（林毅夫，2002）。

（三）持续增强农民增收能力，确保农民收入水平稳定增长

持续增强农民增收能力是促进农村居民消费市场持续扩大的主要因素。考虑到农业经营收入在我国农村居民纯收入占比高达38.6%（2009年），仍有必要从农业生产和流通方面为农业增收创造良好的环境，尤其要创造条件让更多的农民参与到农村现代流通体系建设和发展中去。同时，由于我国农村居民收入将越来越依靠工资性收入，需要为非农产业发展创造更好的环境，保护农民工合法权益，增强农民非农产业收入的能力。为了在长期中提高农民的增收能力，必须高度强调农村人力资本投资，尤其是加强农村人力资本的公共投资，除大幅增加农村基础教育和基本医疗卫生投入之外，还应该通过各种形式提高农民的生产经营技能。

（四）设法改善农村居民收入结构，实现藏富于农民

我国农村居民不仅收入水平较低，而且收入结构欠合理，即收入总量之中和转移性收入财产性收入占比过低，增加农村居民的转移性收入和财产性收入还有相当大的空间。

首先，应继续增加对农村居民的各种补贴，增加农民的转移性收入。其次，应设法让农村居民获得更多的财产性收入。最后，应该设法缓解收入差距不断扩大的趋势，促进收入分配更加公平。前文的分析表明，越是贫困的群体，其平均消费倾向越高。因此，促进农村缓贫，无论是“输血式”缓贫还是开发式缓贫，都有利于促进整个社会的和谐和扩大农村居民的消费需求。①

---

① 缓解收入差距不断扩大，应妥善处理好市场与政府的关系。市场的作用是通过经济信号诱导农村生产要素朝着生产率高、回报率高的部门和地区流动，以促进农民收入增长，消除产业间的回报率差距和地区间、城乡间的发展差距。政府的作用是增加农村公共产品和社会福利的供给，尽快消除城乡间、地区间公共产品和社会福利供给上的差距（参见中国社会科学院农村发展研究所、国家统计局农村社会经济调查司：《中国农村经济形势分析与预测（2008~2009）》，社会科学文献出版社2009年版，前言）。中国城乡间巨大的收入差距演化到当前，一方面是市场机制未能充分到位的结果；另一方面也是政府在公共产品和社会福利供给方面存在严重的城市偏向的必然结果。

三、基本方向：投资于农民的未来，改善农民收支预期

（一）加大农村教育、农村医疗的投入和改革力度

通过提供更高水平的农村公共服务而投资于农村居民的未来，除具备一些功利性价值外，其本身就直接关涉农村居民的尊严、健康、未来与整个社会的公平正义，所以，提供更高水平的农村公共服务是政府的基本职责。大量证据表明，在那些农业正迈向现代化的国家里，农民基础教育的收益率很高（舒尔茨，2001，第 26 页）。然而，我国公共支出的显著特点是用于人力资源发展、科学技术及社会福利的支出比重较低，而资本性支出和行政管理费所占比重较高（世界经济合作与发展组织，2006，第 32 页）。

巨大的城乡差距要求必须强化政府尤其是中央政府在促进农村公共服务、推动城乡居民基本权利平等方面的职能。人数众多的农村居民缺乏足够的政治代表决定了他们是“集体行动的逻辑”的必然受损者，从而必然使得欠发达地区的城乡差距更为严重。因此，中央政府必须制定出全国农村公共服务的最低标准，同时也要提供必要的资金支持，从而在全国范围内尽可能实现公共服务供给的均等化。为此，必须加快改革当前滞后的财政体制，在加大中央对地方转移支付的基础上，进一步规范转移支付制度。与此同时，农村教育和医疗体制尚需加快改革，以满足农村居民不断提升的教育需求和医疗需求，并适应农村人口结构的变化。

（二）尽快在农村普遍建立养老保险等社会保障体系

国外的经验表明，养老保险制度必须在老龄化高峰期到来前二三十年建立，否则会引起社会波动。计划生育政策和高速城市化必然使我国农村的老龄化高峰提前到来，在农村积极、稳妥、及时地建立和完善社会保障体系，除了可以使农村居民在丧失劳动力之后，有一个基本的生活保障，起到稳定社会的作用外，还有另一个非常重要的作用，即促进目前农村土地功能从人人有一份的福利性资源向生产型资源的转化，在更大程度上发

挥土地的效益，削弱农村土地的社会保障功能，促进农村土地使用权的流转。[①]

四、重要支撑：继续加大基础设施投入力度，改革建设与管护体制

农村基础设施建设对于扩大内需的作用非常重大。[②] 进一步加大“水、路、电、气”等农村生活基础设施的投入力度，一方面有利于推动城乡居民基本权利平等化进程；另一方面也可以改善农村居民的消费条件，减少农民消费障碍。城市化进程的加快并不能降低加大农村生活基础设施投入力度的必要性和紧迫性。我国庞大的人口基数决定了，即便城镇化率提高到相当高的水平，仍然会有数亿人居住在农村。

在加大投入的同时，还必须加快探索农村基础设施建设与管护的新机制，稳步推进农村基础设施建设与管护体制的改革。政府对农村基础设施的投入，应尽可能采用直接投资或以工代赈、以奖代补、直接补贴等形式，让农民直接受益，使基础设施建设投入通过“涓滴”效应转化为农民的收入，以增强其消费和投资能力。

五、重要保障：提升农村流通效率，改善农村消费环境

（一）终止对农村的金融歧视和垄断，缓解农民的流动性约束

考虑到农村居民建房对于农民生活质量改善及其对相关商品和服务（尤其是家用电器、家具、厨卫、装修）的巨大带动作用，建议对农村居民建房提供信贷支持，从而可以起到“四两拨千斤”的作用。充分利用

---

① 张晓山等：《现阶段中国农民消费行为分析》，引自成思危主编：《中国农村消费市场的分析与开拓》，民主与建设出版社 2001 年版，第 129 页。

② 对于这一点，林毅夫先生早在 21 世纪初期就有非常精辟的论述。张红宇、孙立刚、张海阳等（2009）则指出，农村基础设施建设对于扩大内需的作用比一般的基础设施建设更为重大。在他们看来，加强农村基础设施建设，不仅能增加未来农业产出能力，改善农民生产生活条件，而且大量的基础设施投入还可以转化为农民收入，增强农民消费能力，其刺激经济增长的“乘数”作用远大于一般的基础设施建设。

农村新一轮建房潮正在到来这一大好时机，强化政策性金融（对农村建房提供融资）。同时，应强化农村金融对农村生产和生活消费的支持，缓解农村居民的流动性约束。在中国，非正规金融市场上的任何取缔或禁止措施都将会抑制消费与国内需求。政府应当重点考虑规范正规金融市场与强化农村正规信贷市场（万广华、史清华、汤树梅，2003）。

（二）提升农产品和农业生产资料流通效率，全面梳理相关税费体系

1. 终结对流通业的各种歧视性政策。

目前，只有少数省份实现了对流通企业用电给予工业电价优惠、对大型物流配送企业新增用地给予优惠等措施，绝大多数地区流通企业（包括农产品流通企业）的要素成本、用水用电成本均较高。因此，必须在制度上终结对流通业在用水、用电、用地等方面歧视。

2. 真正落实对农民合作社的税收优惠。

农民合作社的发展需要一系列的优惠措施，其中一个非常重要的方面就是税收优惠，一些国家甚至对农民合作社的经营活动免税。中国于2007 年 7 月 1 日起施行的《中华人民共和国农民专业合作社法》第八条和第五十二条均规定农民专业合作社可享受税收优惠。应真正落实《中华人民共和国农民专业合作社法》关于农民合作组织税收优惠的规定，促进中国农民合作组织的健康发展，全面带动中国农产品和农资流通效率的提高。

3. 促进农业生产资料竞争，降低生资流通费用。

考虑到我国农业生产资料尤其是化肥进口、销售体制仍然存在相当的垄断性，必须进一步改革化肥流通体制。同时，在全面总结农产品“绿色通道”经验的基础上，适时推动该政策覆盖范围的拓展，实行农业生产资料“绿色通道”，降低农业生产资料的流通成本，促使其在更大范围内流动。

（三）企业应高度重视工业消费品下乡过程中的“服务下乡”

企业所生产的各种商品顺利“下乡”的前提是“服务下乡”。在农村各种基础设施配套和各种公共服务“下乡”滞后的大前提下，企业是很难顺利开拓农村居民消费的。然而，这并不意味着企业束手无策。很多商品的销售往往与配套服务尤其是售后服务密切相关。服务尤其是售后服

务，不仅是影响城市居民消费的重要因素，也是影响农村居民消费行为的重要因素，若能合理利用，将有助于企业在农村地区增加市场占有率。

（四）高度重视农村流通领域中的产品质量与食品安全问题

农村流通领域中的产品质量尤其是食品安全问题都将日益突出。随着农村居民收入水平和消费水平的提高，大部分农村居民自给自足的比例逐步下降，农村居民对工业化产品的需求将日益增长，但相对于城市低得多的支付能力，使价格低廉的假冒伪劣食品有可能在农村有巨大的市场，从而使得产品质量和食品安全问题将日益普遍化。另外，随着发达地区和城市食品安全监管力度不断加大，不安全产品和食品有可能大量向欠发达地区和农村地区转移，农村和欠发达地区监管的相对缺失，将进一步加剧这些地区的产品质量和食品安全问题，这不仅会影响到农村居民的身心安全，同时也会影响到农村居民消费的可持续发展。

六、智力储备：持续重视对农村居民消费的深入研究

经济发展的根本目的并非生产，而是消费和生活。[①] 如此众多的生产成果相当大的比例依赖出口，而不能有效地用于国民消费，经济发展的最终目的就没有实现。过去的30多年中，我国政府曾有三次高度“重视”农村市场、农村消费和农村流通。第一次是在1989年之后，当时“市场疲软”非常严重，商业部和轻工业部均组织人员专门研究“开拓农村市场”；第二次是在1998年亚洲金融危机之后，国务院专门研究“开拓农村市场”[②]；第三次是在2008年全球金融风暴开始蔓延之后，党中央国务院将“扩大农村消费”视为“扩内需”最大的潜力。[③] 然而，我国政府对于消费、流通尤其是农村消费、农村流通的重视从来就没有常态化和制度化。社会各界对于农村消费的研究并不深入，有关部门也没有真正“重视”过。考虑到农村消费在国民经济和扩大内需中的重大作用，各相

① 生产仅仅是生活的一个组成部分而已，经济越是发展，就越成为生活中不重要的部分。生活服从于生产，显然是颠倒主次。

② 国家统计局农调总队课题组（1999）和国家统计局贸易外经司课题组（2000）这两篇文献显然带有这样的“时代特征”。

③ 此处受我国著名商业经济专家、原中商商业经济研究中心副主任刘海飞研究员启发。

关政府部门应在课题的发布和资助方面向农村消费问题有所倾斜。培育与开拓农村消费市场，需要耐心与理性，急功近利的做法在根本上不利于农村消费市场的健康发展。因此，在政策设计方面，应持续强调对农村消费市场的培育，“奇招”、“快招”往往可能是“损招”，是典型的掠夺式开拓。与其想方设法“刺激”农民增加消费，不如努力促进农民增收，更进一步地，不如促进城乡居民间基本权利的平等化进程。单纯通过刺激销售来扩大消费，是缘木求鱼，是舍本逐末；而通过促进城乡居民基本权利平等化进程进而促进农民增收来扩大农村消费，方为人间正道。

第七章　扩大政府消费

第一节　政府行为与经济增长

一、政府行为

扩大内需是我国经济发展的中长期战略基点，也是转变经济发展方式的基本要求和首要任务。扩大内需首要的是扩大消费需求。从最终消费需求的构成看，包括政府消费与居民消费。政府消费实际上是政府提供的公共服务在经济学层面的一种表达，它对居民消费有着重要的影响。从直接影响居民消费的角度看，政府消费中与居民消费直接相关的部分主要从三个方面发挥作用：一是政府是否提供或提供服务的水平高低会对某些领域的居民消费产生促进或抑制效应；二是公共服务会对居民的预期收入和支出产生影响，并进而影响居民即期消费；三是政府提供的公共服务还能发挥培育消费热点，引领和提高消费层次的作用。因此，从消费需求内部结构入手，分析政府消费对居民消费的影响是研究扩大我国消费需求的一个重要角度。

政府行为指的是人民政府依法行使国家权力，对经济行为施加的一种行政行为，它以维护国家经济利益为目的。运用行政命令、行政法规、行政措施，行政法律为手段，它对维持社会主义商品经济持续稳定发展，维护社会主义经济协调发展具有重要意义。没有政府行为的作用，经济结构的变革就难以持续稳定地进行。经济结构的变革，就是经济体制的改革。

二、我国经济增长目标

“十二五”时期，中国社会和经济发展将步入一个崭新的阶段，在这一新阶段中，我国的经济将面临重大转变，机遇与挑战并存。回顾过去、展望未来中国的经济增长仍会有一个良好的前景。根据中国“十二五”规划纲要，我国“十二五”时期发展的总体框架将是以以人为本为核心；以消费增长、社会保障为主线；以人口资源环境可持续发展为条件；以体制改革为动力；以协调各方面关系为途径；以全面实现小康社会为目标的。

目前，我国经济社会发展的主要预期目标是：国内生产总值增长7.5%；城镇新增就业900万人以上，城镇登记失业率控制在4.6%以内；居民消费价格涨幅控制在4%左右；进出口总额增长10%左右，国际收支状况继续改善。同时，要在产业结构调整、自主创新、节能减排等方面取得新进展，城乡居民收入实际增长和经济增长保持同步①。

（一）重点是扩大内需

温家宝在政府工作报告中指出：扩大内需特别是消费需求是我国经济长期平稳较快发展的根本立足点。因此，要着力扩大消费需求，加快构建扩大消费的长效机制。大力调整收入分配格局，增加中低收入者收入，提高居民消费能力。完善鼓励居民消费政策。大力发展社会化养老、家政、物业、医疗保健等服务业。鼓励文化、旅游、健身等消费，落实好带薪休假制度。积极发展网络购物等新型消费业态。支持引导环保建材、节水洁具、节能汽车等绿色消费。扩大消费信贷。加强城乡流通体系和道路、停车场等基础设施建设。加强产品质量安全监管。改善消费环境，维护消费者合法权益。在“十二五”规划中也把内贸的作用放在极为重要的位置上，将经济增长模式由“出口依赖型”转变为“发展内外需双轮驱动型”成为规划重要指导思想。

① 温家宝：《政府工作报告（2012）》。

（二）保持物价总水平基本稳定

温家宝指出，保持物价的总水平基本稳定是关系群众利益和经济社会发展全局的重点工作。要在有效实施宏观经济政策、管好货币信贷总量、促进社会总供求基本平衡的基础上，搞好价格调控，防止物价反弹。

保持物价总水平稳定，要求增加生产、保障供给。核心在于控制食品价格过快上涨，保障主要农产品供给。同时，加强重要商品产运销衔接，完善政府储备和商业储备体系，做好主要农产品收储和投放，增强市场调控能力。

（三）促进农业稳定发展和农民持续增收

在工业化和城镇化发展进程中，要更加重视农业现代化。必须坚持把解决好“三农”问题作为各项工作的重中之重，进一步加大强农惠农富农政策力度，巩固和发展农业农村好形势。

稳定发展农业生产，多渠道增加农民收入。继续开展粮食稳定增产行动，稳定粮食种植面积，着力提高单产。引导农民调整结构，扩大紧缺、优质农产品生产，支持蔬菜、肉蛋奶、水产品等生产。农业补贴要继续增加总量，提高标准，扩大范围，完善机制，新增补贴重点向种养大户、农民专业合作社及各种生产服务组织倾斜。

（四）切实保障和改善民生

实现好、维护好、发展好最广大人民群众的根本利益是以人为本理念的具体体现。要把保障和改善民生作为政府工作的重要任务。

千方百计扩大就业。就业是关系国家发展和人民福祉的大事。各级政府务必坚持就业优先战略，继续实施更加积极的就业政策。重点扶持就业容量大的现代服务业、创新型科技企业和小型微型企业，创造更多的就业岗位。鼓励以创业带动就业。抓好高校毕业生、农民工和城镇就业困难人员就业，加强退役军人技能培训与就业安置工作。

“十二五”期间，中国经济面临的挑战与以往相比，无论在难度上，还是在性质上，都有了重大变化。一方面，在全球经济再平衡的大背景下，需要以平衡内外需供求结构为突破口，有效应对国际贸易问题、金融问题，处理好内外需关系；另一方面，在促进经济持续增长的同时，要逐步有效地化解各种影响全局的结构性矛盾。这其中，最关键的是，要从过去的非均衡发展，逐步向均衡增长转变；最大的挑战是，来自经济活动的人文考量，而不是某个局部的问题。由此观察，“十二五”是一个历史新时期的新开始、新起点、新环境、新挑战。

三、消费对经济增长的作用

（一）经济增长的要素

经济增长是指由于生产要素（劳动和资本）的增加，技术进步和经济组织制度改进等原因引起一个国家或地区生产的物质产品和服务的持续增加，表现为经济规模、生产能力的扩大和产业结构的升级等，可以反映一个国家或地区经济实力的增长。经济增长质量的衡量可以从以下几方面做出界定：

1. 经济的持续性和稳定性。所谓的持续性与稳定性，就是经济长期处于的状态，这是经济增长的关键。这里并不否定经济会出现短期的波动现象，但波动幅度不能太大或过于频繁，因为这样会造成资源浪费。

2. 具有一定的竞争优势与发展潜力。要获得长期的经济增长，就必须有足够的竞争力与竞争潜力，包括科技入、经济结构和产品质量等。

3. 对人民生活水平的影响。发展经济的终极目的是为了提高人民生活水平和优化资源环境。以满足人民物质需求和文化生活需求为前提的经济才是高质量的，同时经济增长必然影响资源环境，良好的资源环境是和谐人类社会的标志。

（二）消费与经济增长的关系

1. 消费对经济增长的拉动作用。众所周知，消费与投资是拉动经济增长的动力源泉，从短期效益看，投资的拉动作用更明显，但经济增长是长期的与稳定的，所以从长期效益看，消费更能保持经济的增长。有资料显示，投资对经济增长的贡献率和拉动百分点呈前期迅猛而后劲不足的曲线，而消费的贡献率和拉动百分点则是呈平稳的上升曲线。这正说明了，从长远战略来看，刺激消费是经济持续稳定增长的必要手段。

投资与消费是存在一定程度的关系的。正如马克思的生产理论：生产→分配→交换→消费→再生产→再分配……消费需求主导投资取向与规模，简单来说，就是消费需求引发投资需求，而投资需求又对消费需求产生作用，是一个循环的过程。

2. 经济增长对消费的作用。居民的消费受收入的影响，收入分配是影响居民消费的最重要因素之一。在马克思再生产理论中，分配和交换是联系生产与消费的纽带。生产部门通过分配形成了生产人员的收入，而交换则对生产人员的收入进行再分配，所以收入分配与再分配成为下一个生产环节的初始资本。消费分为自发消费和边缘消费，与经济结构有着密切的关系。经济增长、物质丰富、消费者的选择权才更多，则自发消费增加。经济增长，居民收入增加，消费预期提升，消费者的边缘消费增加。在一些发达国家，居民的边缘消费比较多，其实这与经济增长有很大的关系。

综上所述，消费与经济增长是相互作用、相互促进的。

四、我国消费不足的主要成因

（一）收入是制约消费的关键

在提及马克思理论的时候已经说道，收入分配是下一个生产环节初始资本总量，收入分配越高，初始资本总量越大。我国是发展中国家，经济水平不高，人民的收入相较发达国家差很多。与美国相比，2008 年诺贝尔经济学奖得主克鲁格曼直言不讳地说：“中国经济成就世界瞩目，但中国不可以沾沾自喜，因为中国仍然是一个相对贫穷的国家，中国工人的平均收入仅是美国的4%，墨西哥都是中国的 3 倍了。”

具体来讲，农民收入不足表现在以下几个方面：

1. 农村居民收入放缓。2010 年统计得知，我国农民的人均收入是5 919 元，合美元932，在世界排名占第 100 位，甚至比一些非洲国家收入还要低。可见，我国的人均收入已经十分低了。然而，近两年我国居民收入明显变缓，这必然对农村居民的消费产生影响。

2. 农村居民消费分布差异致使消费存在差异。我国农村居民存在严重的收入不均情况，富人过度储蓄和穷人紧缩消费。我国高收入农户占

20.9%，承担着近40%的消费。根据西方经济学理论，农民收入差距拉大，收入增量就会向高收入群体聚焦，这样必然会对市场产生影响。低收入群体占有的消费份额较大，这使得收入弹性较低，市场需求不足。

3. 城乡居民收入差距大。目前，城镇居民家庭收入大约是农村居民的4倍左右，这是一个相当大的差距，这个结果造成了城乡需求市场的断层。随着城市市场需求的饱和，将消费品市场向农村转移是重要的发展战略，然而收入断层恰恰成为难以逾越的障碍。

4. 农民负担并没有实质化减轻。近年来，为了减轻农民负担，地方政府做了一系列积极的努力。这些努力在一定程度上减轻了农民负担，但我们应该看到，由于一些现实因素，如平均分摊、政府不规范行为等，使农民负担并未得到实质改变。农民负担削弱了消费水平和购买力。

（二）消费环境欠佳，服务体系不完善

消费环境作为一个外部条件决定着消费品所能带给消费者的效用的大小，进而影响到消费者的消费行为。同样，农民的消费从购买到使用也离不开具体的环境，因此，受消费环境的制约较大。农村基础设施包括农村道路、电力、交通运输、仓储、加工、通讯等，完善、配套的农村基础设施是在农村普及家电等耐用消费品，提高农民生活质量的前提。例如，电力方面，虽然近年来通过城网改造措施使电力系统得到了改善，但农电方面仍然不容乐观。在不合理的体制下，农电转包，权责不清，电压不稳，电力市场混乱，电价过高等情况仍然存在，这在一定程度上影响了耐用消费品的使用。再如电视网络和宽带网络，有线电视普及率太低，一些地方至今没有有线电视，影响了农民购买液晶电视的热情。有些农村没有宽带网络，或只有电信、网通的其中之一，信号弱，线路老化，宽带费高成为一大特点。在交通方面，一些地方交通不便，影响了农民购买农用机械的积极性。以上种种综合起来，大大降低了农民的消费。

（三）流通网络不畅

一是流通渠道不畅。当前的经济运行正处于计划机制向市场转变时期，农产品流通打破了旧主渠道的独家垄断经营，但新主渠道流通格局尚未形成，农村农产品市场发育尚待完善。此外，缺乏农业生产和农产品流通的保护机制，无序流通，常出现销路不畅的局面，影响了农民收入的增

长和对生产投入的积极性。

二是流通组织设置分散，实力单薄，难以起到主渠道作用。农村个体商业蓬勃发展，已成为农村商品流通体系的重要组成部分，这在一定程度上推动了农村经济的发展，也方便了农村居民生活消费。但是，这些个体商业经营分散，信誉差，资金投入以及运输、经营、仓储设施等方面，都存在着很大的局限性，尤其是对大件耐用消费品的销售显得力不从心，没有能力担当起农村市场流通主渠道作用，不可能满足农民对现代生活消费品和劳务的需求，无法有效地开拓农村消费市场。

三是农村居民自我保护意识差。由于缺乏有效的市场管理和监督机构，加上地区封锁，地方保护主义，市场上假冒伪劣产品时常出现。执法部门对制假、售假打击不力，致使部分农村居民因害怕上当受骗而放弃购买。另外，农村居民缺乏商品消费知识，不善于利用《消费者权益法》来保护自己的合法权益，由此更助长了假冒伪劣产品的滋长。农民对消费品质量不放心，购买积极性自然也不高。

（四）政府公共消费支出较少抑制了消费需求

我国各级政府的财政支出过度偏重于经济建设，对社会事业投资偏少，造成政府对教育、医疗和住房等社会产品投入不足。医疗产业化扩大到基本医疗领域，使患者看不起病、吃不起药。教育产业化不适当地扩大到义务教育领域，过度加重了学生家长的负担。住房投入资金过少，使得房价持续上涨，使得居民买不起房。近几年城乡居民医疗、教育、住房的消费支出增长较快，在一定程度上挤占了居民的其他消费。在农村和小城镇，医疗卫生服务机构在慢慢萎缩，缺乏一些基本的卫生保障服务。在农村，政府教育经费投入不足，大量转嫁给农民；农民用于教育的支出增长过快，比重过高。加之农村基础设施缺乏，农民收入水平低，严重制约了农民对工业品的购买，也导致消费需求不足。

（五）缺乏消费热点的刺激

消费热点即一个时期中对某类消费品的相对集中消费。在不同时期有不同的消费热点，同一时期的不同消费群体，也可以有不同的消费热点。像20世纪80年代那样全国一个热点（家用电器）的局面，是在特殊背景下的特殊现象，以后不会再有。而现阶段，住房和汽车成为我国消费热点初见端倪，但要其真正成为普遍的、大众化的热点消费品，如果只依赖于传统的“攒钱消费”的模式以及政府不及时取消一些附加税收，那么大多数城镇家庭在相当长的一段时期内是无法实现的。消费热点一旦形成，便具有强大的示范效应，从而极大地促进即期消费。而我国现阶段市场疲软的一个重要因素就是缺乏这种示范效应，也缺乏培养消费热点的意识。

第二节 政府行为对消费的影响

一、政府行为对经济结构的影响

一是制定经济结构调整的目标与规划。经济结构是一项极其复杂的工程，它必须有十分明确的调整目标。调整目标的制定有利于各方达成共识，排除影响经济发展的各种干扰因素，推动经济的向前发展。明确地调整目标有利于政府的配套，从而发挥政府的职能作用。简单来说，调整目标不能只填平补齐，而应在运用科学的经济规律，在大量借鉴国外经验的基础上，结合本国国情制定。目标确定后，需要规划的编制，以使目标实质化、阶段化。

二是制定政策法规，促进经济结构的调整。经济结构目标确定以后，其能否达到预期关键还在于存在一个有效的、支撑其顺利进行的政策法规，使其沿着科学的轨道前进。政府既是法规的制定者，又是宏观调控的主体，其行为对经济结构目标的实现有着不可替代的作用。

三是为经济结构调整拟建一个合适的环境。良好的环境可以促进经济结构的调整，当然，拟建这样的环境需要政府不断地深入改革。改革表现在政府行为，政府扮演着重要的角色。

四是国家综合经济部门要担负起经济结构调整的协调和服务工作。如在企业重组过程中，地区和部门间利益矛盾的协调工作，各种调整政策和各种调控手段协调，调整过程中的信息服务工作，等等。

二、政府行为对消费的影响

在这里继续套用马克思的再生产理论，生产、交换、分配和消费四大环节，其中，消费是生产的前提，是经济循环发展的根本。消费的不合理，就会引起人为地抵制消费或膨胀消费的现象，进而影响到经济的稳定发展。在经济体制中，消费才是经济发展的原动力。正如新中国成立初期，百业待兴，我国政府为了谋求发展，重积累而轻消费，结果使得消费总量及消费结构的变化十分缓慢，消费结构的丧失导致无法拉动产业结构的提升，使得经济发展十分缓慢。改革开放以后，我国意识到了消费的重要性，从此政府实施了市场化的改革和经济职能的转变，开始重视消费的原动力性，经济得到了快速而稳定的发展。特别是金融危机以后，政府作为市场的“裁判者”要不断地转变经济增长方式，通过消除各种抵制消费的政策，出台扩大消费的公共财政政策，还原消费的原有作用。

政府应该把更多的社会资源投入到提高居民收入水平和改善居民消费环境等困扰居民扩大消费的民生问题上来，做一个有限的政府，而不是一个全能政府。“一头系着国计，一头系着民生”，这是中央政府扩大内需制定措施必须响应的精神。只有让居民的收入实现增长，生活有所保障，才能真正地把消费刺激起来。政府作为社会公共产品和公共服务的提供者必须参与公共部门的经济活动，为市场体系的完善和经济的持续健康发展创造和提供必要的、良好的公共设施和公共服务。一方面，要继续加大对各项基础设施建设的投入力度，特别是要加大对西部地区的投入力度，为公共事业的发展创造各种软、硬件环境；另一方面，要继续扩大和提高社会保障的覆盖率和水平，完善各类各项社会保障制度，建立一整套覆盖城乡的、高水平的社会保障制度。制定一系列扩大居民消费的公共财政政策，保障国家经济快速稳定的增长。政府制定的消费政策必须坚持“以人为本”，一切要围绕不断满足人民群众日益增长的物质文化需要，将提高人民群众的生活消费水平和生活质量作为实现人民群众根本利益的核心部分。只有转变政府经济职能，我国的经济增长方式才能得到有效地改变，我国的经济才能保持快速持续健康的发展。

第三节　政策建议

一、积极借鉴国外的扩大消费政策

市场没有国界之分，美国的许多扩大消费政策同样适用于中国。如2009年的美国次贷危机，虽然经济前景不容乐观，但美国民众的消费热情依然不减，究其原因是美国政府在刺激消费的宏观政策上做得极其成功。如布什政府的两个核心政策其中之一是大规模减税。为了扩大消费，美国政府把最低所得税税率由15%下调到10%，最高所得税由39.5%下调到35%；在个人所得税方面，政府还积极地尝试通过国家销售税与增值税进行替代。再如美联储，2001年后连续11次降息，以发挥其在经济复苏中杠杆的作用，使美国走出低谷。降息原本对消费支出作用不大，但对买房、买车的民众来说却非同一般。

总而言之，刺激消费在国家宏观政策中的作用越来越明显。虽然美国与中国有不同的历史和不同的环境，但政府行为的背景与目的是大致相同的。我国市场经济体制还不够完善，重视与刺激消费的财政政策任务还异常艰巨。另外，扩大消费的手段多种多样，必须将一系列的措施整体化一，形成合力，才具有良好的组合效果。事实证明，单一的刺激消费的政策效果并不显著，尤其是在我国财政政策不足的情况下，所以，加强与金融等政策的配合尤为重要。在开放经济条件下，应放开对某一政策的孤注一掷，注重多种政策的协调配合，发挥最佳的组合效果。

二、调整财政支出结构

长期以来，我国财政支出极不合理，致使群众利益的差距变大。我国目前存在的主要问题有：行政经费投入多，社保投入少；城市建设投入多，农村投入少；工业投入多，农业投入少；公务员投入多，农民投入少。这些不合理的支出结构必然成为政府行为扩大消费的瓶颈，进一步加剧社会收入的差距。调整财政支出结构才能刺激公共消费需求的增长。

一是调整购买性财政支出。我国行政管理经费的增长速度极快，甚至在国际上都达到了空前的水平。如 1978～2010 年，我国的行政管理费用增长了近 200 倍。然而，令人意想不到的是，尽管有如此神速的增长，办公经费依然紧张，行政人员的待遇依然较低。行政管理费用的扩张必然产生挤出效应，使杠杆另一端的社会经济建设、科教文卫等社会事业的开支减少。而且，行政管理费用是刚性需求，如果上去了再想降下来就难如登天了。行政成本过高成为经济发展的一大障碍，为此必须尽快改变政府职能，加快行政体制改革。其一，规范行政机关职能。行政机关职能存在越位与错位的现象，应该进行规范，以使其回到自身的本来职能上来。其二，建立相应的法规制度，依法行政。清理和规范行政审批，公开行政管理的法律依据、实施主体、工作程序、办结时限和办事结果，确保行政权力的运用公开透明，形成行为规范、运转协调、公正透明、廉洁高效的行政管理体制。优化包括行政效率在内的软环境，降低社会成本，提高政府的公信力和社会凝聚力。通过压缩和控制行政成本不合理增长，将公共支出的重点真正转移到满足公共需要和提供社会保障上来。

二是增加财政资金的“三农”投入，激发农村潜在的消费能力。对于公共支出，社会享有平等的权利。目前，我国公共产品供应不够合理，城乡公共产品的支出存在巨大差距。从教育方面来看，我国农村的平均受教育年限较城乡低很多，而文盲几乎全部出自于农村。从医疗卫生方面来看，我国将公共医疗的 80% 都投向了城市，而且 2/3 又在大医院。农村的医疗远远低于城镇居民。从公共基础设施条件来看，国家在电力等方面对农村的投入与城镇相去甚远，现在一些农村虽然有了电力，但停电是家常便饭了，一旦遇到用电高峰期，他们就会成为限电的首要区域。另外，国家实行的三险保障服务基本上是针对城乡社会，而农村 70% 以上的居民都被排除在保障体系之外。正因如此，增加公共支出在农村的投入，将有利于刺激农村的潜在消费需求。

增加对农村的公共支出投入，将有利于缩小城乡差距，有利于激发农村潜在的巨大消费需求。具体来讲：一是履行职责，规范农村公共产品的投入。严格规范教育、医疗卫生的公共产品支出制度，将农村公共产品的投入限定在准公共产品的范围之内。二是加快农村的基础建设。基础设施不仅是经济发展的外部环境，而且也是经济增长和资源配置的必要前提。据世界银行测算，发展中国家基础设施存量每增加 1%，GDP 就会增加

1%。首先要加强包括道路、供电、供水和通信等在内的农村公共基础设施建设的支持力度，改善农村生产、生活条件。同时要加大对农业水利基础设施建设和农业生态环境的投入，支持水利排灌、大江大河治理、堤坝和防洪抗旱系统、水土保持等项目的顺利实施。三是加大农村社会事业投入，加大对农业和农业科技的投入力量。农业是经济发展、社会安定、国家自立的基础，农业科技又是促进农业发展最重要的因素之一。农业新技术、新品种的推广对农业生产具有战略意义。由于农业生产规模小且分散，所以推广的成本和收益不对称，具有明显的公共产品特征，因此，需要国家来提供或者政府给予一定的补贴，加大对农业科研的投入，加大农业科技推广体系建设及农业科技培训的财政支持。

三、引导不同层级居民的消费需求增长

一是适时调整税收结构，开发高收入群体新的消费热点。由于他们的现期收入和预期收入高，因而银行储蓄存款利率的降低或物价水平的降低等措施，对他们的消费行为和消费对象影响不大。他们的消费市场主要以国际市场为主，消费对象主要是国外进口和国内名牌商品以及服务性消费，包括高档别墅、高级轿车和豪华游艇等高档商品，以及豪华旅游、娱乐和美容等高档服务和高级享受型、娱乐型消费。适时调整税收结构，建议借鉴国外成功经验，尽快开征遗产税、赠与税。这样一方面可以刺激高收入群体增加即期消费，同时作为调节收入的一种有效手段，有利于防止收入差距的进一步扩大。同时，调整高收入阶层的消费行为，对购买特定消费品的收入减免所得税。在国外成熟的经验中，针对富人有一个所得税的减免政策，即政府规定，买特定的消费品，如住房、私用车所花的钱，可以在将来的应税收入中抵扣。这样能在投资和消费中给高收入人群一个接通点，使之成为启动消费的主体。高收入群体的消费倾向低，消费已相对接近饱和，他们的收入更多地用于储蓄和投资。可以通过完善市场机制，改善消费环境，刺激高收入者增加消费和保障其消费结构升级换代地顺利进行。

二是提高低收入群体的收入水平，改善消费预期。近几年来，我国出现了“有钱的无消费意愿，有消费意愿的无钱购买”的局面。中低收入者虽然有较大的消费倾向，但消费能力较弱，因此通过转移支付增加低收

入阶层的收入，无论是从平均消费倾向还是从边际消费倾向看，其对于消费需求所起的作用都远远超过全社会范围内收入的增加。尤其在收入差距日益扩大的情况下，通过转移支付对低收入阶层的消费所起的刺激作用，也就更为显著。在我国由于社会保障制度改革还处于启动时期，强调效率高于公平，向低收入者倾斜不够，在某种程度上，还存在加大分配差距的问题。要发挥转移支付调节收入不均的功能及增加转移支付向低收入者的倾斜力度，从而提高低收入者的收入，刺激其消费总量的增加和消费结构的转变。

三是稳定扩大中等收入阶层，促进消费需求稳步提升。扩大中等收入者比重，有利于提高城乡居民的消费能力和消费水平，增加消费总量。中等收入者比重扩大，就提高了整个社会的收入水平，增加收入是刺激消费增加的重要落脚点。首先，我国“保护合法的劳动收入和保护合法的非劳动收入”、“生产要素按贡献参与分配”、“效率优先”等分配原则的确立，形成人们收入来源多元化，为扩大中等收入者比重创造了条件。其次，随着知识经济时代的来临，我国在管理层和技术层从事复杂劳动的经理人员与专业技术人员能取得较高的收入，特别是国际金融贸易、IT 业高科技、医药生物类等领域，出现了一个人数较为庞大的中等收入阶层。由于我国中等收入者的面不断扩大，这样整个社会的收入水平、消费能力和消费水平能不断提高，从而刺激我国消费总量的增长。

扩大中等收入者比重，有利于缩小收入分配差距，提高城乡居民的消费倾向，增加即期消费，提高消费率。扩大中等收入者比重，造就一大批中等收入者，使我国收入分配格局由“金字塔”型向“橄榄球”型转变，建立起“两头小、中间大”的合理正态的收入分配格局，有利于克服居民收入差距过大，从而提高城乡居民的消费倾向。

参考文献

[1] 安毅、张青：《扩大农村消费的总体思路与政策建议》，载于《经济与管理研究》2007 年第 8 期。

[2] 白重恩、钱震杰：《谁在挤占居民的收入——我国国民收入分配格局分析》，载于《我国社会科学》2009 年第 5 期。

[3] 蔡跃洲：《经济刺激计划与农村消费启动——基于我国农村居民收入分解的实证分析》，载于《财经研究》2009 年第 7 期。

[4] 陈书、刘渝林：《收入差异的“倒 U 型”假说悖论：初次分配、再分配与政策选择》，载于《财贸研究》2012 年第 1 期。

[5] 陈锡文：《试析新阶段的农业、农村和农民问题》，载于《宏观经济研究》2001 年第 11 期。

[6] 陈新年：《当前影响居民消费的主要因素及政策建议》，载于《中国经贸导刊》2007 年第 8 期。

[7] 陈新年：《我国居民消费意愿持续下降的成因及对策》，载于《中国物价》2006 年第 4 期。

[8] 陈毅：《对政府职能转变的思考——从“划桨”到“掌舵”再到“服务”》，载于《云南行政学院学报》2010 年第 1 期。

[9] 陈玉光：《我国不同阶层收入差距持续扩大原因探析》，载于《中国海洋大学学报》（社会科学版）2008 年第 6 期。

[10] 成思危主编：《中国农村消费市场的分析与开拓》，民主与建设出版社 2001 年版。

[11] 程漱兰、周文根、张海洋：《农民收入政策演变的国际比较》，载于《中国软科学》1998 年第 11 期。

[12] 储德云、经庭如：《我国农村居民消费需求和收入水平的动态性研究——基于 1990 ~2007 年数据》，载于《消费经济》2009 年第 1 期。

[13] 揣艳敏、王淑芹：《试谈基层公共财政与政府职能转变》，载于

《承德职业学院学报》2007 年第 3 期。

[14] 党国英:《关于开拓农村消费市场的制度性问题分析》,载于《中国农村观察》1999 年第 5 期。

[15] 党国英:《农村政策、改革回顾与展望》,中国社会科学院农村发展研究所、国家统计局农村社会经济调查司:《中国农村经济形势分析与预测》,社会科学文献出版社 2008 年版。

[16] 邓可斌、易行健:《预防性储蓄动机的异质性与消费倾向的变化——基于中国城镇居民的研究》,载于《财贸经济》2010 年第 5 期。

[17] 丁梓楠、穆怀中:《中国产业层次对地区初次分配福利水平的提升效应》,载于《经济理论与经济管理》2012 年第 6 期。

[18] 董辅礽:《提高消费率问题》,载于《宏观经济研究》2004 年第 5 期。

[19] 付文林:《住房消费、收入分配与中国的消费需求不足》,载于《经济学家》2010 年第 2 期。

[20] 高铁生、郭冬乐主编:《扩大农村消费问题研究》,中国社会出版社 2008 年版。

[21] 古斯塔夫森、李实、史泰丽:《中国居民收入分配研究Ⅲ》,北京师范大学出版社 2008 年版。

[22] 郭亚军:《中国农村居民消费及其影响因素分析》,中国农业出版社 2009 年版。

[23] 国家发改委宏观经济研究院经济所课题组:《当前扩大居民消费的主要矛盾及对策建议》,载于《红旗文稿》2006 年第 23 期。

[24] 国家发改委综合司:《关于消费率的国际比较》,载于《中国经贸导刊》2004 年第 16 期。

[25] 国家计委课题组:《中国投资与消费关系的变化及合理界限》,载于《中国工业经济研究》1993 年第 6 期。

[26] 国家计委农经司课题组:《以提高农民购买力为重点大力开拓农村市场》,载于《经济研究参考》1999 年第 57 期。

[27] 国家统计局课题组:《中国城乡居民购买力水平与变动趋势》,载于《中国国情国力》2002 年第 1 期。

[28] 国家统计局贸易外经司课题组:《关于农村市场启动难的思考》,载于《调研世界》2000 年第 1 期。

[29] 国家统计局农村社会经济调查司：《中国农村住户调查年鉴2009》，中国统计出版社2009年版。

[30] 国家统计局农调总队课题组：《提高农民购买力开拓农村市场》，载于《农业经济问题》1999年第9期。

[31] 国务院第二次全国农业普查领导小组办公室、中华人民共和国国家统计局：《中国第二次全国农业普查资料综合提要》，中国统计出版社2008年版。

[32] 韩海燕：《中国城镇居民收入结构——不稳定性与消费问题研究》，西北大学，2010年。

[33] 韩永文：《经济增长要向依靠消费、投资、出口协调拉动转变》，载于《宏观经济研究》2007年第11期。

[34] 杭斌：《城镇居民的平均消费倾向为何持续下降——基于消费习惯形成的实证》，载于《数量经济技术经济研究》2010年第6期。

[35] 何枫、陈荣、何林：《我国资本存量的估算及其相关分析》，载于《经济学家》2003年第5期。

[36] 胡宝娣、汪磊：《基于分位数回归的我国居民消费研究》，载于《商业研究》2011年第1期。

[37] 胡宝娣：《中国农村居民消费影响因素的实证分析》，西南大学，2010年。

[38] 胡书东：《中国财政支出和民间消费需求之间的关系》，载于《中国社会科学》2002年第6期。

[39] 胡雪萍：《优化农村消费环境与扩大农民消费需求》，载于《农业经济问题》2003年第7期。

[40] 黄祖辉、刘西川、程恩江：《中国农户的信贷需求：生产性抑或消费性》，载于《管理世界》2007年第3期。

[41] 晁钢令、王丽娟：《我国消费率合理性的评判标准——钱纳里模型能解释吗?》，载于《财贸经济》2009年第4期。

[42] 姜长云：《扩大内需，潜力最大的在农村吗?》，载于《经济观察报》，2009年3月23日。

[43] 蒋爱萍：《我国城镇农贸市场发展存在的问题与建议》，载于《企业研究》2011年第14期。

[44] 金山林：《我国投资消费关系的变动特点及发展趋势》，载于

《发展研究》2009 年第 10 期。

［45］雷根强、蔡翔：《初次分配扭曲、财政支出城市偏向与城乡收入差距——来自中国省级面板数据的经验证据》，载于《数量经济与技术经济研究》2012 年第 3 期。

［46］李静：《城镇居民消费结构变动对经济增长影响的实证分析——以山西省为例》，载于《生产力研究》2012 年第 2 期。

［47］李连友、唐文进：《几种主要消费函数理论的比较分析》，载于《经济评论》2000 年第 4 期。

［48］李培林、张翼：《消费分层：启动经济的一个重要视点》，载于《中国社会科学》2000 年第 1 期。

［49］李锐：《中国农村居民消费结构的数量分析》，载于《中国农村经济》2003 年第 5 期。

［50］李尚蒲、罗必良：《城乡收入差距与城市化战略选择》，载于《农业经济问题》2012 年第 8 期。

［51］李实等：《我国居民收入分配研究 3》，北京师范大学出版社 2008 年版。

［52］李实、赵人伟：《我国居民收入分配再研究》，载于《经济研究》1999 年第 4 期。

［53］李树培、白战伟：《改革开放三十年政府支出与居民消费关系的动态演变——基于时变参数模型的考察》，载于《财经科学》2009 年第 9 期。

［54］李树培、白战伟：《减税和扩大政府支出对经济增长和扩大内需的效率与效力比较——基于 SVAR 模型的分析》，载于《财经论丛》2009 年第 5 期。

［55］李爽：《实行公平分配的制度与政策选择》，经济科学出版社 2007 年版。

［56］李晓宁：《初次分配效率与公平的关系及其改革路径——基于不同市场竞争条件的分析》，载于《经济体制改革》2012 年 3 月 18 日第 4 版。

［57］李晓西：《我国地区间居民收入分配差距研究》，人民出版社 2010 年版。

［58］李秀玲：《四成消费者遭遇严重侵权》，载于《工人日报》2007

年3月18日第4版。

[59] 林毅夫等：《以共享式增长促进社会和谐》，中国计划出版社2008年版。

[60] 刘大勇：《中国农村居民消费倾向的区域特征分析》，载于《统计与决策》2011年第9期。

[61] 刘飞驰：《整合资源构建多渠道农产品物流体系》，中南大学，2009年。

[62] 刘国光：《促进消费需求，提高消费率是扩大内需的必由之路》，载于《财贸经济》2002年第5期。

[63] 刘皇东：《中国居民消费的制约因素及增长绩效研究》，南京大学，2011年。

[64] 刘建国：《我国农村居民消费倾向偏低的原因分析》，载于《经济研究》1999年第3期。

[65] 刘强、都业娟：《开放条件下社会主义市场经济与政府干预》，载于《贵州工业大学学报》（社会科学版）2008年第2期。

[66] 刘尚希：《改革要以居民的消费状态来衡量》，载于《中国发展观察》2007年第9期。

[67] 刘艺容：《农村消费方式转变的机制与途径：消费集聚效应角度的分析》，载于《中国软科学》2006年第10期。

[68] 刘志生：《西部欠发达地区小城镇发展研究》，西北大学，2009年。

[69] 卢嘉瑞：《提高居民消费率：扩大消费需求的重中之重》，载于《消费经济》2007年第6期。

[70] 卢孟君：《试论市场经济体制下的政府公共服务改革》，载于《湖北经济学院学报》2005年第2期。

[71] 卢中原：《关于投资和消费若干比例关系的探讨》，载于《财贸经济》2003年第4期。

[72] 罗丹、赵冬绥：《农民基本需求性消费与非基本需求性消费结构分析：以京郊农民消费为例》，载于《中国农村经济》2001年第6期。

[73] 罗云毅：《低消费、高投资是我国现阶段我国经济运行的常态》，载于《宏观经济研究》2004年第5期。

[74] 罗云毅：《关于消费率调控的政策有效性分析》，载于《财政研

究》2004 年第 8 期。

[75] 罗云毅：《关于最优消费投资比例的思考》，载于《宏观经济研究》2006 年第 12 期。

[76] 马树才、刘兆博：《中国农民消费行为影响因素分析》，载于《数量经济技术经济研究》2006 年第 5 期。

[77] 毛慧晓：《制度变迁中的城镇居民消费行为研究》，兰州大学，2010 年。

[78] 孟菲、傅贤治：《美日农产品流通渠道模式比较及对中国的借鉴》，载于《中国农村经济》2007 年第 S1 期。

[79] 孟秋菊：《对消费与经济增长失谐的审视》，载于《改革与战略》，2008 年第 10 期。

[80] 农村消费问题研究课题组：《关于农村消费的现状及政策建议》，载于《财贸经济》2007 年第 2 期。

[81] 彭磊、孙开钊：《基于“农餐对接”的农产品流通创新模式研究》，载于《财贸经济》2010 年第 9 期。

[82] 彭志远、康丕菊：《我国城镇居民平均消费倾向研究》，载于《云南财经大学学报》2012 年第 1 期。

[83] 钱龙、于鹏：《破解中国高增长与居民低消费并存的困境》，载于《科学决策》2009 年第 9 期。

[84] 乔为国：《我国居民低消费率的成因》，载于《学海》2007 年第 5 期。

[85] 曲韬：《中国农村居民消费行为及其制约因素分析》，载于《经济学家》2009 年第 9 期。

[86] 曲兆鹏、赵忠：《老龄化对我国农村消费和收入不平等的影响》，载于《经济研究》2008 年第 12 期。

[87] 饶文山：《我国农村居民消费现状分析》，载于《农村经济》2009 年第 8 期。

[88] 任净：《浅析假冒伪劣商品充斥市场的原因》，载于《辽宁经济》2000 年第 5 期。

[89] 史正富：《30 年与 60 年我国的改革与发展》，上海人民出版社 2009 年版。

[90] 苏宁电器：《中国农村家电消费调查报告》，2009 年版。

[91] 田卫民：《基于经济增长的最优消费规模：1978～2006》，载于《财贸研究》2008年第6期。

[92] 万广华、史清华、汤树梅：《转型经济中农户储蓄行为：中国农村的实证研究》，载于《经济研究》2003年第5期。

[93] 王本兵：《我国城镇化发展的制度创新研究》，中国海洋大学，2011年。

[94] 王红玲、柏振忠：《城乡耐用消费品消费需求的比较分析》，载于《中国农村经济》2003年第12期。

[95] 王敬华：《小城镇市场的规划与管理研究》，中国农业大学，2004年。

[96] 王洛林、刘树成、刘溶沧：《进一步启动经济应着眼于提高最终消费率》，载于《经济研究参考》1999年第30期。

[97] 王涛：《中国消费率：究竟多高才合适》，载于《山西财经大学学报》2005年第2期。

[98] 王小鲁、樊纲等：《中国经济增长方式转换和增长可持续性》，载于《经济研究》2009年第1期。

[99] 王一飞：《西安市农副产品市场建设规划与发展战略的研究》，西安建筑科技大学，2010年。

[100] 魏贵祥等：《我国城镇居民消费需求分析》，载于《统计研究》2009年第2期。

[101] 魏杰：《关于我国目前保经济增长的几个争议问题》，载于《经济学动态》2009年第5期。

[102] 温家宝：《第十一届全国人民代表大会第五次会议的政府工作报告》，2012年。

[103] 温家宝：《2012年政府工作报告》。

[104] 闻潜：《消费启动与收入增长分解机制》，中国财政经济出版社2005年版。

[105] 吴晓明、吴栋：《我国城镇居民平均消费倾向与收入分配状况关系的实证研究》，载于《数量经济技术经济研究》2007年第5期。

[106] 吴智峰：《财政体制变迁与经济增长》，江西财经大学，2009年。

[107] 吴忠群：《最优消费率的存在性及其相关问题》，载于《中国

软科学增刊》(上)，2009 年。

[108] 武梅芳：《刍议消费率及投资率与我国的经济增长》，载于《经济问题》2006 年第 9 期。

[109] 熊学华：《我国消费率和投资率的合理性判断：1978～2006》，载于《北京财贸职业学院学报》2008 年第 1 期。

[110] 徐索菲：《中国城镇居民消费需求变动及影响因素研究》，吉林大学，2011 年。

[111] 徐勇、邓大才：《社会化小农：解释当今农户的一种视角》，载于《学术月刊》2006 年第 7 期。

[112] 徐振宇、龚谨：《把农地产权还给农民——论农地制度与扩大消费的关系》，载于《中国经济导报》2009 年 6 月 20 日。

[113] 徐振宇：《节能降耗须推进深层改革》，载于《人民日报》(海外版) 2007 年 6 月 20 日。

[114] 徐振宇：《中国农村居民消费发展报告》，知识产权出版社 2010 年版。

[115] 许永兵：《对我国居民消费率下降原因的再认识》，载于《财贸经济》2005 年第 12 期。

[116] 薛进军等：《中国的不平等：收入分配差距研究》，中国社会科学出版社 2008 年版。

[117] 伊世杰：《消费需求与经济增长》，载于《消费经济》2004 年第 5 期。

[118] 尹世杰：《关于我国最终消费率的几个问题》，载于《财贸经济》2001 年第 12 期。

[119] 袁志刚、宋铮：《城镇居民消费行为变异与我国经济增长》，载于《经济研究》1999 年第 11 期。

[120] 袁志刚、宋铮：《人口年龄结构、养老保险制度与最优储蓄率》，载于《经济研究》2000 年第 11 期。

[121] 臧旭恒、张继海：《收入分配对我国城市居民消费需求影响的实证分析》，载于《经济理论与经济管理》2005 年第 6 期。

[122] 曾令华：《理论最优消费率之我见》，载于《求索》1997 年第 3 期。

[123] 张红宇、孙立刚、张海阳等：《当前中国农业农村经济形势分

析——国际金融危机的影响判断》，载于《农业经济问题》2009 年第 2 期。

[124] 张凯、李磊宁：《农民消费需求与农村金融发展关系研究》，载于《中国农村观察》2006 年第 3 期。

[125] 张全红：《中国低消费率问题探究——1992～2005 年中国资金流量表的分析》，载于《财贸经济》2009 年第 10 期。

[126] 张晓山等：《农民增收问题的理论探索与实证分析》，经济管理出版社 2007 年版。

[127] 张卓元：《以改革促进经济转型和发展方式转变》，载于《人民日报》2010 年 1 月 25 日。

[128] 郑新立：《提高居民消费率是当前宏观调控的重大任务》，载于《数量经济技术经济研究》2007 年第 6 期。

[129] 郑新立：《提高居民消费率是宏观调控的重大任务》，载于《宏观经济管理》2007 年第 9 期。

[130] 中国社科院“中国社会状况综合调查”课题组：《当前中国城乡家庭消费状况》，载于《光明日报》2009 年 1 月 20 日。

[131] 中央政研室、农业部农村固定观察点办公室：《十年来农户消费结构的变动及影响》，载于《中国农村经济》2000 年第 7 期。

[132] 周建、杨秀祯：《我国农村消费行为变迁及城乡联动机制研究》，载于《经济研究》2009 年第 1 期。

[133] 周龙、文良旭：《庆阳市城镇居民消费倾向及消费模式》，载于《西部金融》2011 年第 7 期。

[134] 朱国林、范建勇、严燕：《我国的消费不振与收入分配：理论和数据》，载于《经济研究》2002 年第 5 期。

[135] 朱宏康、易兴成、李仕秀、顿儒萍：《对乡镇政府职能转变的思考》，载于《达州新论》2006 年第 4 期。

[136] 朱孟晓、胡小玲：《我国居民消费升级与消费倾向变动关系研究》，载于《当代财经》2009 年第 4 期。

[137] 朱信凯等：《中国农民消费总论》，载于《经济研究参考》2009 年第 8 期。

[138] 庄贵军：《收入的增长趋势与不稳定性对中国农户消费倾向的影响》，载于《经济理论与经济管理》2001 年第 1 期。

[139] 邹红:《中国城镇居民家庭资产与消费研究》,西南财经大学,2009年。

[140] 左柏云:《改革开放30年中国消费模式的改善与反思》,载于《消费经济》2009年2月第25卷第1期。

[141] Deaton, Angus and Christina Paxson, 1994, Intertemporal Choice and Inequality, Journal of Political Economy 102 (3), pp. 437 -467.

[142] Deaton, Angus and Christina Paxson, 1995, Saving, Inequality and Aging: An East Asian Perspective, Asia-Pacific Economic Review 1 (1), pp. 7 -9.

[143] Fernάndez, Raquel and Jordi Gali, 1999, To Each According to... ? Markets, Tournaments, and the Matching Problem with Borrowing Constraints. Review of Economic Studies vol. 66 (4): pp. 799 -824.

[144] Knight, John and Lina Song, 1999, The Rural-Urban Divide: Economic Disparities and Interactions in China, Oxford: Oxford University Press.

[145] Ohtake, Fumio and Makoto Saito, 1998, Population Aging and Consumption Inequality in Japan, Review of Income and Wealth 44 (3), pp. 361 -381.

[146] World Bank, 2009, From Poor Areas to Poor People: China's Evolving Poverty Reduction Agenda, An Assessment of Poverty and Inequality in China, March.

[147] World Bank, 2004, World Development Report 2005: A Better Investment Climate for Everyone, A Copublication of The World Bank and Oxford University Press.

附录：专题研究部分

专题一：我国农村居民旅游消费与收入关系的实证研究[①]

——基于1994~2009年统计数据的分析

改革开放以来，我国旅游业发展迅速，尤其是进入20世纪90年代，国内旅游消费成为旅游市场的主体，但是始终以城镇居民为主，农村居民虽然人数庞大，由于收入及消费观念所限，实际出游人数仅占旅游市场的一小部分。近年来，随着“取消农业税”、“家电下乡”等惠农政策措施的实施，农民收入稳步提升，恩格尔系数持续下降，截至2010年年底，农村居民人均纯收入达到5 919元，同比增长10.9%，高于城镇居民可支配收入增长速度3.1个百分点；而且，农村居民的消费理念逐步改变，旅游作为娱乐享受型消费，已逐渐从城市走入农村，农村居民旅游将迎来一个较快增长期。

本文基于国家统计局公布的数据资料，从全国和区域两个层面，对农村居民旅游消费特征及收入与旅游消费的关系进行实证分析，并在东、中、西三大区域的基础上，细分东南、环渤海、东北、中部、西南和西北六个子区域，具体分析不同地区的旅游消费特征及发展趋势，进而对促进农村居民旅游消费提出对策建议。

一、文献回顾

（一）消费与收入关系的相关研究综述

自凯恩斯提出绝对收入理论以来，消费与收入的关系历来是理论界研

① 本文为荆林波研究员主持的社科重大课题《“十二五”期间扩大消费若干重大问题及政策研究》的阶段性研究成果。

究的重点。而我国由于独特的二元经济结构，农村居民与城镇居民在收入农村居民总体数量庞大，而且在消费水平、消费结构、观念习惯等各方面与城市居民存在显著差异，因此在我国农村居民消费问题一直是学者们关注的焦点，研究重点主要集中在农村居民消费差异、消费行为特点、消费能力提升、储蓄行为以及“三农”问题等方面。其中，代表性的观点有：刘建国（1999）通过对我国农户消费倾向偏低的原因分析认为，收入不稳定是我国农户消费倾向较低的主要原因，收入的不稳定致使农户的流动性约束远大于城市居民；秦（Qin，2003）发现，与城市居民相比，农户对真实利率的敏感性远小于收入的不稳定性，这也就意味着农户具有较强的预防性储蓄动机。林毅夫（2003）认为，基础设施不足是限制广大农村地区的居民实现其消费意愿的主要原因。胡宝娣、梅洪常（2005）认为，收入差距的扩大是导致农村居民内部消费差异扩大的重要原因。吴昊（2008）通过比较城镇居民和农村居民的消费特点认为，城乡二元经济不仅严重制约了农村居民消费水平的增长，也通过传导机制削弱了消费对经济的拉动作用。张全红（2009）指出，我国居民消费率下降的主要原因在于农村部门，农村消费倾向和其可支配收入占比的同时下降导致了农村部门消费率的快速下降。刘（Liu，2010）指出影响中国居民消费的因素有很多，而收入虽然重要但也只是其中之一；蔡跃洲（2009）认为，消费需求从根本上取决于收入水平，不同的收入假说都在强调收入对消费的决定性作用，在影响居民消费的各种因素中，农村居民收入起着决定性的作用。凯迪尔（Keidel，2009）通过把中国划分为7个区域来分析收入与福利的不均衡现象，认为沿海地区的消费增长率明显高于内地，中国居民消费增长率偏低而储蓄偏高的原因是未来预期的或潜在的医疗、教育和家庭庆典活动等中短期支出的膨胀。

（二）农村居民旅游消费的相关研究综述

由于旅游在很大程度上属于娱乐享受型活动，“有钱、有闲”是旅游消费的前提和保障，因此在很长时间里，大多数农村居民是旅游活动的旁观者，直到20世纪90年代中期以后，农村居民旅游才逐渐开始，相关研究更是直到1999年才开始起步①，而且进展缓慢，直到2005年以后，相

① 笔者对“中国知网”进行了以“农民旅游”、“城市居民旅游”为主题的文献检索，发现农村居民旅游消费的研究是1999年开始起步的。

关研究成果才逐渐丰富起来。具体来看，周翀燕等（2004）指出农民收入增长速度减慢且波动性大是制约农民旅游消费水平提高的首要因素；郑群明等（2005）认为，地区旅游认知和出游程度的差异性与地区的经济发展水平呈一定的正相关；王伟红（2006）发现，农村旅游在居民可支配收入、信息获取等方面存在的问题严重影响了农村居民的旅游消费能力和意向；刘旺等（2006）认为，可自由支配收入是实现旅游的首要因素；史清华等（2008）通过对长三角地区农村消费行为进行实证研究认为，由于脱离收入水平的众多“强制性”消费的存在，中国农民很难再有多余的可自由支配收入用于旅游活动这种享受性的较高层次服务消费；刁宗广（2009）实证分析表明，农村居民收入水平与出游率的相关性并不大；徐海军等（2010）认为，目前农村居民的收入水平决定了其对旅游服务的需求主要以中低档次为主；周文丽等（2010）通过实证分析，认为农村居民收入水平仍较低，旅游消费对农村居民来说仍属于奢侈品；邱洁威等（2011）从旅游消费意愿分析出发，认为提高农民收入水平，尤其是货币性收入，是旅游需求产生的根本。

从文献回顾可以看出，当前对农村居民旅游消费问题研究的视角比较单一，农村居民旅游消费收入关系研究多从影响因素方面分析收入对消费的影响，区域性研究也只是简单反映地区旅游消费的差异性和消费特征、结构等共性问题，没有更具体的区域差异性比较分析，尚未看到有从全国和区域两个层面分析农村居民旅游消费与收入关系的实证研究成果。

二、农村居民旅游消费的实证分析

本文利用现有时间序列数据和面板数据建立计量经济模型，结合经济学理论，在合理处理收入与消费及其他相关变量数据的基础上，分别建立基于时间序列的全国农村居民旅游消费收入模型和基于面板数据的农村居民旅游消费收入模型，对比分析全国农村居民旅游消费的消费倾向以及各个地区消费的差异性等，并在此基础上，进一步分析东、中、西部地区农村居民旅游消费的状况及其特性。

（一）数据的选取与处理

本文采用的时间序列数据区间为 1994 ~ 2009 年，全国农村居民人均旅游花费和人均纯收入数据均来自《中国统计年鉴》(2010),各个地区相应的数据分别来自《中国旅游统计年鉴》(2001~2010)和《中国农村住户调查年鉴》(2001~2010)。由于2002年各个地区农村居民旅游消费和西藏统计数据缺失,本文将2002年和西藏数据从面板数据中剔除。考虑到农村居民旅游消费的区域性特点①,不再对数据进行商品价格指数平减。由于《中国旅游统计年鉴》对农村居民旅游消费分为过夜游和一日游花费,其中一日游(以观光、游览为主)消费是旅游需求的起步阶段,考虑到当前农村居民旅游消费现状,一日游数据更具代表性,本文采用各个地区一日游花费作为旅游消费支出。

(二)实证分析——总体视角

现有文献对农村居民消费与收入关系如何建立对应的函数模型进行了广泛论证,从中可以看出,当期收入对当期消费影响较大,因此将当期收入作为解释变量;同时考虑到居民旅游消费行为的“棘轮效应”以及群体之间的“攀比行为”,在模型中引入消费滞后期;由于旅游活动受政策波动性比较大,1999年实施“黄金周”制度在一定程度上对农村居民旅游消费产生冲击②,将其设定为虚拟变量1。本文建立的全国农村居民旅游消费收入函数模型中,将当期收入、前期消费、政策因素等作为自变量;考虑到本文重点不是需求的收入弹性,而是边际消费与自发性消费问题,所以不再对自变量和因变量取对数,故此建立基于时间序列数据的计量回归模型如下:

$$C_t = \beta_0 + \beta_1 Y_t + \beta_2 C_{t-1} + \beta_3 D_t + \mu_t \tag{1}$$

其中,C_t 为 t 期消费;C_{t-1} 为滞后期($t-1$)消费;β_0 为自发性消费;β_1 为边际消费倾向;D 为政策因素的虚拟变量;μ_t 为随机干扰项。

利用全国1994~2009年期间的时间序列数据对(1)式进行OLS回归估计,按照一般到特殊的回归方法,在5%显著水平上逐步剔除不显著

---

① 旅游消费多为跨区域消费,不同地区其对应的物价水平不尽相同。刘学良(Liu xueliang,2010)认为,不同区域间价格的最大差异不是来自日常商品消费而是来自诸如房屋之类的消费,此外,其指出居民并不一定在其居住地区购买东西(如农村居民工作在城市,消费在城市),因此作者认为对收入进行当地商品价格指数的平减具有误导性,且其结果并不是非常有意义。详细参考:Liu xueliang,“Decomposition of China's income inequality,1995-2006”,The Chinese Economy,2010,43(4),pp. 59-60。

② 1999年全国农村居民人均旅游支出249.5元,同比增长26.6%,全国农村居民平均旅游消费倾向达到0.113峰值。

变量，最终回归结果如下：

$$C_t = 0.023Y_t + 0.699C_{t-1} + 61.818D_{1999}$$

$$t = (3.157) \quad (6.142) \quad (2.507)$$

$$R^2 = 0.90 \qquad D.W. = 1.618$$

对残差序列相关进行 Q 统计量检验①结果显示，各阶滞后的自相关和偏自相关值都接近于零，并且 Q 统计量的 P 值比较大，所以，残差不存在序列相关，则回归方程的估计结果有效、可信，模型较为理想。

从参数估计结果来看，边际消费倾向较小，表明了收入增加虽可以促进农村居民旅游消费支出的增加，但拉动的效果较弱；同时，消费滞后期显著表明，前期旅游消费对本期消费行为具有正向的促进作用；“黄金周”对农村居民旅游消费具有明显的促进效果，表明积极推动各项促进旅游消费政策的实施是有必要的。截距项 β_0 不显著，表明当可自由支配收入为零时，旅游消费不显著。从经济学意义上讲，常数项代表自发性消费，回归结果显示自发消费不显著，意味着当前中国农村居民自发性旅游消费存在复杂性。

从边际消费倾向上来看，农村居民的整体旅游消费水平并不高，为了确定农村居民旅游消费与其收入的长期关系，故对其进行协整分析。由协整的定义可知，协整检验与单位根检验有着密切的关系。同时由于多数经济时间序列都是非平稳的，若直接使用 OLS 估计会带来虚假回归，所以需要利用单位根方法来对时间序列进行平稳性检验。本文采用 ADF 检验，滞后期数是基于“SIC”信息法则自动选择。

表 1　　农村居民旅游消费与收入的单位根检验结果

变量	ADF 统计量	检验类型	临界值		平稳性
		（C，T，K）	1%	5%	
ln$Y$	-0.9952	（C，0，0）	-3.9591	-3.0810	非平稳
dln$Y$	-2.6071	（0，0，0）	-2.7406	-1.9684	平稳
ln$C$	-2.9546	（C，0，1）	-4.0044	-3.0988	非平稳
dln$C$	-2.0337	（0，0，0）	-2.7406	-1.9684	平稳

注：检验类型（C，T，K）中，C 表示检验方程带有常数项；T 表明带有趋势性；K 为最优滞后阶数。

① 如果单纯从显著性水平、拟合优度及 D. W. 值来看，模型较为理想，由于方程的解释变量存在被解释变量的一阶滞后项，D. W. 值不能作为判断回归方程的残差是否存在序列相关的标准。

对农村居民人均纯收入和人均旅游消费支出分别取对数以消除趋势，得到 ln$Y$ 和 ln$C$；dln$Y$ 和 dln$C$ 分别为对应的一阶差分。从表 1 的检验结果可以看出，未经差分的 ln$Y$ 和 ln$C$ 为非平稳数列，存在单位根；而 dln$Y$ 和 dln$C$ 则不存在单位根，为平稳一阶单整序列，即 I（1），因此农村居民旅游消费和收入之间可能存在协整关系。

为了检验农村居民旅游消费与其收入之间的关系，选择农村居民旅游消费支出 ln$C$ 为因变量，ln$Y$ 为自变量，并进行 EG 检验。用普通最小二乘法（OLS）作回归，在 5% 的显著水平上剔除不显著变量（常数项），最终得到估计结果如下：

$$\ln C = 0.6564 \ln Y \qquad (2)$$

$t =$ （56.3188）　　调整后 $R^2 = 0.53$

然后取残差序列（Resid）记为“Ecm”，即 $Ecm = \ln C - 0.6564 \ln Y$；然后对残差序列作平稳性检验，即 AEG 检验（见表 2）。

表 2　　残差序列的 AEG 检验结果

变量	AEG 统计量	检验类型（C，T，K）	AEG 临界值		平稳性
			1%	5%	
Ecm	-3.0745	（0，0，2）	-2.7549	-1.9709	平稳

注：检验类型（C，T，K）中，C 表示检验方程带有常数项；T 表明带有趋势性；K 为最优滞后阶数。

AEG 检验结果表明，在 5% 的显著水平上，Ecm 是平稳序列，可以认为农村居民旅游消费与收入之间存在长期的均衡关系。结果表明，我国农村居民旅游消费与收入之间在 5% 的显著水平上存在一个协整方程，最终正规化后的协整方程为：

$$\ln C = 0.6564 \ln Y$$

$t =$ （56.3188）

从协整方程的估计系数的结果来看，我国农村居民收入对其旅游消费具有显著影响，呈现出正相关关系，在其他条件不变的情况下，长期内农村居民人均纯收入每增长 1%，对应的旅游消费支出将增长 0.6564%。由此可见，农村居民收入弹性仍比较小，农村居民的旅游消费需求并没有得到很大程度上的释放，收入水平增加对农村居民旅游消费需求的促进作用仍比较有限。

（三）实证分析——区域视角

面板数据模型在消费问题研究中能够深入“省区市”层次、“地市”层次和“收入差距”层次研究消费，有利于对比分析，从而体现地区差异和收入差距。为进一步分析由时间序列数据分析所忽略的一些重要信息因素，发掘自发性消费的“潜在信息”，本文采用 2000～2009 年（除 2002 年）的平齐数据进一步分析我国农村居民旅游消费的差异性状况。

本文根据豪斯曼检验①建立我国农村居民旅游消费的固定影响变截距模型，形式如下：

$$C_{it}=\alpha+\alpha_i^*+\beta Y_{it}+\mu_{it}\quad i=1,2,\cdots,30;\ t=1,2,\cdots,9 \qquad (3)$$

其中，α 为全国 30 个省（直辖市、自治区）（除西藏）的平均自发性消费水平；α_i^* 为 i 地区自发性消费对平均自发性消费的偏离，用来反映地区间的消费结构差异；则 $\alpha+\alpha_i^*$ 即为 i 地区的自发性消费水平。使用普通最小二乘方法对模型（3）进行估计，估计结果如下：

$$\hat{C}_{it}=28.8779+\alpha_i^*+0.0280Y_{it}$$

$$t=\quad(3.487)\qquad\qquad(13.302)$$

其中各个回归系数在 1% 的显著性水平上显著。

因为 $\alpha_i^*+\alpha$ 为各个地方实际的自发性消费水平，为了更具体地描述各个地方自发性消费水平及各个地方间自发性消费的差异性，通过计算两者之和并通过图 1 展示出来。

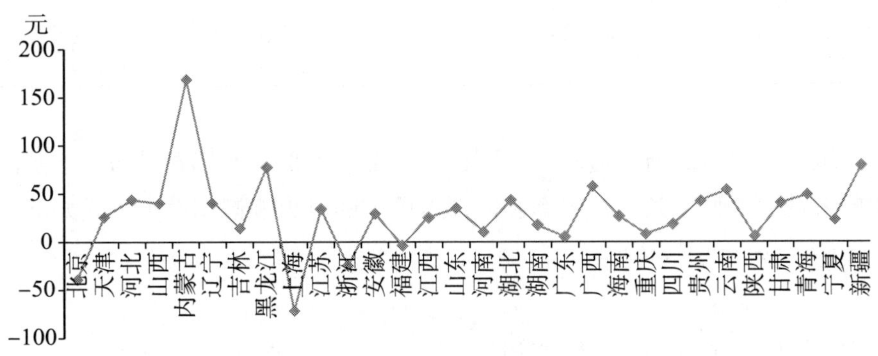

图 1　我国各地区农村居民自发性旅游消费状况

① 其中 χ^2 统计量为 12.53，伴随概率为 0.0004，因此应该拒绝随机效应假设，即模型为固定效应模型。

从模型的估计结果来看，本文中30个省（直辖市、自治区）的农村居民旅游消费倾向相同（0.028），与时间序列估计的全国的边际消费倾向（0.023）较为近似，但总体水平较小。表明：从宏观视角来看，全国农村居民旅游边际消费倾向整体水平并不高，即人均纯收入每增加一百元，旅游消费支出处于2~3元之间。全国30个省（直辖市、自治区）的平均自发性旅游消费水平为28.88元，然而2000~2009年间全国农村居民的自发性旅游消费却存在显著的差异，具体来看，在人均GDP水平和农村居民人均纯收入水平[①]两个经济指标上，北京、上海、浙江和福建等均处于较高水平，但自发性消费水平较低，在图2中并表现为负值，以内蒙古为代表的经济不发达地区的省份和自治区，自发性消费却均为正，其中内蒙古自治区的自发性消费水平最高。表明了我国农村居民的旅游消费层次存在经济地理区域的差异性。

本文将全国30个省市自治区分为东、中、西部三个区域[②]，应用农村居民旅游消费、收入数据，分别建立东部、中部和西部的农村居民的消费模型，对各区域的农村居民消费结构进行对比分析。利用豪斯曼检验来验证东中西部地区模型的形式，检验结果如表3所示。

表3　东部、中部和西部地区农村居民旅游消费模型形式设定检验结果

检验统计量	东部	中部	西部
豪斯曼统计量的值（对应的概率prob.）	6.190655（0.0128）	0.077901（0.7802）	0.256996（0.6122）
模型形式设定	固定影响变截距模型	随机影响变截距模型	随机影响变截距模型

因此，根据豪斯曼检验，分别建立东部、中部和西部农村居民旅游消费的变截距模型，其中，中部和西部地区的随机影响模型设定形式如下：

$$C_{j,it} = \alpha_j + \beta_j Y_{j,it} + u_{j,it} \tag{4}$$

① 2010年，北京、上海、浙江和福建四地的农村居民人均纯收入分别为13 262元、13 746元、11 303元和7 427元，均高于全国农村居民人均纯收入5 919元。

② 东部区域包括北京市、天津市、河北省、辽宁省、上海市、江苏省、浙江省、福建省、山东省、广东省和海南省；中部区域包括山西省、吉林省、黑龙江省、安徽省、江西省、河南省、湖北省和湖南省；西部区域包括内蒙古自治区、四川省、重庆市、广西壮族自治区、贵州省、云南省、陕西省、甘肃省、青海省、宁夏回族自治区和新疆维吾尔自治区。

其中，$j=1$，2 分别代表中部和西部地区；i 表示每个地区的地区个数，其中中部地区为 8，西部地区为 11；t 表示时间期间；α_j 为地区的平均自发性消费水平；β_j 为各地区的平均边际消费倾向，反映着不同地区农村居民旅游消费行为的差异。而东部地区的固定影响变截距模型设定为：

$$C_{it}=\alpha+\alpha_i^*+\beta_j Y_{it}+u_{it} \tag{5}$$

其中，α 为平均自发性消费水平；β 为平均边际消费倾向。估计结果如表 4 所示。

表 4　　各地区边际消费倾向（β_i）的估计结果

地区	东部	中部	西部
α_i	42.86（2.99）*	-3.65（-0.21）	-14.28（-0.74）
β_i	0.020（8.12）*	0.039（8.60）*	0.052（10.37）*
样本容量	99	72	99

注：括号内数值为估计值对应的 t 统计量，“ * ”表示在 5% 的显著性水平上显著。

从估计结果可以看出，2000～2009 年间（除 2002 年），东部、中部和西部三个地区的城镇居民消费特征存在明显差异。从自发性消费水平上看（不考虑显著性），东部地区的平均农村居民旅游自发性消费水平明显高于中部和西部地区；同样地，中、西部地区的自发性消费不显著表明，当这两地区的农村居民可支配收入为 0 时，其旅游消费不显著。从平均边际消费倾向上来看，东、中、西三个区域中西部地区的农村居民边际旅游消费倾向最高，而东部地区的农村居民边际旅游消费倾向最低，意味着东部地区的农村居民一日游的消费支出随着收入增加而出现加快递增态势。

由于东、中、西三大区域包含的省区情况差异较大，难以完全显示三个区域的差异性，为进一步验证各个区域边际消费倾向的差异性，本文采用世界银行①对中国区域的划分标准，将三大区域细化为六大区域，即东南、环渤海、东北、中部、西南和西北，基于上述方法分别建立各大区域

① 倪鹏飞主编：《中国城市竞争力报告 No. 7》，《城市竞争力蓝皮书》，社会科学文献出版社 2009 年版，第 103 页。其中，东南地区：上海、江苏、浙江、福建和广东；环渤海地区：北京、天津、河北和山东；东北地区：辽宁、吉林和黑龙江；中部地区：安徽、江西、河南、湖北、湖南和山西；西南地区：广西、重庆、四川、贵州、云南和海南；西北地区：内蒙古、陕西、甘肃、青海、宁夏和新疆。

的估计模型，得到的回归结果如图 2 所示。

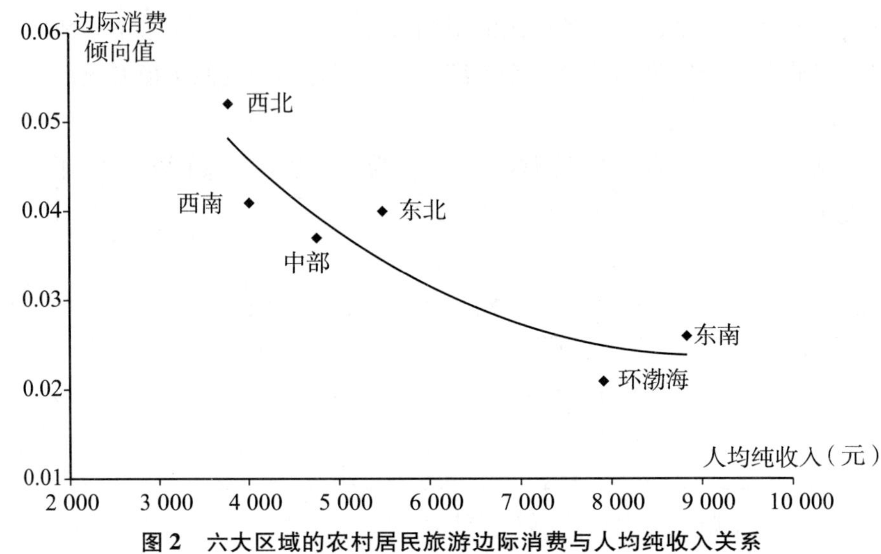

图 2　六大区域的农村居民旅游边际消费与人均纯收入关系

注：六个地区的边际消费倾向均在 5% 的显著水平上显著；各个模型的拟合优度均较好。

从六大区域回归结果看出，我国农村居民旅游消费倾向：西北地区最高，西南、东北和中部其次，东南地区较低，环渤海最低。整体来看，经济发达地区农村居民平均旅游消费倾向偏低，而欠发达地区边际旅游消费倾向较高。根据经济学理论，对于必需品，收入增加，边际消费倾向表现为递减但大于 0；对于奢侈品，收入增加，边际消费倾向表现为递增，即消费增加的速度要大于收入增加的速度。旅游商品对一般的农村居民来讲属于“奢侈品”，但商品属性并非一成不变，旅游产品同样服从于消费者需求的动态变化而表现为“不同属性”。因此，本文认为，之所以出现这种情况，是因为随着农村居民人均纯收入的增加，旅游产品在不同“收入阶层”的农村居民之间表现为“不同的属性”，东部地区处于提升旅游消费层次阶段，当地农村居民不再满足于一日游这种较低层次的旅游消费，将向“过夜游”、“出境游”等较高层次的旅游需求转换；而中西部地区则处于基本层次（一日游）的旅游需求阶段。

为进一步分析 2000 ~ 2009 年（除 2002 年）期间的消费状况，构建含有时期影响的变截距模型如下：

$$C_{it}=\alpha+\alpha_i^*+\beta Y_{it}+\gamma_t+\mu_{it} \qquad i=1,2,\cdots,30;\ t=1,2,\cdots,9 \quad (6)$$

其中，γ_t 为反映时期影响的时期个体恒量，反映时期变化所带来的消费结构的变化。利用 OLS 方法得到各个时期的 γ_t 的取值（见图 3），可以进一步看出全国整体农村居民旅游自发性消费的时期变化趋势。在 2000～2009 年间，全国农村居民的自发性旅游消费呈现出缓慢提升的特点，其中 2000～2007 年间自发性消费水平较低，没有突破 100 元；自 2007 年以来，旅游自发性消费呈加快增长趋势，消费水平大幅度提高（在很大程度上得益于中西部农村居民旅游消费的增加）。因此，从全国层面来看，农村居民旅游消费市场充满着巨大潜力，农民旅游消费的积极性正变得日益强烈。

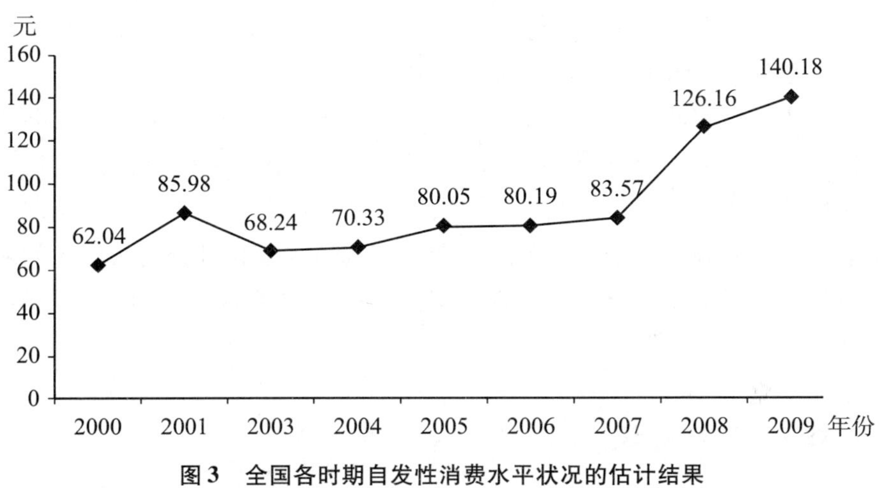

图 3　全国各时期自发性消费水平状况的估计结果

三、研究结论

（一）整体视角的分析结论

从时间序列模型估计结果得知，农村居民边际旅游消费倾向为正，表明收入对农村居民消费具有正向的促进作用，但边际消费总体水平不高，意味着我国农村居民在其他“强制性”消费因素的影响下，旅游整体消费水平仍不高。

政策因素（黄金周）对农村居民旅游消费具有积极的引导作用，效果较为显著；前期消费对本期消费具有正向的促进作用，表明农村居民旅游消费行为的发生在很大程度上受到前期消费和周围人群的“消费惯性”与“示范效应”的影响。

自发性消费在回归估计中表现不显著，表明我国农村居民自发旅游消费的复杂性。

（二）区域视角的分析结论

根据面板模型数据显示，我国各个地区农村居民的自发性消费呈现出明显的差异性，在2000～2009年间，自发性消费呈现明显上升态势，意味着我国农村居民旅游消费习惯和消费意识已发生较大改变，东部地区农村居民在生活方式、消费结构方面已开始转型升级，相对于中西部地区农村居民的旅游需求层次，东部地区的旅游需求表现为高享受型（出境旅游、商务会展、休闲度假等）的旅游支出增加。

从边际消费倾向来看，发达地区（收入水平较高）的农村居民平均边际消费倾向明显低于落后地区，由于本文是基于一日游数据进行分析，因此认为，边际消费倾向递减表明不同区域农村居民旅游消费层次的差异化和阶段性特征，也就意味着旅游产品或服务对于收入增长的农村居民来讲呈现出明显的动态性，即由初始的“奢侈品”向“必需品”转化。

四、政策建议

综上研究结论，本文提出相关政策建议：

第一，继续增加农村居民收入，收入是旅游消费的前提和保障，只有在不断提升农村居民收入的基础上，旅游消费才有可能实现。同时，在增加收入的基础上更好地兼顾社会公平，积极拓展农村居民增收渠道，增加农村居民工资性收入和财产性收入，适度加大对农村居民的转移性支出，减轻经营性和工资性收入不稳定所带来的低消费、高储蓄倾向。

第二，继续推进农村基础设施建设，完善农村信贷市场，加快农村居民医疗救助保险机制体制改革，减少农村居民其他“强制性”消费支出比重；同时优化完善农产品市场流通机制，加大对农产品市场的监管，降低经营性生产的市场风险，防止损害农民利益的市场行为发生。

第三，推动旅游企业加大对农村旅游市场的重视和开拓，对开发农村市场的旅游企业给予税收等优惠措施，引导其实施目标市场细分战略，针对不同收入阶层开发相应的旅游产品以满足需求，尤其是对东、中、西部地区不同收入水平的农村居民旅游消费群体，应采取不同的产品策略和营销策略，对于东部地区旅游消费需求层次提升的倾向，应通过产品创新来满足需求；对中西部地区，应加大对农村旅游消费的引导，挖掘其不断上升的消费需求，积极发挥电视、报纸、互联网等媒体进行产品促销，营造使农民敢消费、愿消费、能消费的轻松消费环境，引导农村居民消费观念转型。同时，加强对旅游景区、旅行社等旅游企业服务质量管理，强化导游服务意识，在提供服务的过程中不欺客、不宰客，减少“一锤子买卖”等不正当经营行为，提高农民外出旅游的满意度。

参考文献

[1] 刘建国：《我国农户消费倾向偏低的原因分析》，载于《经济研究》1999 年第 3 期。

[2] Qin，D.，“Determinants of Household Savings in China and Their Role in Quasi-money Supply”，Economics of Transition，2003，11 (3)，P. 522.

[3] 林毅夫：《“三农”问题与我国农村的未来发展》，载于《农业经济问题》2003 年第 1 期。

[4] 胡宝娣、梅洪常：《中国农村居民消费差异研究》，载于《农业现代化研究》2005 年第 1 期。

[5] 张全红：《中国低消费率问题探究》，载于《财贸经济》2009 年第 10 期。

[6] Liu，Xueliang，“Decomposition of China’s Income Inequality，1995 - 2006”，The Chinese Economy，2010，43 (4)，P. 60.

[7] Keidel，Albert，“Chinese Regional Inequalities in Income and Well-being”，Review of Income and Wealth，2009，55 (1)，pp. 538 - 561.

[8] 周翀燕、李祝舜：《我国农民旅游市场开发初探》，载于《旅游学刊》2004 年第 4 期。

[9] 刘旺、杨敏：《我国农村居民国内旅游行为特征分析》，载于《桂林旅游高等专科学校学报》2006 年第 2 期。

[10] 史清华、徐翠萍：《长三角农户服务消费行为的变迁：1986 ~ 2005》，载于《农业经济问题》2008 年第 3 期。

[11] 刁宗广：《中国农村居民旅游消费水平及区域差异研究》，载于《地理科学》2009 年第 2 期。

[12] 徐海军、黄震方、侯兵：《基于扩大内需的中国农村居民旅游市场开发研究》，载于《旅游学刊》2010 年第 3 期。

[13] 周文丽、李世平：《基于凯恩斯消费理论的旅游消费与收入关系实证研究》，载于《旅游学刊》2010 年第 5 期。

[14] 邱洁威、张跃华、查爱苹：《农村居民旅游消费意愿影响因素的实证分析——基于浙江省 780 户农村居民的微观数据》，载于《兰州学刊》2011 年第 3 期。

专题二：基于 AIDS 模型的我国大城市扩大居民服务消费的实证研究①

——以北京市为例②

一、引言

（一）文献综述

迪顿和尼尔鲍尔（Deaton and Muellbaue，1980）提出了 AIDS 模型（Almost Ideal Demand System），这一模型的基本思想是给定价格体系和一定效用水平，消费者获得给定效用水平的最小消费支出。恩贵（Ngui，2011），利用线性 AIDS 模型研究了肯尼亚居民的能源消费弹性，发现煤油的收入弹性较大，而电、液化气等缺乏收入弹性，而增加替代燃料和提高财政补贴可以达到促进清洁燃料使用的政策效果。穆月英等（2001），运用几乎理想的需求系统模型（AIDS）建立联立方程组，重点研究了城乡食品消费之间的差距。程大中（2008）认为，服务相对价格指数上升是导致居民服务支出比重上升的首要因素，中国在服务消费方面已显露出“成本病”迹象。江小娟（2011），研究提出服务业“真实”和“名义”两种增长因素及影响，强调服务业应进一步加快改革和对外开放。张颖熙、夏杰长（2011）认为，我国现阶段总体上已开启向服务消费升级的

---

① 本文系荆林波研究员主持的中国社会科学院重大课题《“十二五”期间扩大消费若干重大问题及政策研究》的子课题研究成果。

② 本文研究对象指北京市城镇居民服务消费，不包括农村居民服务消费。

阶段，未来我国服务性消费的内生性增长动力机制主要包括劳动力无限供给终结后工资的加速增长等方面。此外，刘华等学者对中国城镇和农村居民消费问题都做了有益的探讨，得出了有价值的结论。

目前，相关文献研究主要集中于城乡居民消费问题，对扩大城镇居民服务消费问题的定量研究很少。而2011年北京市服务业比重达到75.7%，位居全国城市榜首。定量研究北京市城镇居民服务消费结构，分析现阶段服务消费存在的主要问题，对制定有针对性的扩大服务消费的政策建议具有重要意义，对促进我国其他城市居民服务消费也具有较大的借鉴价值。

（二）宽口径服务消费支出的定义及内涵

根据2011年《北京市统计年鉴》的解释，服务性消费支出是指调查户用于支付社会提供的各种文化和生活方面的非商品性服务费用，特点在于其劳动过程和消费过程在时间和空间上的统一，本文认为该统计口径为窄口径。例如，餐饮服务中居民消费的仍然是有形的食品，实际统计时无法扣除企业的进货成本（操作成本太高），单纯统计居民享受的服务价值。同理，医疗保健服务中，居民既消费了医生的服务，也购买了治疗所需药品，实际统计时也无法扣除医院的药品成本，单纯计算医生的服务价值。本文将“宽口径服务消费支出”定义为：“在提供服务的除人员之外的主要服务主体（房屋、大型工具、耐用设备等）的所有权没有发生转让的前提下，居民用于支付社会提供的各种文化和生活方面的服务费用和附加低值易耗品支出。”

因此，虽然北京市从2002年开始公布服务性消费支出，但属于窄口径，不直接采用。本文中，北京市各年服务消费支出总额均为宽口径下当年六大项（在外餐饮、医疗保健、交通服务、通信服务、文化娱乐服务、教育服务）服务消费支出累计金额之和，数据全部来自1995～2011年《北京市统计年鉴》（见表1）。

表1　　1994～2010年北京市人均服务消费支出情况[①]

年度	服务支出	外出就餐	医疗保健	交通	通信	文化娱乐	教育
1994	662.2	230.48[②]	59.15	48.6	41.34	137.29	145.34
1995	864.5	303.96	90.24	48.73	44.77	173.59	203.21

续表

年度	服务支出	外出就餐	医疗保健	交通	通信	文化娱乐	教育
1996	1 151.7	359.07	135.86	86.49	51.95	241.51	276.82
1997	1 427.37	444.34	195.11	89.52	109.93	256.01	332.46
1998	1 717.7	498.1	254.8	114.4	150.9	239.8	459.7
1999	2 110.66	572.32	434.34	142.18	195.28	273.35	493.19
2000	2 539.03	666.75	482.84	198.43	274.2	300.54	616.27
2001	2 972.7	749.6	572	223.7	358.8	316.7	751.9
2002	3 755.8	853.5	790	360.7	467.2	403.9	880.5
2003	3 923.1	829.7	773.9	328.4	608.8	411.3	971
2004	4 439	1 058.6	906	427.8	598	534.6	914
2005	4 812.7	1 147.4	1 019.4	466.2	670.6	584.4	924.7
2006	5 390	1 320	1 051	578	735	731	975
2007	5 090	1 175	1 077	528	715	718	877
2008	5 525	1 407	1 346	550	639	774	809
2009	5 834	1 646	1 111	549	694	909	925
2010	6 247	1 687	1 022	637	832	1 040	1 029

注：①各项服务消费支出的统计范围是：餐饮服务费指在外用餐费，忽略加工费；文化娱乐服务费不包括耐用品；医疗保健服务＝药品费＋医疗费（或医疗保健服务费）；交通服务费，1997 年（含）之前的数据直接采用交通费，1998 年之后等于交通费＋维修服务费；通信服务费直接采用电讯费计算。另外，由于 2002 年后杂项服务的统计口径明显发生变化，较以前的数据出现很大降幅，且价格指数较难确定，模型中暂不采用。

②1994 年餐饮服务费根据 1995 年数据推算而得。

资料来源：《北京市统计年鉴》（1995～2011 年）。

二、基于AIDS模型的北京市居民服务消费需求动态分析

（一）模型设定

目前，研究消费结构的国际主流方法是需求系统模型，常用模型有几乎理想的需求系统模型（AIDS）、线性支出系统模型（LES）、扩展线性支出系统模型（ELES）和超越对数效用函数模型等。相对而言，AIDS 模型具有比较清晰的系数含义，它反映总支出和各类价格对各类服务消费支出比重的影响；同时，AIDS 模型中各项服务消费支出的原始数据全部使

用相对比例来表示，从而一定程度上减少了数据统计误差。因此，本文采用 AIDS 模型对北京市居民服务消费需求系统进行实证分析。

线性 AIDS 模型的一般估计形式是：

$$W_i = \alpha_i + \sum_{j=1}^{n} \gamma_{ij} Ln(P_j) + \beta_i \mathrm{Ln}(X/P^s) + \varepsilon_i \qquad i = 1, 2, \cdots, n;$$

其中，W_i 表示第 i 类服务消费支出占总服务消费支出的比例，α_i 表示 i 类服务支出方程的常数项，γ_{ij}和β_i分别表示第 i 类支出方程中 j 服务品价格变化、实际服务总支出（X/P^s）变化对第 i 类服务消费支占总支出比重的影响，X 是人均服务总消费支出，P^s 是 Stone 价格指数，即：$\ln P^s = \sum_{i=1}^{n} W_i \ln P_i$。$\alpha_i$，$\beta_i$，$\gamma_{ij}$为待决回归系数，其中，参数 β_i 用于解释考虑物价上涨因素后的实际支出变化时，各类服务支出项目占总支出比重的变化；γ_{ij} 反映了其他因素不变下，自身及其他服务消费价格变化对其支出比重（w_i）的影响；ε_i 是误差项。

AIDS 模型的回归系数满足下列要求：

（1）加总性：$\sum_i \alpha_i = 1, \sum_i \beta_i = 0, \sum_i \gamma_{ij} = 0$；

（2）齐次性：$\sum_j \gamma_{ij} = 0$

（3）对称性：$\gamma_{ij} = \gamma_{ji}$

AIDS 模型的需求支出弹性计算公式如下：

$\eta_i = 1 + \beta_i / W_i$

马歇尔价格弹性系数计算公式如下：

$\varepsilon_{ij} = -\delta_{ij} + \gamma_{ij}/W_i - \beta_i W_i / W_j$，其中，$\delta_{ij} = 1(i = j)$，$\delta_{ij} = 0(i \neq j)$

当 $i = j$ 时，$\delta_{ij} = 1$，求出的是各种服务消费的自价格弹性系数。当 $i \neq j$ 时，$\delta_{ij} = 0$，求出的是各种服务消费之间的交叉价格弹性系数。

（二）数据说明

六大项服务消费历年价格指数均以 1993 年价格为定基指数 100，进行指数化处理。其中，1994～2000 年的餐饮服务价格指数以当年食品价格指数替代；2001 年之后的文娱服务价格指数采用文娱用品价格指数；2001～2004 年的医疗保健服务价格指数采用医疗保健价格指数，2005～2010 年为医疗保健服务价格指数；交通和通信价格指数分别直接采用交通价格指数和通信价格指数。

（三）模型建立及估计

AIDS模型是联立方程模型，用于考察多变量间的相互关系，本文使用EVIEWS6.0软件，采用似不相关回归方法（SUR）对上述方程进行了回归。如表2所示，从回归的结果上看，大部分均通过了1%、5%、10%水平的显著性检验，而且判定系数基本上均在0.9以上，说明拟合优度很高。根据模型的系数及其显著性，加上判定系数和D.W.统计量，可以认为模型拟合情况比较理想，能够较好说明北京市居民服务消费行为对服务消费需求的不同影响。

表2　　AIDS模型参数估计值

参数估计值 / 服务消费类别	α_i	β_i	R^2/Adjusted R^2	D.W.
在外餐饮	0.616972 (3.875196)	−0.044449 (−1.924208)	0.951263 (0.913356)	2.265602
医疗服务	−0.332124 (−1.287219)	0.051889 (1.386088)	0.885465 (0.796381)	1.635377
交通服务	−0.137294 (−2.150326)	0.040464 (4.368049)	0.949526 (0.910269)	2.914371
通信服务	−0.330689 (−2.872377)	0.067476 (4.039535)	0.961726 (0.931957)	3.052624
文娱服务	0.199339 (2.528388)	0.005103 (0.446118)	0.983749 (0.971109)	2.286725
教育服务	0.984927 (6.601979)	−0.120638 (−5.573332)	0.948208 (0.907926)	1.571228

注：括弧内的数值是t统计检验值；另外，限于篇幅，其他回归系数的估计结果省略。

（四）结果分析

需求支出弹性也称为收入弹性，它表示总支出变动1%所引起各类服务消费支出变动的百分比，用以衡量支出/收入变化对服务消费需求变动的影响程度。总体上看，如表3所示，交通服务、通信服务、医疗服务、文娱服务的消费支出弹性都大于1，说明北京市居民随着消费支出增加，对这些服务的需求增长率高于支出增长率，即有较强的消费意愿。教育服务和餐饮服务的支出弹性系数也均为正，但小于0，说明这两项服务对北京市居民来说，更偏向于生活的必需服务消费，消费意愿比较稳定。

表3　　2010年北京市城镇居民服务消费弹性系数

服务消费类别＼弹性系数	支出弹性系数	自价格弹性系数
在外餐饮	0.835404	-0.37505
医疗服务	1.317173	-1.33583
交通服务	1.396827	-0.79337
通信服务	1.506638	-1.1053
文娱服务	1.030652	-1.08841
教育服务	0.267614	-0.26775

其中，通信服务的支出弹性系数大于1.5，居六大项服务第一位，说明其他因素不变，对于服务消费支出变动，反应最敏感的是通信服务支出。通信费使用的是电讯费数据，而电讯费主要包括邮电通信费、广播电视、网络服务费等。2010年，北京市城镇居民每百户拥有电脑从2002年的57.2台，增加到104台，增幅81.82%；移动电话百户拥有量从2002年的99.9部增长到221部，增长1.21倍，接入互联网的移动电话15部；每百户城镇居民接入有线电视网络的电视机124台，接入互联网的计算机84台。这些数据反映出北京市互联网应用、无线支付、网络购物、高清数字电视、移动办公及娱乐等新生活方式的普及和提升，大大方便了人们日常交往和对各种信息的需求，“信息消费”已成为人们生活的重要部分，对文化创意产业发展也有较强的带动作用，通信服务支出的增加也是居民消费生活水准提升的显著标志之一。

而从统计口径变化看，2002年之后北京市可能将杂项服务中的旅游项下的火车票等归入了交通费类别中，导致交通服务支出上涨较快，从而使交通服务的需求支出弹性更大，也代表人们有更多旅游休闲时间来提高消费品质，享受更高层次的精神生活。本文交通服务费1998年之后等于交通费+维修服务费，而随着人均汽车保有量的快速增长，2011年城镇居民每百户拥有34辆，相关维修费用也水涨船高。因此，交通服务支出的增加意味着北京市居民的生活福利水平不断提升。

餐饮服务的支出弹性略低于1，说明外出就餐消费仍会随着收入或支出的增加而增加，只是增幅稍低。这是因为经过经济持续高速发展，北京市人均收入水平较高，2011 年人均 GDP 达 80 394 元，折合 12 447 美元，已达到中上等国家水平，接近富裕国家[①]。人们从吃饱、吃好转向吃出健康、吃出文化，饮食消费社会化水平较高，在外餐饮的支出金额水平本身也比较高，而餐饮服务也是食品消费的一部分，人均日消费食物的数量是基本固定的，所以，其支出弹性略低于 1。

教育服务的消费支出弹性小说明北京市政府对教育特别是基础教育的公共财政投入力度不断增强，如 2010 年北京市预算内及教育附加经费投入合计 843.8 亿元，比 2005 年的 306 亿元增长 1.76 倍。政府增加公共教育投入较大幅度降低了居民的基础教育费用，如 2010 年人均义务教育费 18 元，仅为 2005 年的 102.5 元的 17.56%；从而使得居民可以将节约的费用购买其他各专项技能培训服务，不需要在新增服务性消费支出中拿出更多金额来支付，如 2010 年北京市人均培训班支出 330 元，是 2005 年 123.9 元的 2.66 倍。[②]

自价格弹性系数表示一种服务消费价格变动所引起的对自身需求量的变化，其绝对值越大，则弹性系数越大，说明该服务的消费性支出受自身价格变动影响越大。自价格弹性为负，说明该项服务的消费支出随价格的上涨而下降，如表 2 所示，六大项服务消费的自价格弹性均小于 0，说明它们的消费性支出都会随自身价格上涨而下降。其中，医疗服务、通信服务、文娱服务的自价格弹性系数的绝对值均大于 1，说明它们对价格波动的敏感性更高。而餐饮服务、交通服务和教育服务的绝对值均小于 1。

作为享受型消费支出的文娱服务的自价格弹性和支出弹性的绝对值基本上等于 1，说明其需求和服务消费支出以及自身价格的变动保持同比例变动，北京市居民已经进入了享受性的消费阶段。但是，文娱服务消费的最大问题在于价格上涨过快，涨幅过高，2010 年文化娱乐服务价格指数比 1993 年上涨 9.63 倍，涨幅居各项服务价格指数之首。显然，如果收入或支出不变，可以通过降低价格来扩大文化娱乐服务消费，提高居民消费福利水平。

餐饮服务的自价格弹性为负且绝对值很小，说明价格上涨对餐饮服务

① http：//finance.qq.com/a/20120227/000620.htm.

② 《北京市统计年鉴》（2006 年、2011 年）。

消费影响较小，这是因为北京市居民相对比较富裕，2011 年人均可支配收入达到 3.29 万元[①]，从而对餐饮价格的上升不太敏感，所以餐饮服务成为北京市居民的基本必需服务消费开支。

对教育服务来说，随着国内外科技水平的迅猛发展和知识信息更新速度不断加快，为提高自身文化修养和职场竞争力，人们对教育消费重视程度日益提升，教育消费已成为不同收入家庭的一项重要长期基本服务性消费支出，支出金额快速增加，特别是工作竞争加剧使成人的教育培训费用上升较快。教育的自价格弹性系数为负，但绝对值很小，大幅低于其他服务消费的自价格弹性系数绝对值，说明教育服务消费已经成为城市居民的发展型服务基本消费支出，受自身价格影响很小。

三、北京市服务消费发展现状及问题分析

（一）服务消费支出增速高于收入和消费支出增速，但比重与发达国家差距仍较大

改革开放以来，北京市经济持续快速增长，带动人均可支配收入和消费支出的快速增加，服务消费水平也不断提高。2010 年北京市城镇居民人均消费支出 19 934 元，比 1994 年的 4 134.12 元增长 3.82 倍；2010 年人均可支配收入 29 073.0 元，比 1994 年的 4 731.2 元增长 5.14 倍。而如表 1 所示，北京市城镇居民的人均年服务消费支出从 1994 年的 795.87 元，增加到 2010 年的 6 912 元[②]，增长 7.68 倍，年均增长 14.46%，增幅高于人均消费支出和人均可支配收入的增长，服务消费结构也不断改善（见图 1）。

但是，与发达国家相比，北京市服务消费支出占消费总支出的比重仍有较大差距。虽然 2010 年，人均年服务消费支出占生活消费总支出的比重从 1994 年的 19.25% 提高到 2010 年的 34.67%，提高了 15.42 个百分点。但 2010 年同期，美国人均服务消费支出比重达 71.1%，其中，娱乐、

---

① http://finance.people.com.cn/money/GB/16930408.html.

② 此处数据包括了家庭服务、居住服务和杂项服务等全部服务性消费支出。

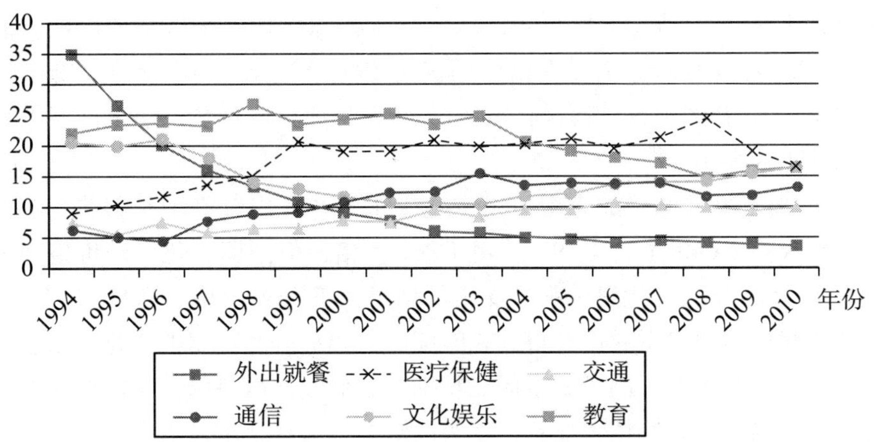

图1　1994～2010年北京市各项服务消费支出比重

家庭经营、交通运输、医疗护理和餐饮住宿分别占5.58%、27.6%、4.31%、24.31%和9.3%①，比北京市高出36.43个百分点，而作为核心城市的纽约，其服务消费支出占消费总支出的比重更高，差距也更明显。

（二）服务消费价格上涨较快，制约服务消费实际需求的快速发展

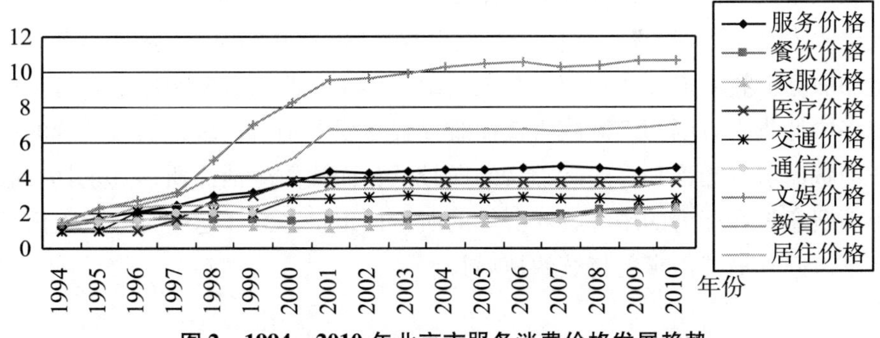

图2　1994～2010年北京市服务消费价格发展趋势

资料来源：《北京市统计年鉴（1994～2011年）》。

从图2可以看出，1994～2010年，北京市服务业总体价格指数上涨3.51倍，其中，文化娱乐服务价格涨幅最大，高达9.63倍；教育服务价格涨幅也高达5.98倍，医疗保健服务价格、餐饮服务价格和居住服务价

① 资料来源：CEIC亚洲经济数据库。

格分别上涨2.73倍、3.51倍和2.81倍。扣除物价上涨因素的影响，北京市2010年实际服务消费支出金额仅比1994年上涨1.62倍，远低于同期北京市GDP的4.54倍涨幅。而服务消费分项价格指数过快上涨问题表现的就更为突出。

虽然近20年来，北京市居民文化娱乐消费支出金额增长很快，2010年达到人均1 040元，较1994年上涨6.58倍，但同期文化娱乐价格却上涨6.11倍，显然文化娱乐服务支出的增量大部分被价格上涨抵销，居民的文化娱乐消费水平并没有得到相匹配的大幅提升。过高的文化娱乐服务消费价格，较大地限制了城市居民特别是中低收入居民的消费需求。据上海市统计局城调队的调查显示，认为电影票、体育赛事及演唱会门票、休闲健身、正版图书等文化娱乐服务价格偏高或太高的被访者都超过8成。

（三）居民收入分配不合理阻碍服务消费的快速发展

2010年，北京市城镇居民低收入组的人均可支配收入为13 692元，高收入组的人均可支配收入为53 739元，后者是前者收入的3.92倍。而2010年，低收入组人均消费支出11 478元，其中，服务性消费支出5 600元，消费支出收入比是83.83%，服务消费支出收入比是40.9%。同期，高收入组人均消费支出31 085元，其中，服务性消费支出9 277元，消费支出收入比是57.84%，服务消费支出收入比是17.25%①。显然，低收入组的服务消费倾向要大幅超过高收入组。但是，收入分配制度不合理使得许多中低收入者因为实际收入低而难以实现服务消费需求；高收入者的服务消费需求日趋饱和，边际消费倾向较低；而注重生活品质、真正具有服务消费意识和能力的中等收入群体的所占比重仍不高，这些都较大阻碍了北京市服务消费需求的持续快速增长。

四、对策建议

（一）增加服务消费供给，多渠道稳定服务消费价格

如前所述，价格因素对北京市居民的服务消费有着重要影响，文娱服

---

① 《北京市统计年鉴（2011）》。

务、医疗保健服务、通信服务价格消费受价格变化影响大，如果这些服务消费价格上涨会制约居民服务消费，降低消费福利水平。要以消费者的现实和潜在需求为导向，引导企业开发适销对路的服务产品，大力发展以文化创意产业、医疗保健、教育娱乐、旅游休闲及餐饮住宿等为代表的现代服务业，拓展通信服务、保险理财、专业职教培训、家政服务、文化娱乐、旅游休闲、体育健身等服务消费市场，稳定北京市服务消费价格。特别是要加快发展文化创意产业，文化创意产业涉及表演艺术、工业设计、动漫游戏、传媒出版、工艺美术等多方面内容，可以直接增加文化娱乐服务和通信及网络应用服务的市场供给，并可以对教育服务市场产生较大的拉动作用。同时，政府应出台相关优惠财政政策，降低企业税赋，减少企业经营成本，缓解价格上涨压力。进一步加强对服务设施分布、环境及配套方面的综合建设，完善服务消费市场规范，维护市场秩序，优化服务消费环境，充分发掘居民的潜在消费意愿。

（二）多渠道增加保障性租赁房供给

根据宽口径服务消费支出的定义，居住服务消费支出包括房租和居住服务费，不包括购房支出和装潢支出等，因为后者的支出发生在房屋所有权转移的前提下，不属于服务性消费支出。水、电、燃料费属于居民能源资源生活消费，这里也没有计入。

自2004年以来，北京市房价以较快速度上涨，带动房租价格也快速上涨，加上新建商品房一般是由物业公司实行物业管理，导致居住服务价格快速上涨。2010年北京市居民人均居住服务消费支出270元，比2004年上涨101.34%。而在全部服务消费中，居住服务消费属于基本生存型服务消费，类似于食品在整个消费支出中的地位，具有刚性支出的特点。居住服务消费支出的快速增加一方面将挤占其他服务消费开支，影响到居民的基本生活，降低居民的消费福利水平；另一方面将提高居民特别是中低收入居民未来支出增加的预期，使其不得不压缩消费支出，增加预防储蓄而相应减少各种服务消费需求。为充分释放居民服务消费潜力，政府应该多渠道增加政策性租赁房、限价租赁房、廉租房等保障性租赁房的供应，提高其覆盖范围，把增加经济适用房、廉租房投资和供给政策落到实处，缓解租金高企的问题。同时，整顿房地产中介市场，维护正常的房屋租赁市场秩序，坚决打击哄抬房屋租金的不法行为。

(三) 注重增加居民收入水平

扩大城市居民服务消费水平，一个重要的关键因素是提高居民收入水平。首先，要多渠道增加居民就业机会，扩大城市居民收入来源。其次，通过税收调节和财政转移支付等方式，调节收入分配，不断提高居民收入在国民收入中的分配比重。再其次，建立企业职工工资正常增长机制和支付保障机制，提高劳动报酬在企业利润分配中的比例，缩小不同阶层之间的收入分配差距。最后，逐步提高最低工资标准，增加低收入者和外来农民工收入，使其都能平等共享经济快速增长的实惠。

(四) 继续加强政府对教育、医疗服务的投入力度

继续加大政府对基础教育和基本医疗服务的财政投入强度，减少居民的后顾之忧，改善居民消费预期，使其能将节约的支出用于其他服务消费支出，不断提高服务消费水平。

参考文献

[1] Deaton, A, J. Muellbauer. An Almost Ideal Demand System [J]. American Economic Review, 1980, 70 (3).

[2] Moschini G. Units of Measurement and the Stone Index in Demand System Estimation [J]. American Journal of Agricultural Economics, 1995, 77 (1): pp. 63 - 68.

[3] Mazzocchi, M. Time-varying Coefficients in the Almost Ideal Demand System: An Empirical Appraisal [J]. European Review of Agricultural Economics, 2003, 30 (2).

[4] Dianah Ngui, John Mutua, Hellen Osiolo, Eric Aligula. Household Energy Demand in Kenya: An Application of the Linear Approximate Almost Ideal Demand System (LA - AIDS) [J]. Energy Policy, Volume 39, Issue 11, November 2011, pp. 7084 - 7094.

[5] 穆月英、笠原浩三、松田敏信:《中国城乡居民消费需求系统的 AIDS 模型分析》，载于《经济问题》2001 年第 8 期。

[6] 程大中:《中国经济正在趋向服务化吗? ———基于服务业产出、就业、消费和贸易的统计分析》，载于《统计研究》2008 年第 9 期。

[7] 江小娟:《服务业增长: 真实含义、多重影响和发展趋势》，载于《经济研究》2011 年第 4 期。

[8] 张颖熙、夏杰长:《服务消费结构升级的国际经验及其启示》，载于《重庆社会科学》2011 年第 11 期。

专题三：拉动内需之下的我国居民文化消费研究

一、文化消费的意义

文化是民族凝聚力和创造力的重要源泉，是综合国力竞争的重要因素，是经济社会发展的重要支撑。根据国家统计局的定义，“文化及相关产业是指为社会公众提供文化、娱乐产品和服务的活动，以及与这些活动有关联的活动的集合”。人类的消费从来就是文化的消费，消费存在于一切社会中，消费不过是在不同的社会中具有历史的差异性，产生了不同的消费模式。[①] 文化消费是用文化产品或服务来满足人们精神需求的一种消费，主要包括教育、文化娱乐、体育健身、旅游观光等方面。从马斯洛的消费层次理论来看，文化消费属于高级别的消费层次，是在消费者恩格尔指数大幅下降的情况下的新消费需求。“文化消费是经济价值实现的最后环节，更是引导文化生产的重要力量。”[②] 一般而言，人们的文化生活需要主要包括三大类消费需求，即教育培训的消费需求；娱乐休闲的消费需求；文化、艺术、精神追求的消费需求。[③] 我国经济社会的发展，必须在满足人民群众日益增长的物质生活需求的同时，致力于满足人民群众日益增长的精神文化需求，这样才能实现社会和谐与人的全面发展。在拉动内需的宏观经济环境下，作为文化产业链上的最终环节和促进居民消费结构升级的重要力量，文化消费对于拉动文化生产、提高国民素质和推动我国

---

① 陈庆德、马翀炜：《文化经济学》，中国社会科学出版社 2007 年版。

② 王斌：《中国城市文化消费报告》，社会科学文献出版社 2010 年版。

③ 米银俊等：《浅析〈资本论〉中的文化消费》，载于《地质技术经济管理》2002 年第 3 期。

产业结构的优化升级有着十分重要的意义。

文化消费是实现国民幸福的重要体现。文化可以影响消费者行为并透过文化产品的属性和消费者行为反映出一个社会的价值观。文化消费作为较高层次的消费，是居民文化生活的体现，它既是社会文明进步的重要标志，也是社会发展和进步的必然要求。人们通过对文化产品的消费来实现文化价值，进而实现人力资本的提升与发展，并在精神愉悦中成为国民幸福的重要体现，促进社会的和谐发展。

文化消费在消费中占有极其重要的地位。消费是社会生产的最终目的，也是促进生产发展的巨大动力，更是拉动我国经济增长的重要因素。文化消费不是一个单纯的文化产品消费过程，而是与交通、饮食、服装、旅游等服务性消费紧密相关、构成内容丰富的综合性消费过程，并推动家电、通信、广告、装潢等行业的发展。随着经济的发展和居民收入的增加，文化消费呈现逐年上升的趋势。文化消费在消费总支出中所占的比重成为衡量国民生活质量的重要指标。发展文化产业，促进文化消费，依靠科技与文化的结合，不断创造出新的消费群体、培育新的消费热点，从而使得文化消费成为我国扩大内需战略中不可或缺的一个重要环节。2009年国务院常务会议通过的《文化产业振兴规划》明确提出要扩大文化消费，不断适应当前城乡居民消费结构的新变化和审美的新需求，创新文化产品和服务，提高文化消费意识，培育新的消费热点。打造一批具有核心竞争力的知名文化品牌，提供价格合理、丰富多样的精神文化产品和服务，开发与文化结合的教育培训、健身、旅游、休闲等服务性消费，带动相关产业发展。

文化消费内涵丰富，产业链条长。文化消费是能够满足人类精神消费意愿的客观载体的交易。换言之，文化消费作为文化产业链上的终端环节，通过依附于特定的消费物品、渠道来达成消费意愿，包括娱乐消费、观光消费、教育消费、艺术消费和文化用品消费等。居民文化消费是由消费者主体、消费对象（文化产品）和消费行为三者构成的一个完整的动态过程。一般而言，文化消费涵盖居民在文化艺术、休闲娱乐及教育培训等多方面的消费，其产业链条分为核心层—外围层—延伸层（见图1)，其消费类型包括基本型文化消费、享受型文化消费和发展型文化消费。

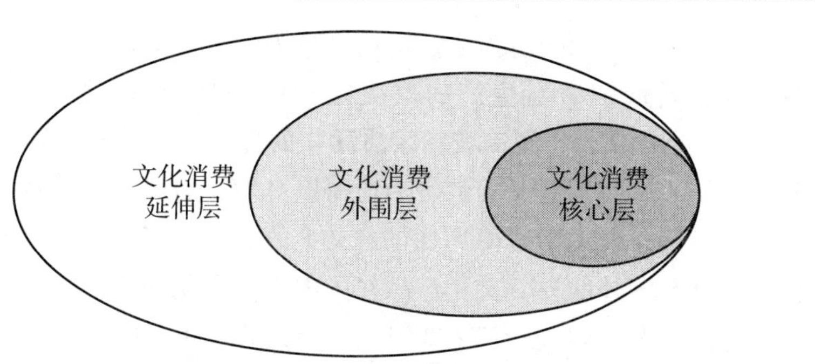

图 1　文化消费的产业分层

二、我国居民文化消费情况的演变

经济水平决定消费能力，文化消费取决于经济基础。文化消费以经济发展为前提，在数量、内容、需求等方面一般呈现出与经济发展成正比的关系。因此，文化消费是我国居民消费水平转型升级的生动体现。根据我国的国情和发展阶段，我国居民文化消费的发展演变过程可以分为几个时期，如图 2 所示。

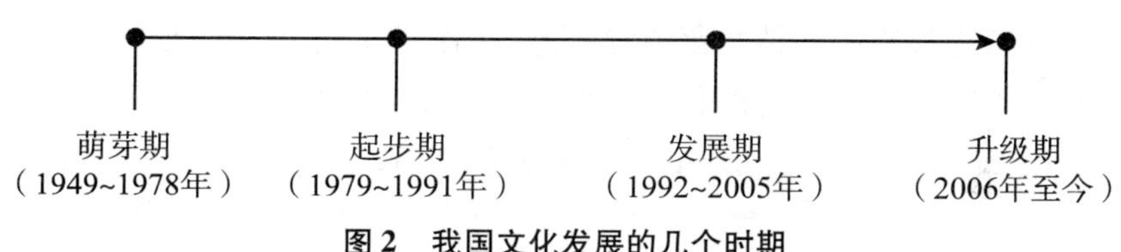

图 2　我国文化发展的几个时期

文化消费萌芽期（1949～1978 年）：新中国成立后，在“一穷二白”的社会历史背景下，为了尽快实现国家工业化，我国长期实行的是“重积累、轻消费”、“重生产、轻生活”的计划经济发展模式。这一时期居民消费呈现典型的平均分配特征，是一种低水平的维持温饱型的消费。在这一历史阶段，文化消费作为文化事业的一部分，更多的是一种社会公共行为，难以满足个性化的需要，消费的“文化”意义淡化为隐性要素的存在，居民文化消费较为简单甚至极度欠缺。以革命题材为核心的红色文化活动生动诠释出“百花齐放”的局面，样板戏、革命电影、绿军装等成为这一时期居民文化生活的生动体现。

文化消费起步期（1979～1991 年）：改革开放以后至党的十四大召开

之前，我国处于计划经济为主、市场经济为辅的历史时期。生产决定消费的观点开始转向消费对生产的反决定作用，舆论和政策都在逐步放弃“先生产，后生活”、“先治坡，后治窝”的提法，进而开始强调消费对经济发展的作用。我国居民的消费热情得以迸发，居民物质消费生活进入活跃的变革时期，文化消费得到真正意义上的起步发展。这一时期，来自港澳台地区以及国外的视听文化产品在国内掀起文化消费的热潮。

文化消费发展期（1992～2005年）：党的十四大进一步确立了中国特色的社会主义市场经济体制，我国居民消费进入了由温饱型向小康型转变的新阶段。在这一时期，随着供给的增加和居民收入逐步提高，消费作为拉动经济发展的“三驾马车”之一得到了高度重视，居民消费需求急剧扩张，居民消费欲望和消费潜力均得到极大释放，居民消费水平得到较大提高，文化消费进入快速发展期。

文化消费升级期（2006年至今）：经过20多年的改革开放和发展之后，我国经济实力大为增强，市场从卖方市场向买方市场转变，经济发展由供给约束变为市场约束。我国居民消费水平开始逐步进入以享受型模式为主要特征的新阶段，消费结构向更高层次转化。文化消费由此得到了快速发展（见表1）。据国家统计局发布的报告指出，“十一五”期间，以教育、旅游为代表的精神文化消费成为我国消费扩张最快的领域之一。随着经济的不断发展，文化消费将成为未来消费市场的一大亮点和重要支撑点，“十二五”期间，我国将进入新的文化消费时代。

表1　　近年来我国居民文教娱乐消费支出情况　　单位：亿元

指标 年份	居民消费支出	文教娱乐用品及服务类支出	
		城镇居民	农村居民
2004	63 833.5	5 650.4	1 888.9
2005	71 217.5	6 058.4	2 064.4
2006	82 103.5	6 852.3	2 190.3
2007	95 609.8	7 781.2	2 200.3
2008	110 594.5	8 152.9	2 278.5
2009	121 129.9	9 046.9	2 442.5

资料来源：根据《中国统计年鉴》（2007～2010年）数据整理，各年度统计数据略有调整。

三、我国居民文化消费的基本特征

（一）成长性——文化消费增长快，市场空间巨大

根据国际经验，当一国人均GDP超过1 000美元时，该国居民的文化娱乐消费占总消费的比重开始提高；当一国人均GDP超过3 000美元时，该国居民的文化娱乐消费水平开始快速增长。统计表明，2010年我国人均GDP已超过4 000美元，居民文化消费进入快速发展期。据估算，我国文化消费支出总量应该在4万亿元以上，而实际上只有不到8 000亿元①，表明我国居民文化消费潜力远未得到释放。当前，我国已确立“十二五”末要使文化产业成为国民经济支柱性产业，这意味着文化产业占GDP整体的比例至少是5%，也意味着将出现超过20 000亿元的增量发展。随着居民生活水平的不断提高，“十二五”期间我国将进入新文化消费时代。有研究认为，过去3年我国文化市场的增速都超过20%，这一势头至少将延续到2016年。范周等人的研究则预计“十二五”期末，我国城乡居民文化消费总量目标是1.5万亿元，平均每年递增1 000多亿元，城乡居民文化消费的需求呈直线上升趋势，城乡居民文化消费总量年平均增长11.5%。另有研究预测，到2017年，全国城乡文化消费总量将增至近2万亿元，文化消费占收入比重值将继续增高。② 仅以电影消费为例，据中国社科院发布的《文化蓝皮书：2011年中国文化产业发展报告》统计，2010年中国电影票房年收入突破100亿元人民币，增幅达64%，票房总量超过英国，相当于世界最大电影市场——北美票房的1/7，已进入世界电影市场前10位；票房、海外收入、电影频道广告收入等各项综合收入接近160亿元，增幅48%，电影产业规模明显扩大。报告预计2011年中国电影票房仍将保持30%左右的增长，全年总收入将达到130亿元。

（二）多样性——文化消费方式由单一向多样转变

当前我国文化消费类型涵盖的范围较广（见表2）。不过，总体而言，

---

① 转引自2009年7月6日《人民日报》。

② 王亚南：《中国文化消费前后十年透析》，载于《中国城市文化消费报告》（总卷）社会科学文献出版社2010年版，第43页。

我国居民文化消费的水平仍然较低，在消费选择方面较为单一，大多还是停留在读书、看报、听广播、打牌、看戏（电影）、逛公园等传统的消费方式上。据“中国居民文化消费倾向调查”显示，居民文化休闲消费形式中，看电视为62.6%，上网为61.5%，阅读书报杂志为47.5%（见图3）[①]。近年来，随着我国经济社会发展创造的物质文化日益丰富，文化消费的内容不断增加，消费方式推陈出新，消费能级进一步提升，旅游、休闲、互联网和娱乐、演出、艺术品等文化消费方式呈现出旺盛的市场需求。

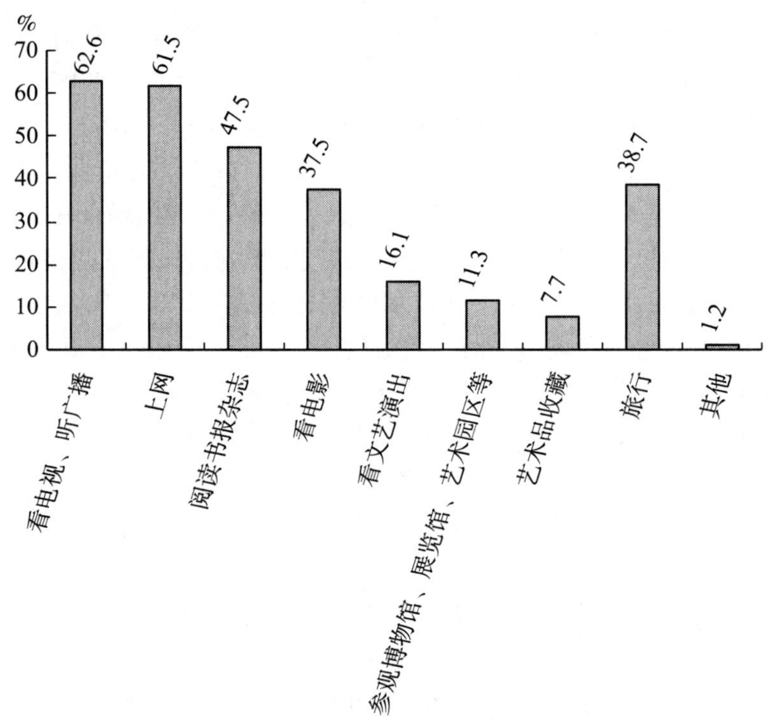

图3 居民文化消费倾向

表2 文化产业分类及文化消费类型

文化产业	文化消费类型
文化艺术业	文艺表演活动、公共艺术场馆、群众文化活动
出版业	图书、报纸、期刊、电子出版物
教育培训业	教育培训消费

① 人民论坛杂志联合人民日报文化新闻版于2009年8月开展“中国居民文化消费倾向调查”。

续表

文化产业	文化消费类型
影视互联网业	电视、广播、电影、互联网
休闲娱乐业	室内娱乐活动、游乐园、休闲健身娱乐活动、其他娱乐活动
动漫业	少儿动画、成人动画
音像业	文化音像制品
旅游业	文化旅游、自驾游/跟团游
其他细分产业	其他文化消费活动

资料来源：参见王斌：《中国城市文化消费报告》（北京卷），社会科学文献出版社 2010 年版，并补充整理。

（三）二元性——城乡文化消费非均衡发展

我国城乡二元结构的存在往往成为引致非均衡发展的重要原因，体现在文化消费上就是地区、城乡、群体间文化消费水平差异明显（见图 4）。据《文化蓝皮书：中国文化消费需求景气评价报告（2011）》统计，2000～2009 年，全国人均文化消费城乡比从 1.41 扩大至 2.43，10 年间文化消费需求的城乡差距扩大了 71.68%。究其原因主要有：一是收入差距。因为

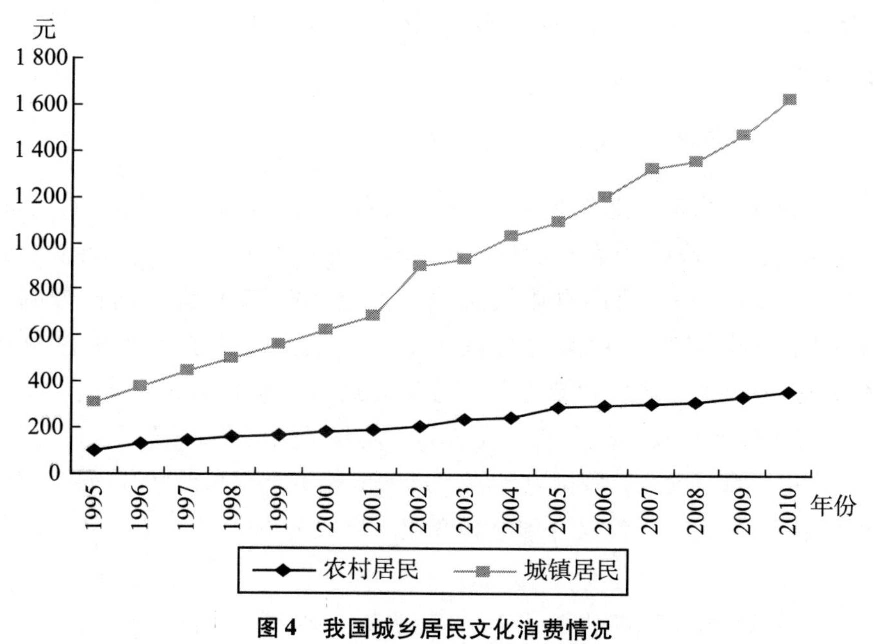

图 4　我国城乡居民文化消费情况

收入是消费的基础，因而收入差距成为导致城乡消费差距的最主要的因素。二是文化消费环境差异。文化消费赖以依存的基础设施“硬件”和“软件”在农村都非常缺乏，极大地制约了农村文化消费的发展。三是文化消费的人气差异。与城镇居民文化消费旺盛的人气相比，作为农村文化消费主力的农村青壮年劳动力大都背井离乡在外打工挣钱，使得农村的文化消费缺失人气基础。从近年居民收入与文化消费数据来看，城镇居民每年用于文化消费的支出增速略低于消费性支出增速，而农村居民每年用于文化消费的支出增速较慢。

（四）时代性——网络文化消费日渐普遍

文化具有时代性，不同的时代孕育出不同的文化消费方式。在当今电脑时代，互联网不断走向大众化，据中国互联网络信息中心（CNNIC）发布的《第28次中国互联网络发展状况统计报告》显示，截至2011年6月底，中国网民规模达到4.85亿，互联网普及率攀升至36.2%。在此背景下，互联网从原有的信息交互功能延伸成网络消费的平台，尤其是在线文化娱乐消费平台，如网络游戏、网络视听消费等。由上海社会调查中心上海师范大学分中心课题组完成的《上海白领文化需求调研报告》显示，纸质图书、电视等传统的文化产品对白领的吸引力正在减弱，电子化的文化产品则在兴起。①

（五）弱势性——文化产业竞争力弱势

西方发达国家文化产业经过几十年的发展积蓄了强大的竞争力，而我国尚处于起步阶段的文化产业目前难以与之抗衡，本土文化消费品竞争力不强。如2010年，全国电影票房收入达到101.72亿元，同比增幅达63.9%，其中国产影片票房总额为57.34亿元，占全年票房总额的56.3%。不过，国产影片票房收入难以与进口影片比肩，据统计，2010年24部国外影片收入即达40.4亿元，平均每部票房在1.68亿元②。并且就整个电影市场而言，我国电影收入过度依赖本土票房的状况尚未改观，而在美国，票房收入仅仅占到电影产业综合收入的25%左右，影院之外

① 《申城半数白领不上图书馆　传统文化消费失宠》，东方网，2011年7月22日。

② 《新京报》，2010年12月15日。

的其他发行渠道及产品开发带来的收益远远大于本土票房总额。虽然我国在发展文化产业的认识层面已经比较到位，但文化产业竞争力的培育尚待时日。

（六）国际性——文化消费展现国际性

居民文化消费的国际性主要表现为我国居民对国外文化产品的消费热情日益增强。例如，在服饰文化消费方面，瑞信（Credit Suisse）的研究数据表明：当家庭月收入超过7 000元人民币（约合1 000美元）时，中国消费者的偏好便会从国内品牌转向国外品牌。近年来，具有文化积淀的国外奢侈品消费在我国增长很快。世界奢侈品协会的研究报告显示，中国内地2010年的奢侈品市场消费总额已经达到107亿美元，占全球份额的1/4。预计中国将在2012年超过日本，成为全球第一大奢侈品消费国。英国“市场观察”网站称，中国内地消费者已经成为世界奢侈品销售增长的主要驱动力。[①] 当然，居民文化消费的国际性一方面有助于我国在参与共享人类优秀文化产品中实现包容性发展；另一面，在我国人均GDP仍落后很多国家，甚至只相当于发达国家的1/10的情况下，盲目追逐国外高端奢侈品消费，可能会让我国居民陷入“未富先奢”的畸形消费中。

四、我国居民文化消费存在的问题及影响因素

当前，我国居民文化消费存在着文化消费比率不高、文化消费产品不多、文化消费实体不强、文化消费结构不顺和文化消费政策不足等问题，这些问题直接影响着我国居民文化消费市场的发展。

（一）文化消费占比不大

近年来，随着国家对居民的就业、养老、医疗、住房和教育等各方面的改革举措逐步推进，公费医疗、全面就业、退休等传统福利制度面临解体。由于社会保障体系建设严重滞后，使得居民对未来的不确定性预期增大，强烈的“自我保障”意识使得我国居民在衣食住行和通信、医疗等“必需”消费的刚性难减，人们理性地计算变革所带来的风险，不断地调

① 《环球时报》，2011年6月18日。

整收支结构，从而减少“非必需”的精神文化消费。据《文化蓝皮书：中国文化消费需求景气评价报告（2011）》指出，“十一五”以来我国文化需求的增幅明显滞后于全国经济增长和城乡收入、总消费的增长。有研究显示，当人均国民生产总值达到1 000美元时，文化消费应占个人消费的18%，总量是10 900亿元。[①] 2009年，我国文化消费在居民消费支出中的占比明显偏低，只有9.5%。[②]

（二）文化消费产品不多

随着我国居民对文化消费需求数量和质量的不断增强，制约我国居民文化消费的因素日渐突显：一方面，思想性、艺术性、观赏性高度统一的文艺作品较为缺乏，难以满足消费者不断提升的需求；另一方面，我国居民文化消费的基础设施仍显不足，尤其是层次较高的文化消费场所目前还非常欠缺，难以适应居民不断提升的文化消费需求。根据选择或然率定理，消费者在选择某种产品时，一般会对选择和使用该产品的综合成本进行考量。这个综合成本既包括购买产品所花费的资金，也包括使用这种产品所要付出的其他代价。居民文化消费涉及电影院、剧院、展览馆等固定的场所在中小城市很欠缺，而在大城市中又大多分布在中心地带，受制于交通拥堵的时间成本等因素，影响居民对文化消费的更多诉求。在广大农村地区，居民文化消费能力之所以不高，是因为大多数农村地区的文化供给比较单一，文化经费不足、设施老化、机构运转困难、公共文化资源偏少等现象依然困扰着6.7亿乡村居民[③]。看电视基本成为广大农民的唯一消遣方式。在许多农村地区，图书馆和书店很少，农民买得起电脑的比例很低，只有乡镇才有网吧。再加上文化产品价格过高，抑制了农村居民的文化消费。

（三）文化消费质量不高

现代社会群体的多元化引致文化消费需求的多样化，人们的选择性、

---

① 《文化消费：大众需求别成“奢侈品”》，载于《光明日报》，2011年7月8日。

② 根据国家统计局2009年我国文教娱乐用品及服务类支出数与居民消费支出数计算所得。

③ 据第六次全国人口普查结果显示，大陆31个省、自治区、直辖市和现役军人的人口中，居住在城镇的人口为665 575 306人，占49.68%；居住在乡村的人口为674 149 546人，占50.32%。

差异性、多变性、个性化都在不断增强，客观要求细分文化消费市场，以满足不同群体、不同阶层、不同地域的消费者的需求。当前我国文化产品的创新性不够，文化消费品质量不高，文化精品供给不足，同质化和单一性已经成为影响我国居民文化消费热情的最大障碍之一。因此，文化消费品必须顺应时代发展，融入新的生活内容和新的时代气息，具有自信、从容的气质和开放、包容的气度。另外，注重国际文化消费的交流，在深层次上对国际文化思潮进行研究和了解，充分吸收国外文化资源拓展文化消费内容。例如，无比丰富的国际资源为我国杂技产业的发展提供了有利的时机和条件，吸收一些国际马戏的优势和长处，是不断丰富自身发展的文化资源，提升我国杂技的国际竞争力的明智选择。①

（四）文化消费结构不顺

当前，我国文化消费结构还不尽合理，主要表现为：一是在城乡之间，与城市比较，农村文化消费发展明显滞后；二是在文化消费类型方面，大多属于基本文化消费类型，处在休闲减压、消遣娱乐的初级阶段，娱乐型、消遣型文化消费比例偏大，发展型、享受型、智能型文化消费比例不足；三是在消费需求与消费基础方面，文化消费需求增长快，而文化设施、文化产品、文化服务水平相对滞后；四是在消费宣传方面，文化消费需求很大，而针对文化消费的宣传力度不够；五是相对于居民收入而言，文化消费服务和产品定价过高；六是文化消费品概念化、炒作化严重，如在书法艺术、陶瓷、玉石、印章杂项等文化收藏方面炒作之风甚浓，文化消费市场亟待优化。②

（五）文化消费实体不强

文化消费实体是文化产品的供应者，是实现居民文化消费的基础。我国文化消费实体仍然存在计划时代的事业管理与市场环境下的企业运作的“二元结构”矛盾，从而导致我国文化消费实体不强。一是创新能力不强。单纯从数字上看，我国已经是文化产品大国，各种产品数量都极其庞大，我国已是全球的电视剧生产大国、图书出版大国、文艺演出大国，但

① 宁根福、黄介农：《如何提高中国杂技的竞争力》，载于《人民日报》，2011 年 8 月 2 日。
② 姚木根：《优化文化消费结构　繁荣文化消费市场》，正义网，2011 年 3 月 7 日。

是由于创新性不强，我国的单一文化产品创造的价值很低。二是产业规模不强。例如，目前国内音像业出版单位 380 家，总产值还不足 30 亿元，最辉煌时期总产值也不足 36 亿元，与国外一家大型唱片公司 200 多亿元的销售规模相比，国内行业总产值只是其个体的 1/7。在产业链方面，国际大多数唱片公司都拥有完整的产业链条，涉及包装、培养歌手到演出市场、唱片制作、销售等业务环节，而我国唱片公司尚未形成完善的产业链条。

（六）文化消费政策不足

近年来，我国高度重视文化产业的发展，明确提出“十二五”期间要“推动文化产业成为国民经济支柱性产业”。各级地方政府也在积极创造条件挖掘和利用地方文化资源，大力发展文化产业。不过，当前促进文化消费的政策支持力度仍显不足，主要表现为文化消费的一些深层次的体制机制问题尚未解决，文化消费资源要素改革进展不快，文化资源利用效率总体偏低，对于文化资源的保护、文化内涵的发掘抑或是文化产业的发展，政策都较为缺失，文化消费的监管和引导不足等。

五、推动我国居民文化消费发展的路径选择

文化消费是经济发展和人民收入水平提高的历史趋势和必然选择。我国社会消费结构发生的重大变化，对当前的精神文化产品生产提出了更多更高的要求，同时也为文化事业与文化产业的发展提供了前所未有的机遇和良好的发展空间。当前，推动我国居民文化消费发展的路径选择如下：

（一）积极培育文化消费市场

文化消费作为精神需求，是在居民物质消费得到满足后的更高层次的消费追求。由于存在未来收入的不确定性和支出的不确定性，使得我国城乡居民形成较大的风险预期，进而制约了我国居民的文化消费支出。斯密的《国富论》表明，藏富于民的速度理应与经济增长速度成比例。在未来的经济增长过程中，不断增加我国城乡居民的财富收入将成为刺激文化消费、拉动经济的重要手段。从国家层面而言，完善公共服务，健全社会保障对于提高广大城乡居民文化消费水平、增进文化民生、推动文化大发

展大繁荣具有重要意义。为此，需要实施更加积极的就业政策，建立最低工资制度和工资协商机制，以此来增加城乡居民收入，培育一个可持续、良性发展的文化消费基础和消费市场；利用国家在再分配方面的调节功能来逐渐缩小城乡居民的收入差别，将调节所得向低收入的人群进行转移，以此增加低收入人群的收入；加大财政投入，积极运用财税政策工具，完善社会保障体系，提高城乡居民最低生活保障水平等。

（二）夯实文化消费的基础

发展文化事业和文化产业的根本在于夯实文化发展的基础环境。居民文化消费的基础环境既包括政府提供的公共文化服务，也包括社会各界提供的文化消费产品及服务。近年来，我国文化事业机构总体呈现出不断发展的趋势（见表3），但增量不甚明显。夯实文化消费的基础环境主要包括：一是要加强文化消费基础设施建设。既要充实和完善影院、剧院、互联网等文化消费的基础设施，又要通过多元化投资方式，努力打造文化消费平台，夯实文化消费基础。二是要创新和丰富文化消费品生产。提升文化消费的生产力，加大文化消费品的供给，不断创新文化消费品。英国经济学家约翰·霍金斯（John Howkins）认为，创造力和创新能力是一个国家社会经济发展的核心竞争力。当前，人们的文化消费正从过去的内向、封闭，向开放、交流、互动演变，从过去的求同、求稳，向求新、求变、求时尚演进。因此，要大力发展文化事业，就必须依靠科技与文化的创新融合，推动发展手机动漫、电子书、网络游戏、文化旅游等新兴的文化业态，不断创造出新的消费群体、新的消费热点，丰富文化消费的内容。三是做好文化消费的人才培育工作。促进文化消费的根本出路在于加快人才培育，一方面要做好文化产品生产制造的创新型人才培育，破除制约文化产业发展的人才瓶颈；另一方面要加快培育一大批促进文化消费的服务型人才。

表3　　全国文化事业机构数　　单位：个（所）

年份	公共图书馆	艺术表演团体	艺术表演场馆	全国县市级文化馆	群众艺术馆（省地市级）	博物馆	乡镇（街道）文化站	中等艺术学校
1995	2 608	2 684	1 972	2 886	373	1 194	45 038	131
1996	2 620	2 664	1 934	2 892	392	1 219	41 969	130

续表

年份	公共图书馆	艺术表演团体	艺术表演场馆	全国县市级文化馆	群众艺术馆（省地市级）	博物馆	乡镇（街道）文化站	中等艺术学校
1997	2 628	2 663	1 947	2 901	385	1 282	42 163	137
1998	2 652	2 652	1 929	2 901	386	1 339	42 547	135
1999	2 669	2 632	1 911	2 905	389	1 363	42 543	141
2000	2 677	2 630	1 912	2 907	390	1 392	42 024	137
2001	2 696	2 605	1 854	2 842	399	1 461	40 138	142
2002	2 697	2 587	1 829	2 854	389	1 511	39 273	131
2003	2 709	2 618	1 912	2 846	382	1 515	38 588	121
2004	2 720	2 580	1 846	2 841	380	1 548	38 181	129
2005	2 762	2 805	1 866	2 841	447	1 581	38 362	120
2006	2 778	2 866	1 839	2 819	395	1 617	36 874	121
2007	2 799	4 512	2 070	2 806	411	1 722	37 384	121
2008	2 820	5 114	1 944	2 829	389	1 893	37 938	117
2009	2 850	6 139	2 137	2 862	361	2 252	38 736	107

资料来源：根据 Wind 资讯整理。

（三）积极引导文化消费

一是要引导文化消费积极向上，摒弃低俗文化的侵蚀。由于文化具有意识形态属性和经济属性，因而促进居民文化消费的最终目的是满足人民日益增长的精神文化需求。可以说，居民文化消费的过程就是消费者以自身的经验认识、文化水准、价值取向等个性化内容对文化产品进行选择、利用和改造，并衍生出新的意义和快乐的过程。因而需要积极引导居民文化消费，用优秀的作品鼓舞人、引领人、塑造人，“践行社会主义核心价值体系，坚持社会主义先进文化前进方向，坚决抵制庸俗、低俗、媚俗之风”，摒弃文化消费中的不良倾向，真正以文“化”人，让人民更好地共享文化发展成果。在全社会形成积极向上的精神追求和健康文明的生活方式，才能形成与中国特色社会主义政治优越、经济强大、社会和谐相称的文化软实力。[①] 二是引导文化消费品的均衡发展。文化消费是一种“炫耀式休闲（消费）”（凡勃伦，1899），在后现代文化消费主义看来，既是一

① 仲呈祥、张金尧：《以先进文化引领大众文化》，载于《人民日报》，2011 年 8 月 2 日。

种标志社会区分的方式，同时也是一种模仿性质的消费形式。不过，居民文化消费需要符合社会经济发展现状。美国人类学家罗德菲尔德将文化分为“大传统”（指雅文化、精英文化、官方文化）和“小传统”（指俗文化、大众文化、民间文化）。在推进文化消费时应避免“大传统”的文化消费对“小传统”文化消费的“挤压效应”。当前，我国超越国情的文化消费非均衡发展问题突出，文化消费中一味追求豪华，轻视大众实用性，导致文化过度消费，出现诸如号称全国最大的南京水幕电影因花费过高无力承受而歇业的文化消费怪象。由欧洲艺术品基金会委托撰写的《2010年全球艺术品市场：危机和复苏》报告称，中国在2010年已经超过英国，成为世界第二大艺术品和古董市场。艺术品行业的最高权威Artprice艺术品行情公司更是评估认为，中国已超越美国成为全球头号艺术品市场。①三是引导居民文化消费观念的转变。目前世界上主要存在三种消费模式：超前消费模式和保守消费模式和适度消费模式（见表4）。受传统文化中“勤俭节约”、“量入为出”等观念的影响，我国居民（尤其是农村居民）偏重于保守型，突出表现在较为排斥现代消费方式（如信贷消费），一定程度上制约了文化消费诉求。据统计，目前中国银联在全球的发卡量达到25亿张，占全球银行卡发卡总量的29.2%，已超越VISA卡（28.6%）成为世界最大的支付系统。通过合理引导和转变消费观念，我国居民文化消费无疑将迎来广阔的发展空间。

表4　　不同消费模式的特征

消费模式	特征	人均GNP	消费方式	消费率	代表国家
过度型	超前、透支、高消费、低储蓄	3万美元以上	以信贷消费为主	75%~85%	美国、西欧
保守型	低消费、高储蓄	2 000~5 000美元	以现金消费为主	40%~55%	中国、巴西、印度
适度型	收支大体均衡		现金与信贷	45%~75%	

资料来源：严先溥，《应努力加快我国消费模式转型的步伐》，载于《宏观经济研究》2010年第5期。

① 《中国人狂购西方文化作品》，载于《参考消息》，2011年9月11日。

(四) 完善促进文化消费的政策

文化消费作为文化市场的终端，是贯穿于整个文化产业流程的关键要素。因此，文化消费政策的制定，需要多层次、全方位的通盘考量。近年来，我国陆续出台了许多文化产业政策（见表5），对文化消费的发展起到了积极作用。不过，只有建立起综合性的文化消费政策刺激体系，从“优惠政策拉动型”向“制度环境促进型”转变，才能有效地促进文化消费，拉动文化内需。完善文化消费的政策主要有：将保护性发展政策向产业规范性政策的转变，特别税收、财政方面的政策；产业关联度向加强与第三产业融合转变，促进文化产业发展更多的与电子信息、通讯、互联网产业发展的关联度加强，带动产业结构调整与变化；拓展整合文化消费的渠道，建立覆盖全民的文化消费网络；实现城乡文化共享的均等化，缩短区域间文化消费差距；完善文化消费政府扶持机制，提高居民消费倾向；推进以价格改革为主的机制改革，增加居民消费贡献率等。[①] 地方根据自身情况可探索实施促进居民文化消费的举措，如广东将开展“文化消费补贴计划”和“国民文化消费卡工程”试点，以拉动文化消费。[②] 广东佛山市南海区更是创新性地推出全省首个居民文化消费补贴制度。[③]

表5　　国家文化产业政策一览

类别	政策内容	备注
综合政策	国家中长期科学和技术发展规划纲要（2006～2020年）	
	国家“十一五”科学技术发展规划	
	国家“十一五”时期文化发展规划纲要	
	关于扶持中国动漫产业发展的若干意见	
	文化及相关产业统计分类	
	关于深化文化体制改革的若干意见	
	文化产业振兴规划	
	关于支持和促进文化产业发展的若干意见	
	关于鼓励发展民营文艺表演团体的意见	
	关于深化文化体制改革的若干意见	

① 范周：《我国文化消费政策研究》，http：//finance. sina. com. cn/roll/20110511/15209825594. shtml。

② 《广州日报》，2011年3月30日。

③ 贝馨梅：《居民文化消费政府给补贴》，载于《新快报》，2011年7月20日。

续表

类别	政策内容	备注
知识产权政策	中华人民共和国著作权法	
	中华人民共和国商标法	
	中华人民共和国专利法	
	建立和完善知识产权交易市场的指导意见	
	全国人民代表大会常务委员会关于修改《中华人民共和国专利法》的决定	
	2009 年国家知识产权战略实施推进计划	
	国家知识产权战略纲要	
	知识产权海关保护条例	
	最高人民法院关于贯彻实施国家知识产权战略若干问题的意见	
人才培养政策	关于支持和促进文化产业发展的若干意见	
	“十一五”时期文化发展规划纲要	
投融资政策	中国文化产业 2006 投融资项目手册	
	关于非公有资本进入文化产业的若干规定	
	关于文化领域引进外资的若干意见	
	关于进一步支持文化事业发展的若干经济政策	
	中国文化产业 2009 融资项目手册	
财政税收政策	关于印发文化体制改革试点中支持文化产业发展和经营性文化事业单位转制为企业的两个规定的通知	
	关于文化体制改革试点中支持文化产业发展若干税收政策问题的通知	
	关于鼓励、支持和引导个体私营等非公有制经济发展的若干意见	
	关于文化体制改革中经营性文化事业单位转制为企业的若干税收政策问题的通知	
	关于宣传文化增值税和营业税优惠政策的通知	
	关于继续对宣传文化单位实行财税优惠政策的规定	
	关于支持文化企业发展若干税收政策问题的通知	
	关于企业技术创新有关企业所得税优惠政策的通知	

资料来源：赛迪顾问：《2009～2010 年中国文化创意产业发展研究年度报告》，2010 年 2 月。

（五）拓展农村居民文化消费

拉动文化内需，扩大文化消费，改善文化民生的关键着力点在于农村。近年来，随着农民收入快速增长和国家保护农民利益政策到位，农村消费逐渐升温，城乡消费增速差距呈现缩小趋势。在构建社会主义新农村的今天，农村精神文化消费极度匮乏的现状依然突出，主要表现在消费不高、水平低下和有效供给不足等三个方面。不断提高农民群众的思想道德和科学文化素质，加快农村文化消费，丰富农民精神文化生活已经成为一项重要而紧迫的任务。因此，需要采取措施积极引导和扶持农村居民文化消费。一方面，要合理引导农民改变落后的消费意识和观念，营造积极健康向上的消费氛围，让农民乐于提高自己的精神、文化生活质量；另一方面，应加快建设农村的文化消费环境，探索符合农民喜闻乐见的文化消费模式，有效地拉动农村的文化消费品需求。

（六）促进教育消费

教育消费是我国居民文化消费的重要组成部分，扩大教育消费不仅有利于提升居民文化素质，符合我国转变经济发展方式背景下实现经济由劳动力密集向资本密集、技术密集、智力密集转型的要求，而且有利于拉动社会消费需求，促进经济增长。许多经济学家确信，教育培训存在很强的外部性（Externality），对社会经济的发展具有正的外部效果。迈克尔·波特（1990）指出，“教育和培训是一个国家竞争优势的决定性因素”①。经济学家舒尔茨的研究表明，美国教育投资对国民经济增长的贡献率高达33%。据美国国际教育者协会估算，2010 年国际留学生为美国带来 213 亿美元收益，其中中国留学生贡献最大，2010 年有 13 万中国学生在美国高校就读，按照平均每人每年 20 万元人民币计算，中国留学生 2010 年至少为美国创造了 260 亿元人民币的教育消费，国际学生的教育消费成为拯救美国部分地区衰退经济的重要力量。② 教育培训对于个人而言无疑是有益的，但并不仅仅只是由个人受益，在中国，这种外部性很可能很大（Heckman，2003）。扩大教育消费必须明确区分教育的社会属性和经济属性，在政策架构上对教育消费实行公益性管理和市场化运作两种不同的政策取向。一方面，要夯实高等教育在培育人才中的基础作用，提升职业教育的质量和水平，丰富继续教育的内容；另一方面，要规范和引导我国的教育培训消费市场，为居民的教育文化消费营造良好有序的市场空间。

① 迈克尔·波特：《国家竞争优势》，中信出版社 2007 年版，第 579 页。

② 刘欣然：《又见汹涌留学潮》，载于《光明日报》，2011 年 9 月 17 日。

参考文献

[1] 王斌：《中国城市文化消费报告》（北京卷），社会科学文献出版社2010年版。

[2] 范周、齐骥等：《中国城市文化消费报告》（总卷），社会科学文献出版社2010年版。

[3] 赵琳、文化消费：《为产业扩张夯实基础》，载于《中国文化产业》2010年第7期。

[4] 徐淳厚：《关于文化消费的几个问题》，载于《北京商学院学报》1997年第4期。

[5] 陈庆德、马翀炜：《文化经济学》，中国社会科学出版社2007年版。

[6] 李凤云：《金融危机深度解读》，人民邮电出版社2009年版。

[7] 戴元光等：《当代文化消费与先进文化发展》上海人民出版社2009年版。

[8] 夏学銮：《当前文化消费误区种种》，载于《人民网》，2011年6月27日。

[9] 赵吉林：《中国消费文化变迁研究》，经济科学出版社2009年版。

[10] 李新惠、谢佳伟：《建国以来我国消费政策的变迁与启示》，载于《经济》2005年第8期。

[11]《中国居民文化消费倾向》，载于《人民论坛·政论双周刊》2009年总第264期。

[12] 赵东坡：《当前我国文化消费的特征及发展趋势》，载于《商业时代》2009年第10期。

[13] Fred Geyer：《四种消费路径下的营销投资选择》，载于《市场观察》2010年第5期。

[14] 尹世杰：《中国居民精神文化消费较贫乏炫富摆阔须排除》，载于《人民日报》，2011年7月28日。

[15] 郑晋民：《文化消费，不能“烧钱”了事》，载于《光明日报》，2011年8月19日。

[16] 胡秀丽、黄圣平：《发展居民文化消费的若干问题与对策》，载于《社科纵横》2008年第10期。

专题四：互联网时代休闲消费特点及拉动消费新策略

一、引言

改革开放以来，我国互联网持续高速发展，到2010年，中国网民规模达到4.57亿元，占全球网民总数的23.2%，亚洲网民总数的55.4%，互联网普及率达34.3%（见图1），网站数量达191万个，网页600亿个。互联网的普及，全面革新了信息提供的方式，调整了生产与消费的内涵和外延，改变了一般居民的消费行为模式，进而推进了全新的社会结构的形成。互联网是近20年来对我国各领域产生深刻变革不多的关键性推动因素之一。

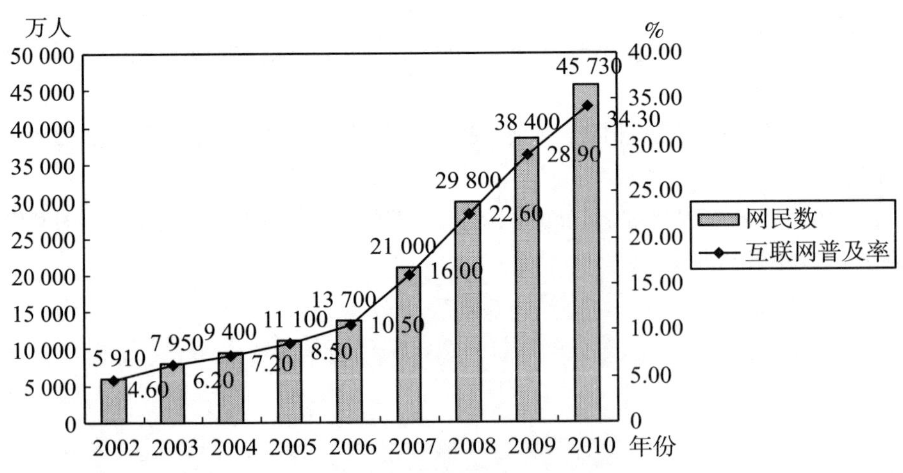

图1　中国网民规模与普及率

资料来源：CNNIC：《第27次中国互联网络状况发展统计报告》，2011年。

休闲消费，正成为互联网生活的基本性需求，并在国民消费中占据越来越重要的地位。互联网在深刻刻画中国网民的休闲生活，同时在重新刻画中国公民的消费模式，在互联网的时代，休闲消费体现出前所未有的新特征，在这样的重大变化下，拉动消费需要有新的方式和手段。

二、互联网对休闲消费活动的主要影响

（一）消费环境的去障碍化

互联网特别是三网合一意义上的互联网，令休闲活动可以超越区域的障碍，超越生产的障碍，超越场所的障碍，超越人群的障碍，大大推进了休闲消费活动的普及和升级。这主要表现在：

——超越区域，休闲活动的全国化、全球化。互联网的发展，重塑了休闲产业的格局，在互联网上塑造了超越地区和城市的浓烈休闲氛围，并为之提供实现休闲需求的条件。在互联网时代，诸如气候、风俗、物质条件等多方面对特定休闲活动的干扰和限制已大大减弱，人力、教育、资金等多因素对地方休闲产业造成的瓶颈也已经可以通过远程提供、建立异地中心等方式解决。中国网络电视台、优酷等提供的优质视频服务，可以穿过崇山峻岭，通过网络直达边远地区。中国的青年，可以直接通过网络收看 MTV 的年度颁奖典礼直播。以网络游戏为例，城乡的公共服务水平有一定的差距，但乡村网游用户同样可以想办法获得充足的网游服务渠道。从图 2 可以看出，城乡网络游戏用户花费渠道基本上是类似的，乡村用户更依赖于网吧，城市用户则可以在报摊、商店上购买点数卡，总体而言，乡村的设施不足已经不是网络游戏发展的主要障碍。从区域上来看，华北、西北、西南、华中、中南地区网络游戏消费偏好非常类似，东北地区则形成了异常旺盛的网络游戏消费文化（见表 1），地区差别并没有成为阻碍网络游戏发展的障碍。在这样的一种情况下，传统的休闲区域格局被打破了，所有的城市通过网络公平地享受到公共和私人部门提供的休闲服务，休闲热点遍地开花，塑造了超越区域、超越国度的新休闲版图。

——超越供给，生产与消费的融合。随着近年来 Web 2.0 风潮的兴起，“用户贡献”已经代替“用户享受”成为推动互联网发展的主要关键词，在这样的背景之下，休闲活动超越了供给不足的限制，产生了网民间

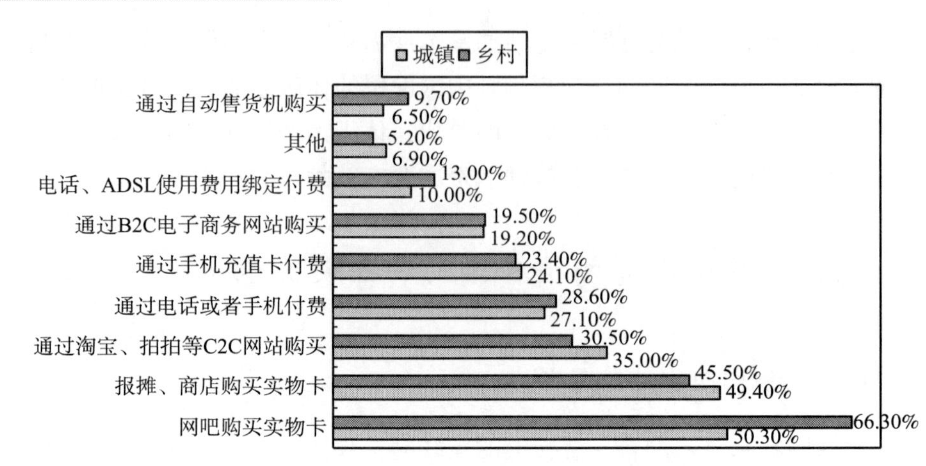

图2　城乡大型网络游戏用户花费渠道

资料来源：CNNIC：《中国网络游戏市场研究报告》，2009 年。

表1　各地区网络游戏消费偏好　　单位：%

	30 元以下	31 ~ 50 元	51 ~ 80 元	81 ~ 150 元	151 ~ 300 元	301 ~ 500 元	501 ~ 1 000 元	1 000 元
华北地区	10.8	10.1	6.3	13.4	7.3	2.8	1.4	0.2
东北地区	6.9	5.7	3.0	13.4	5.7	1.5	1.5	2.1
西北地区	7.4	4.6	2.9	9.7	6.0	1.1	0.3	0.3
西南地区	6.9	3.4	2.6	10.6	6.3	2.4	1.1	0.4
华东地区	10.0	4.7	3.7	8.1	5.1	3.2	1.2	0.6
中南地区	9.6	8.1	4.1	9.2	6.4	2.3	1.3	0.6

资料来源：CNNIC，《中国网络游戏市场研究报告》，2009 年。

“自给自足、交互发展”的休闲消费新形式。以社交网站为例，如图 3 所示，44.5% 的用户会发表日志，41.1% 会参与好友的话题，38.1% 的用户会张贴照片和视频，37.5% 的用户会与好友分享资源，30.4% 的用户会访问讨论区，参与热门话题的讨论，18.5% 的用户发表微博客，16.4% 的用户参与兴趣小组，这都是典型的生产内容的行为，在过去是由网站的编辑们完成的，而今这些权力交到用户的手中，并成为社交活动的重要内容，增强了网站的黏度。至此，休闲内容的生产，不再完全掌握在国家、企业乃至大小组织的手上，网民正在成为“生产”与“消费”的“二位一体”，资源不足的企业可以腾出手来，将内容交给用户，这大大降低了企业创业和发展的门槛，丰富了休闲资源，令休闲消费大大发展。

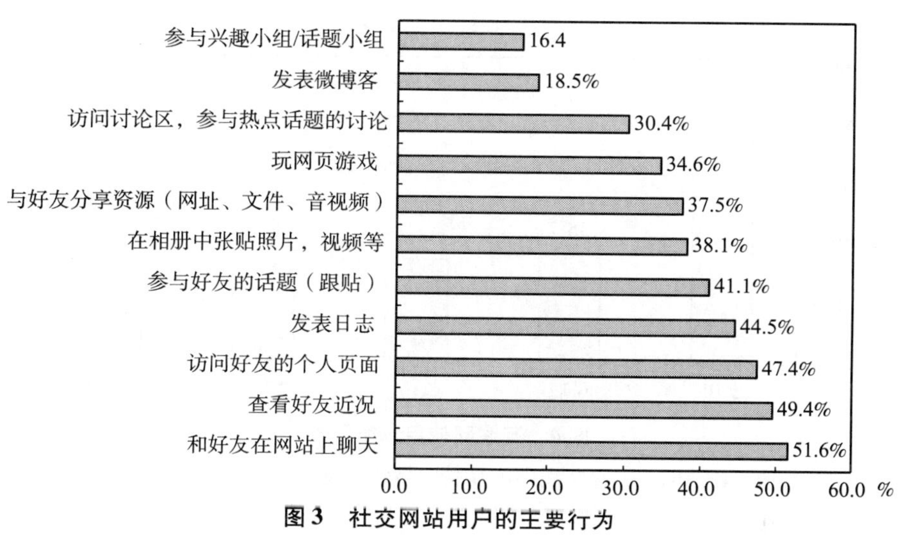

图3　社交网站用户的主要行为

资料来源：CNNIC：《2009年中国网民社交网络应用研究报告》，2010年。

——超越场所，休闲的全场所化。随着互联网、移动互联网的持续发展，家庭互联网普及率已经相当高。到2010年，手机网民数达3.03亿，同时中国还覆盖有大量的网吧，单位、学校接入互联网的比例也很高，在机场等公共场所已有无线宽带接入。为了适应新的休闲习惯，很多营业场所如咖啡馆、酒吧等也覆盖了网络信号，休闲活动已经在一定程度上摆脱了场所的限制，而呈现出全场所化的特点。如CNNIC的统计，中国的网民在家里、网吧、单位、学校、公共场所里上网休闲、娱乐，地铁、公交车和飞机上也已经成为重要的休闲场所，休闲时间的碎片化和休闲场地的全场所化特征明显（见图4）。

——超越人群，休闲的全民化。互联网的普及大大降低了休闲的门槛，互联网令休闲消费超越人群，休闲正走向全民化。网络购物作为一种典型的“互联网休闲”方式，将商业步行街搬到互联网之上，无论是被城市化进程推到城市远郊的居民，还是远离都市的农村人口，甚至是惮于汹涌人潮的残障人士，都可以将点击鼠标简单收货的方式当做最为日常的休闲。按照CNNIC统计，截止到2009年6月，我国网购用户达8 788万，各大城市中，北京网民的网购渗透率达51.3%，上海为52.6%，广州为35.2%。2009年上半年，全国网络购物消费金额总计划为1 195.2亿元。以淘宝、拍拍、有啊、易趣四大C2C购物网站来看，性别、年龄、学历、收入都已经不是网络购物发展的主要障碍，全民化的趋势正在形成（见图5~图8）。

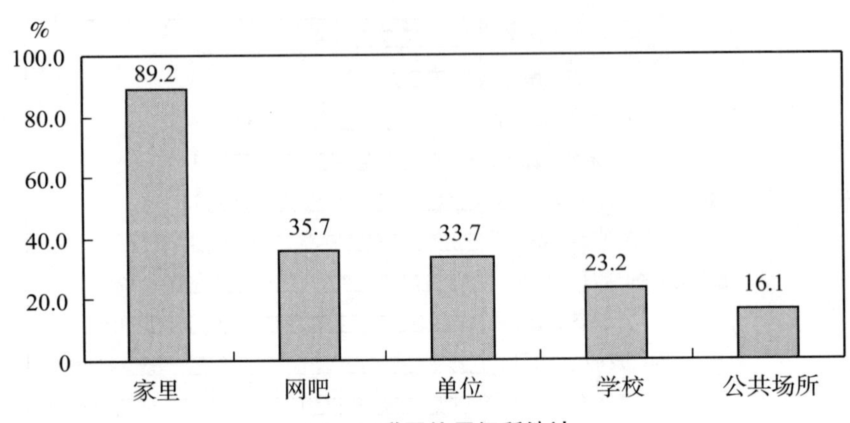

图 4　互联网使用场所统计

资料来源：CNNIC：《第 27 次中国互联网络状况发展统计报告》，2011 年。

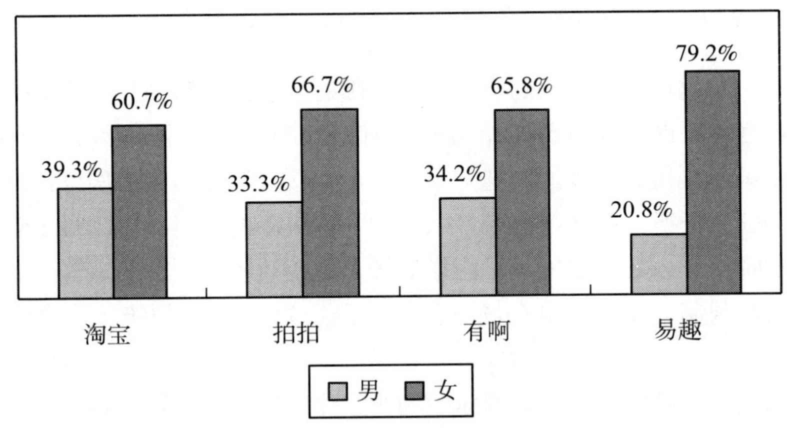

图 5　C2C 购物网站用户性别差异

资料来源：CNNIC：《第 27 次中国互联网络状况发展统计报告》，2011 年。

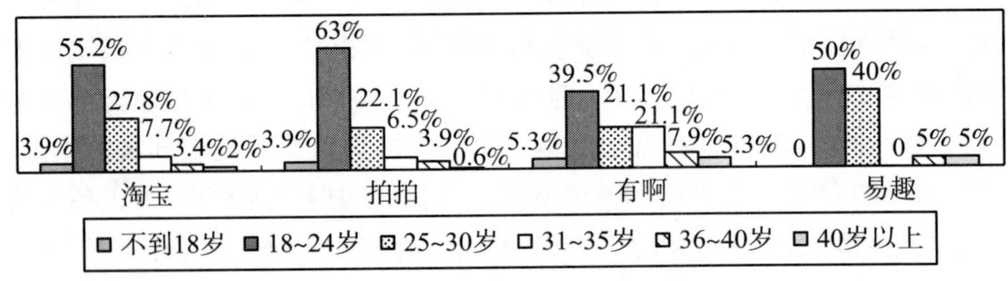

图 6　C2C 购物网站用户年龄差异

资料来源：CNNIC：《第 27 次中国互联网络状况发展统计报告》，2011 年。

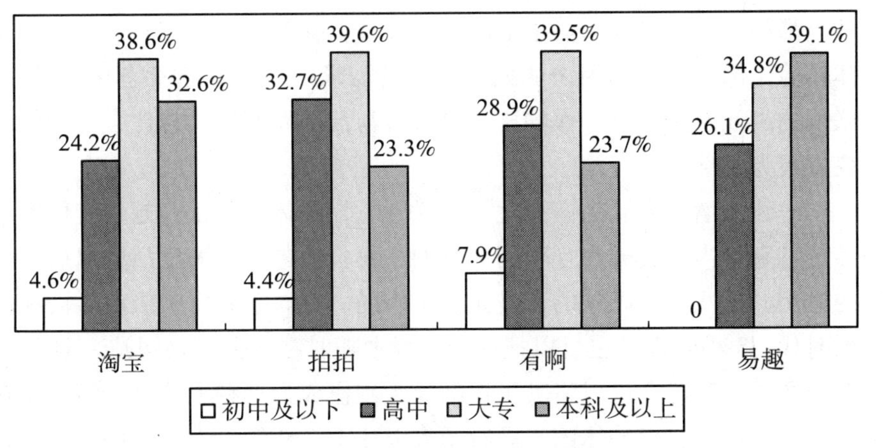

图7　C2C购物网站用户学历差异

资料来源：CNNIC：《第27次中国互联网络状况发展统计报告》，2011年。

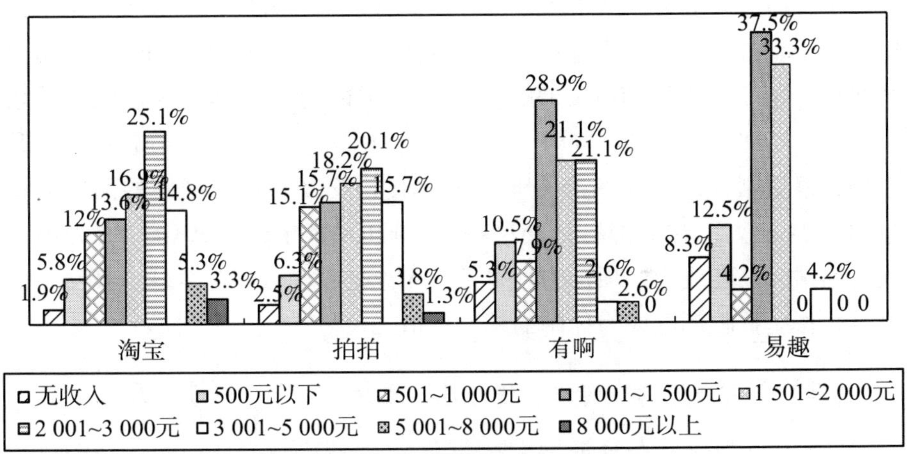

图8　C2C购物网站用户收入差异

资料来源：CNNIC：《第27次中国互联网络状况发展统计报告》，2011年。

（二）消费性质的常态化、广义化、社交化

互联网的特性，赋予了休闲消费新的特点，主要表现在休闲消费更趋常态化，休闲消费内涵的广义化及休闲消费的社会化上。

——休闲消费更趋常态化。由于网络的无处不在，特别是无线互联网和移动互联网的发展，休闲供给变得无所不在，休闲生产商变得无所不能，休闲消费者变得无所不求，无论是博客、社交网络、购物网络、视频

网站，都如水一般渗入人们生活的各个环节，提供越来越富有想象力的超媒体体验，休闲消费亦因之如人对空气的需求一般，更趋常态化。另外，互联网的高效快速，令工作的压力更大，与前互联网时代相比，休闲需求也变得更为刚性。

——休闲消费内涵的广义化。互联网时代的休闲，正跨越传统休闲的边界，特别是当社交成为互联网提供的主要价值进入居民生活中以后。传统的休闲，是八小时以外的，是无关工作的，是属于有闲阶级的，而在互联网时代，8 小时以内也可以挂在团购群中随时准备去购物网站“秒杀”；一个公司的白领完全可以将其工作的经验制作成为视频上传到网络上，在阅读评论中获得自身的休闲，同时予人以休闲；蓝领工人、村民，也可以找到属于自己的休闲方式。

——休闲消费的社会化。互联网时代，休闲不再是关起门来的闲情逸致，所有的活动都通过网络和一个人群关联起来，人们乐于分享，乐于社交，乐于将自身的休闲投身到一整个群体中，去最大化休闲的快乐，休闲消费社交化了。按照 CNNIC 的统计，目前国内的 SNS 网站规模已达千余家，而且还在不断增长，同时，社交网站的用户数量也保持着较快的上升趋势，根据测算，到 2009 年年底，中国使用交友和社交网站的网民数将达到 1.24 亿人，在美国，社交网站 FACEBOOK 超越 GOOGLE 成为第一大的网站，已经成为一项标志性事件，无论是中国，还是全球，社交、分享、合作、贡献都已成为休闲的核心价值之一。

（三）消费方式的即时性、碎片性、随身性、跨媒体性、互动性

互联网推动着休闲消费方式的革新，带来即时性、碎片性、随身性、跨媒体性、互动性等全新的消费特性。

——即时性。休闲消费呈现即时性特征，随时随地都可能发生休闲消费，同时这种休闲消费可以在即时反映到一整个群体中，形成即时互动并启动第二轮休闲消费，休闲热点如波浪般潮涌不断，博客取代了论坛，微博又取代了博客，短、平、快、频成为互联网时代休闲消费的最大特征。

——碎片性。互联网将休闲和工作无缝地编织在一起，休闲消费如见缝插针式一般随时插入紧张的工作中去，“无所事事”变得越来越不可能，这样的消费带来越来越短，愉悦越来越碎片化，人的注意力难以持久，休闲启发智慧、积累知识、促人成长的积极一面变得面目模糊，互联

网自身需要培育出一种更良性的休闲方式，去消解目前的种种不足。

——随身性。移动互联网令休闲紧跟身体，创造出全新的体验。按照CNNIC 数据，2010 年，我国手机网民达 3.03 亿元，较 2009 年增加了6 930 万人，手机网民在总体现网民中的比例提高到 66.2%。手机上网的应用中，即时通信是渗透率最高的应用，达 67.7%，手机成为了聊天的重要终端；手机新闻渗透率达 59.9%，随时随地查看新闻已逐渐成为主流消费；手机搜索亦成为重要应用，并派生出与地图相结合的导航应用，推进了移动中的人与周边的消费场所的即时匹配，类 Foursquare 的网站成为潮流新宠（见图 9）。

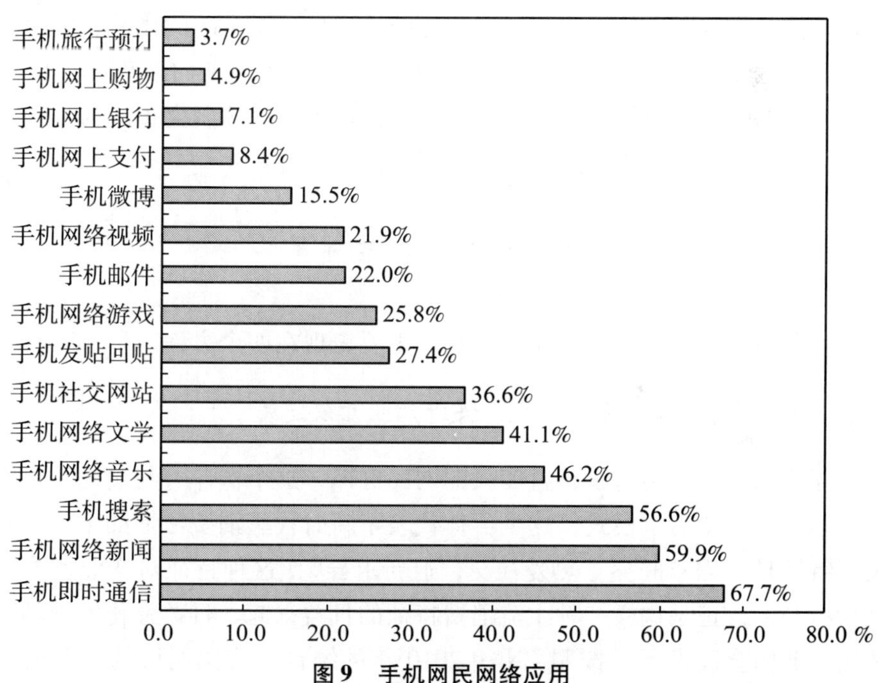

图 9　手机网民网络应用

资料来源：CNNIC：《第 27 次中国互联网络状况发展统计报告》，2011 年。

——跨媒体性。互联网时代的休闲消费，已经不是纯属于网站上的消费，互联网通过与手机网络、与传媒媒体、与“物”的勾连，形成了跨媒体的“休闲平台”，成熟的“休闲提供商”巧妙地将各种媒体组合在一起，提供一揽子的“休闲解决方案”，这已成为新时代休闲的主要特性。

——互动性。互联网时代的休闲，是互动式的休闲，休闲活动是一长列待推倒的多米诺骨牌，一次休闲活动不是起点，也不是终点，人的愉悦取决于休闲在这一张牌被推倒后的后续，下一张牌倒向的不确定性本身带来最大的效用。

（四）消费内容上对传统休闲活动的全面革新

互联网带来的全新休闲活动是不多的，网络电影是电影院的延展，网络音乐是电台的延展，网络购物是商业街的延展，新闻网站是报纸的延展，聊天网站是茶馆的延展，社交网站是沙龙的延展，网络游戏是传统游戏的延展，网络阅读是传统阅读的延展，博客是日记的延展，文学网站是文学杂志的延展，即时通讯是电话的延展，虚拟旅游是传统旅行的延展。但是，传统休闲活动的网络化为这些传统休闲带来了全新的体验，因为互联网，传统休闲焕然一新，社会供求为之一变，休闲走向工作、走向社会、走向不可见不可知的遥远人群，走向偏远山区，休闲真正成为一种人人可以享有的权利，成为这个时代留下的深刻痕迹。

三、互联网推动的休闲产业革新

互联网对于我国休闲产业的影响，主要表现在四个方面。

（一）塑造新时代需求模式，促进产业升级发展

互联网一方面塑造了日益庞大的网民群体，这个群体有与过去几十年完全不同的消费需求模式，这个群体代表了新时代里消费习惯的主流，其关键特征是“需求旺盛，热爱社交，追新求异”，这种特征对产业发展是极为有利的，正是这样一种主流消费特征的日益兴起、日益强化，推动了休闲产业的全面发展。按照 CNNIC2010 年的统计，我国网民的互联网应用水平平稳上升，互联网应用指数从 2007 年的 51.1 增加到 2010 年的 57.6。网络娱乐已经成为我国互联网用户的第二大应用，此外，信息获取、互动参与、网络消费等其他主要网络应用也与休闲有非常直接的关系。网络新闻、网络音乐、网络游戏、网络视频、网络购物、旅行预订都已成为互联网时代休闲的新方式（见图 10、表 2）。

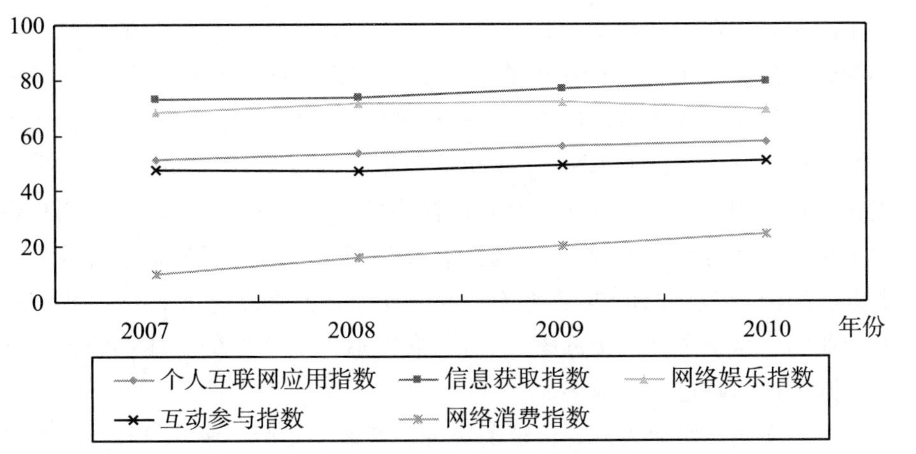

图 10　2007～2010 年网民互联网应用指数变化趋势

资料来源：CNNIC：《第 27 次中国互联网络状况发展统计报告》，2011 年。

表 2　　2010 年个人互联网应用指数

一级指标	二级指标	三级指标	使用率（%）
个人互联网应用指数（57.6）	信息获取指数（79.6）	网络新闻	77.2
		搜索引擎	82.0
	网络娱乐指数（69.3）	网络音乐	79.2
		网络游戏	66.5
		网络视频	62.1
	互动参与指数（50.8）	即时通信	77.1
		电子邮件	54.6
		更新博客	39.9
		网上发帖/回帖	31.7
	网络消费指数（24.3）	网络购物	35.1
		网络支付	30.0
		旅行预订	7.9

资料来源：CNNIC：《第 27 次中国互联网络状况发展统计报告》，2011 年。

（二）为产业发展提供强有力技术支撑，推进产业革新

互联网为休闲产业的发展提供了有力的技术支撑，令旅游休闲、文化休闲、体育休闲和餐饮休闲、沐浴休闲、农业休闲等其他休闲站在了新的并且是不断发展的技术平台上，有力地促进了休闲产业的革新。

以旅游业为例，传统的旅游，在走向在线的旅游、虚拟的旅游；传统

的旅游关系，在走向社交化的旅游关系；传统的旅游消费，在走向“虚实结合”的旅游消费；传统的旅游服务，在走向线上与线下整合发展的一整套跟随式服务体系，这塑造了多种多样的全新商业模式，大大推进了旅游产业的发展。按照 CNNIC 发布的数据，截至 2010 年 12 月，我国在线旅游预订用户规模为 3 613 万人，在网民中的渗透率为 7.9%，用户数比 2009 年底增长了 589 万，年增长率为 19.5%。而按照艺恩旅游咨询的数据，2010 年我国旅游电子商务产业的规模达到 390 亿元，这在我国旅游产业的总盘子中已经接近 3%，如果将互联网对产业的整体影响包括在内，则将远远超过这一数字。

再以文化休闲业为例，传统的影视、音像、出版、游戏等行业，正在面向以“在线视频、在线音乐、电子出版、网络游戏”等为代表的革新。2010 年，我国网络音乐用户规模达到 36 218 万，网络新媒用户规模达到 35 304 万，网络游戏达到 30 410 万，网络文学达 19 481 万，甚至搜索引擎、即时通信、博客应用、社交、微博客等活动中，也可以看成是文化休闲的延伸。（见表 3）

表 3　　2009 年 12 月～2010 年 12 月各类网络应用使用率

年份／项目	2010		2009		
应用	用户规模（万）	使用率（%）	用户规模（万）	使用率（%）	增长率（%）
搜索引擎	37 453	81.9 ↑	28 134	73.3	33.1
网络音乐	36 218	79.2 ↓	32 074	83.5	12.9
网络新闻	35 304	77.2 ↓	30 769	80.1	14.7
即时通信	35 258	77.1 ↑	27 233	70.9	29.5
网络游戏	30 410	66.5 ↓	26 454	68.9	15.0
博客应用	29 450	64.4 ↑	22 140	57.7	33.0
网络视频	28 398	62.1 ↓	24 044	62.6	18.1
电子邮件	24 969	54.6 ↓	41 797	56.8	14.6
社交网点	23 505	51.4 ↑	17 587	45.8	33.7
网络文学	19 581	42.6 ↑	16 261	42.3	19.8
网络购物	16 051	35.1 ↑	10 800	28.1	48.6
论坛/BBS	14 817	32.4 ↑	11 701	30.5	26.6
网上银行	13 948	30.5 ↑	9 412	24.5	48.2

续表

项目＼年份	2010		2009		
应用	用户规模（万）	使用率（%）	用户规模（万）	使用率（%）	增长率（%）
网上支付	13 719	30.0↑	9 406	24.5	45.9
网络炒股	7 088	15.5↑	5 678	14.8	24.8
微博客	6 311	13.8	—	—	—
旅行预订	3 613	7.9→	3 024	7.9	19.5
团购	1 875	4.10	—	—	—

资料来源：CNNIC：《第27次中国互联网络状况发展统计报告》，2011年。

（三）打破产业边界，推进产业融合

互联网的世界，是比特流动的世界，在这个世界里，一切以信息的流动为中心，不以产业界线为藩篱，互联网发展的必然结果，是产业打破边界，逐步融合。一方面，是产业上下游的融合，休闲产业与信息产业结合在一起，并通过互联网与上游的装备制造业，下游的相关服务业建立了更紧密的关系；另一方面，是休闲产业内部的界限越来越模糊，例如，一个游客去外地旅游，他的活动属于旅游休闲的范畴，在旅途中，他可能通过网络更新他的博客，或者通过手机分享旅途视频，这些活动又更接近传统的文化休闲的范畴，在度假村里，他可能连接上他随身携带的体感游戏设备与在线的好友踢一场足球，这似乎又更像是体育休闲的活动，最后他不一定把旅途中看到的有意思的纪念品都收入囊中，他可能会跟老板要到淘宝店的地址，在回家后与老板建立长期的联系，这又是一种全新形式的旅游购物。从产业的角度来看，部门边界消失了，人的活动是一个整体，休闲消费分散在整个链条中，这样的一种新的产业结合方式推进了产业的融合，基于休闲产业的跨部门、跨产业合作正在加密，由于互联网的介入，休闲产业在早期走向“虚拟化”，而后又逐步回归实体经济，线上产业和线下产业重新融合，既出现了“鼠标加水泥”的经典范式，也出现了如盛大这样的优秀休闲集成供应商。

（四）引领休闲走向创意产业，丰富产业内涵

互联网在引领休闲产业走向以创意为核心的革命，这是互联网给予休

闲产业最实质性的改变。互联网是创新驱动型的产业，互联网渗入休闲产业中之后，为休闲产业带来了全新的面貌，以创意为核心，互联网为休闲产业带来了全新的产品、业态和模式，引领休闲产业中的传统部门、传统产品的全新升级。近年来，即使是在非常传统的领域，例如，民俗旅游、舞台表演、新闻出版、竞技体育，都出现了以创新为特征的结合网络的革新，在这样的一个过程中，产业的内涵被大大拓展了。

三、新形势下拉动消费的新策略

当前，投资和消费关系失衡仍是有可能制约我国经济进一步发展的重要因素，拉动消费已成为国民经济运行的核心命题之一，国家“十二五”规划纲要指出，转变经济发展方式的基本要求是，“构建扩大内需长效机制，促进经济增长向依靠消费、投资、出口协调拉动转变”。内需不足的主要原因包括：第一，可支配收入相对政府与企业收入增幅减缓，城乡收入差距持续扩大；第二，劳动力价格低廉，实际工资水平下降；第三，现有财政制度抑制了地方政府扩大消费的积极性；第四，农村消费需求不足；第五，消费环境与消费政策的不合理；第六，消费品市场的结构性供求矛盾，表现在有效供给不足和无效供给过剩两方面，无论是产品结构、消费政策、消费环境和消费观念都滞后于消费转型升级的需求。在此其中，原因一、二、三都牵涉全局性的体制和机制改革，针对这些原因的拉动消费策略因而具有长期性和艰难性，而原因四、五、六或在新的技术条件下已有所改善，或较容易调整和改善。在新的形势下，特别是新媒体、新知识和新技术正在显著变革整体社会经济环境的条件下，社会结构、消费模式、消费规律等都已经发生重要的转变，在此环境下考虑拉动消费，必须要有新的视角和眼光。应充分认识互联网时代休闲消费的新特征和新规律，认识到新时代休闲消费的蓬勃潜力，从促进农村休闲需求，改善互联网消费环境和消费政策，推动大量的休闲集成供应商的发展，智慧管理供求，以缩减无效供给，提高消费的匹配度，用全新的方式和手段拉动消费。相应的拉动消费途径包括：

（一）充分认识到休闲消费已成为互联网生活中的刚性需求，通过发展网络休闲，释放巨大消费潜力

应认真研究互联网时代的休闲消费需求和特征，认识到互联网上的休闲消费，正成为国民消费越来越重要的一块，认识到休闲消费的常态化正令其转变为一种刚性需求，广义化和社交化的休闲消费，令休闲消费已与互联网生活水乳交融，无法分割，休闲消费因而具有了充分的刚性，是一种基本性必需性的需求。要进一步发展互联网，提升其广泛可得性，促进其与日常生活的结合，引导资金、人才、技术等资源向高科技休闲集成供应商集聚，通过进一步扩大互联网上的休闲增量消费，提升整体国民消费水平，通过打通互联网上及网下平台，以休闲为先导革新传统消费，令传统消费呈现出在线化、社交化、智能化的特征，驱动消费结构的优化升级。

（二）把握新的消费群体特性，关注相关人群的休闲障碍，便利消费

互联网时代，休闲消费正跨过重重障碍，逐步营造跨区域、跨部门、跨场所、跨人群的休闲消费平台，城市和乡村、边境或中心、工作或休息，各种消费障碍正在被打破，休闲消费越来越具有平等性和开放性，平等参与休闲消费的人群已与传统市场有了很大的不同，市场结构也因此与传统的消费市场有很大的不同，在新的消费群体特性下，更应该进一步营造新的消费环境，增强居民消费能力，改善居民消费预期，特别应重视乡村居民的休闲消费需求，不低估其休闲消费的需求和潜力，认真关注互联网上的弱势群体的休闲障碍，移除限制其享受休闲的权利的各种经济、社会、心理和设施因素，释放潜藏在重重障碍背后的消费潜能。

（三）顺应新的消费规律和方式，构建触发性、引导性、互动性和连续性的消费促进机制

应顺应新的消费规律和方式，结合互联网时代休闲消费消费热点多、频度高、转移快、延伸链长，即时性、碎片性、随身性、跨媒体性、互动性并存的特点，摒弃传统的强推式、一次性消费刺激模式，善用互动机制触发消费热点，连续不断地通过多样的方式重新激活消费，推进消费的循

环运转，并进一步推进联动消费、引致消费，创造引发式消费、互动式消费，连续性消费和传导式消费。

（四）优化“生产”与“消费”“二位一体”的营商环境，智能管理供求

应认识到网络环境中的休闲消费，与传统领域中的消费有很大的不同，生产者和消费者的合一，令促进消费必须兼顾生产和消费两个环节，统筹考虑，刺激生产和刺激消费具有同步性，供给能够创造需求，需求也能催生供给，应尽可能优化这种“生产”与“消费”“二位一体”的新营商环境，提高有效供给的比例，智能匹配和管理休闲消费的供给和需求。

（五）给予跨领域、跨产业的支持，孵化一批扎根中国的优秀休闲集成供应商

互联网时代的成功企业，例如，苹果、Facebook、亚马逊和Twitter，都在其平台上集聚了一大批休闲集成应用，如影音、阅读、媒体、游戏、社交等，这些企业，跨越了多个产业和多个领域，整合了多样化的休闲体验，带动了一大批中小休闲服务商的发展，是优秀的休闲集成供应商，中国的休闲消费要发展，必须要通过各种机制，鼓励和促成中国的厂商跨过部门、产业的障碍，为消费者提供一揽子的休闲服务，孵化一批扎根中国的优秀休闲集成供应商，令中国的消费者能够享受到为其度身定制的，充分考虑其休闲要求，克服自身休闲障碍，符合其自身休闲特点的休闲服务和产品，大量这样的厂商的涌现，能够把集成式的休闲服务直接推向相应市场，促进整个产业的潮涌式增长，对于推进休闲消费的增长和升级，都具有根本性的作用。

参考文献

［1］CNNIC：《第27次中国互联网络状况发展统计报告》，2011年。

［2］CNNIC：《中国网络游戏市场研究报告》，2009年。

［3］CNNIC：《2009年中国网民社交网络应用研究报告》，2010年。

［4］艺恩旅游咨询：《2011中国旅游电子商务研究报告》，2010年。

［5］唐兵、冯超：《关于扩大内需的研究观点综述》，载于《经济纵横》2007年第6期。